NEUKIRCHENER

Kurt Erlemann

Unfassbar?

Der Heilige Geist im Neuen Testament

Neukirchener

Neukirchener Verlag
Neukirchener Verlagsgesellschaft mbH, Neukirchen-Vluyn

Umschlaggestaltung: Andreas Sonnhüter, Düsseldorf
Umschlagabbildung: © Leif Skoglöf: www.skogloef.de
Druckvorlage: Astrid Padberg
Gesamtherstellung: Hubert & Co., Göttingen
Printed in Germany
ISBN 978–3–7887–2426–9

Bibliografische Information der Deutschen Nationalbibliothek

Die Deutsche Nationalbibliothek verzeichnet diese Publikation in der Deutschen Nationalbibliografie; detaillierte bibliografische Daten sind im Internet über http://dnb.d-nb.de abrufbar.

Vorwort

Das Buch setzt die Gedanken meines früheren Bandes „Wer ist Gott? Antworten des Neuen Testaments" (Neukirchen-Vluyn 2008) auf vielfachen Wunsch hin fort. Beide Bücher verstehen sich als Einführungen ins Neue Testament für all diejenigen, die sich für theologische Themen interessieren, ganz gleich, ob sie theologische „Profis" oder „Laien" sind. Das Neue Testament aus dem Blickwinkel seiner Aussagen über den Geist zu erschließen, war für mich eine spannende, da ungewöhnliche und anspruchsvolle Aufgabe. Während der Bearbeitung erschloss sich mir ein buntes Kaleidoskop an Geistvorstellungen mit vielschichtigen Facetten und einigen markanten „roten Fäden". Fast jede neutestamentliche Schrift trägt ihren Teil zu diesem Gesamtbild bei und bringt je eigene Glaubens- und Lebenserfahrungen in das Nachdenken über den Heiligen Geist ein. Die Wirkungen, an denen der Geist konkret fassbar wird, stehen im Mittelpunkt des Buches. Sie reichen von spektakulären Charismen* bis hin zu äußerlich unscheinbaren, aber tiefgreifenden Veränderungen des Menschen. An diesen Wirkungen wird das Neue der neutestamentlichen Botschaft sichtbar und spürbar. Neben der Rede vom (Vater-)Gott und von Jesus Christus spiegelt sich in der Rede von Gottes Geist die Erfahrung eines Neuanfangs in der Geschichte Gottes mit den Menschen wider. Diese Erfahrung zielt auf einen Gott, der sich auf eine schier unglaubliche Weise in die Obhut der Menschen begibt, bei ihnen für seinen Weg der Sanftmut Werbung macht und sie auf dem Weg zum Leben abholt.

Das Buch verdankt sich zahlreichen Gesprächen und Diskussionen mit Teilnehmerinnen und Teilnehmern des Seminars „Geist und Geisterfahrungen" im Sommersemester 2009 an der Bergischen Universität Wuppertal. Sie haben den Zuschnitt des Buches mitbestimmt; die zahlreichen „Anfragen" sind zum großen Teil ihnen zu verdanken. Besonders hervorheben möchte ich Florian Göpfert, Sabine Krieg, Jennifer Patten und Griseldis Wedel: Sie haben wichtige Korrekturhilfe geleistet. Lars Dominik vom Brocke hat die kleine Textsammlung am Ende des Buches zusammengestellt. Viele wertvolle sachliche Hinweise verdanke ich meinem Wissenschaftlichen Assistenten Dr. Thomas Wagner. Astrid Padberg hat in bewährter Ruhe und Souveränität das Layout gestaltet. Stefanie Springer hat in großer Geduld und mit einem immer offenen Ohr das Werden des Buches begleitet. Leif Skoglöf steuerte einmal mehr ein faszinierendes Bild zur Umschlaggestaltung bei. Volker Hampel schließlich hat den Band ins Repertoire der Neukirchener Verlagsgesellschaft aufgenommen. Ihnen allen danke ich hiermit ganz herzlich! Gewidmet ist das Buch Gertrud Winter, der von mir hoch verehrten Grundschullehrerin und treuen Begleiterin meines Werdegangs bis heute. Ihr danke ich für alle Förderung und Zuneigung über fast ein halbes Jahrhundert ganz, ganz herzlich!

Wuppertal, November 2009

Inhalt

1 Erste Fragen und Antworten

Das Thema des Buches erfordert einige Vorüberlegungen. Zuerst ist über die Idee des Buches Rechenschaft zu geben, um falsche Erwartungen von vornherein zu dämpfen (1.1). Welche Grenzen einer Rede vom Heiligen Geist gesetzt sind, wird in Abschnitt 1.2 geklärt. Über die Methodik und Organisation des Buches gibt Abschnitt 1.3 Auskunft. Eine Skizze besonderer, mit dem Geistthema mitgegebener Themenstellungen (1.4) sowie ein Überblick über die wichtigsten Funktionen des Heiligen Geistes runden das Kapitel ab (1.5).

1.1 Was ist Anlass, was ist Zweck des Buches?

Bereitet schon die Vorstellung von Gott als Vater und von Jesus Christus, seinem Sohn und Retter der Welt, viele Verstehensprobleme, sehen wir uns Christinnen und Christen, egal ob Laien oder Theologen, bei der Frage nach dem Heiligen Geist vor noch größere Probleme gestellt. Der Heilige Geist erscheint als etwas Unfassbares, Nebulöses, bei dem man nicht genau weiß, was er bewirkt und weshalb er im Glaubensbekenntnis gleichrangig mit dem Schöpfergott und seinem Sohn behandelt wird. Der Geist entzieht sich hartnäckig jedem Versuch, ihn zu definieren, in plakative Formeln zu packen und ihn damit anschaulich zu machen. Schon die Frage, ob der Heilige Geist eine „Person" ist oder nicht, scheidet die Geister. Auf der einen Seite scheint er nicht mehr zu sein als ein flüchtiger Windhauch, als nicht-personhafte Kraft Gottes, wie etwa im ersten Schöpfungsbericht (1 Mos 1,2). Auf der anderen Seite wird er als der vorgestellt, der inspiriert und Wirklichkeit gestaltet. Hier trägt er personhafte Züge (vgl. die Abschiedsreden des Johannesevangeliums, Joh 14-16).

Im alltäglichen kirchlichen Leben scheint der Heilige Geist zur Leerformel erstarrt und in der theologischen Fachliteratur führt er, im Vergleich zu anderen Themen, ein Schattendasein. Während sich die Beschäftigung mit Jesus von Nazareth einer allzeit hohen Beliebtheit erfreut, während auch die Gottesfrage, gerade im Kontext des interreligiösen Dialogs, neu und intensiv gestellt wird, überlässt man die Beschäftigung mit dem Heiligen Geist, von Ausnahmen abgesehen, den charismatisch* ausgerichteten Freikirchen und christlichen Sondergemeinschaften. Dort sind am ehesten charismatische Phänomene wie Prophetie und feurige Evangelisation zu finden. Demgegenüber fehlt es landeskirchlichem Gemeinschaftsleben und traditionellen liturgischen Formen weithin an Esprit; gerade die Kirchen der Reformation mit ihrer Konzentration auf die (nicht immer sonderlich inspiriert wirkende) Predigt erscheinen oft „geistlos".

Freilich haben viele Gemeinden mit ihren Pfarrerinnen und Pfarrern in den letzten Jahrzehnten das Defizit erkannt und wirken ihm mit neuen liturgischen Formen und neuem Liedgut entgegen. Solche Versuche verbrauchen sich nach einiger Zeit, was auf ein Grundproblem hinweist: Charisma* ist etwas Flüchtiges, nichts, was sich auf Dauer konservieren ließe. Die Wirkungen des Heiligen Geistes sind am ehesten punktuell zu spüren, in „Ausnahmesituationen" wie der Christmette oder der Osternacht etwa, oder während eines Kirchen- oder Weltjugendtages. Dort geschieht Be-geisterung, die neue Impulse freisetzt und ein Gemeinschaftsbewusstsein weckt, welches im Alltag freilich oft zu schnell von der Routine eingeholt und erstickt wird.

Das vorliegende Buch möchte dem Mangel an verständlichen Fachbüchern zum Heiligen Geist Abhilfe schaffen und zugleich ins Neue Testament einführen, und zwar von der eher ungewöhnlichen Warte der Geistvorstellungen aus. Nach den vielen ermutigenden Rückmeldungen zu meinem ersten Buch in dieser kleinen Reihe, 2008 unter dem Titel „Wer ist Gott? Antworten des Neuen Testaments" erschienen, lenke ich nun den Blick auf den Heiligen Geist und hoffe, dass es am Ende gelungen ist, die neutestamentlichen Vorstellungen über den Heiligen Geist in seinen vielen Wirkungen übersichtlich und verständlich darzustellen. Um das zu gewährleisten, habe ich auf die Diskussion der Fachliteratur weitgehend verzichtet; einige Fußnoten und Literaturhinweise mögen zur vertiefenden Weiterarbeit genügen. Fachbegriffe werden entweder direkt oder in einem Glossar[1] am Ende des Buches erklärt.

1.2 Wie kann man überhaupt vom Geist sprechen?

Vergleichbar der Frage nach Gott, stellt sich auch beim Heiligen Geist das Problem, wie man als Mensch überhaupt irgendwelche zutreffenden Aussagen machen kann. Grundsätzlich gilt, dass das Göttliche vom Menschen nicht erfasst werden kann. Das Bilderverbot von 2 Mos 20,4 trägt dem Rechnung, indem es Fixierungen Gottes nicht zulässt. Gleichwohl ist die Bibel voller Aussagen über Gott, den Sohn und den Geist. Die Propheten der Hebräischen Bibel sprechen, inspiriert* vom Geist, vom Gott Israels. Mose macht den Israeliten Gottes Willen in Form der Zehn Gebote zugänglich. Die Weisheit Israels findet über die Betrachtung der Schöpfung zum Lob Gottes. Statische, definierende und damit festlegende Aussagen der Art „Gott ist allmächtig" oder „Gott sieht alles" finden sich jedoch selten. In der Regel wird von den Handlungen Gottes und von den Wirkungen des Geistes in der Geschichte gesprochen. Jesus von Nazareth verkündigt die frohe Botschaft von Gottes Herrschaft in Form von Wundern und bildhaften Kleinszenen bzw. Gleichnissen.

---

[1] Wörter, die sich im Glossar finden, sind mit einem * gekennzeichnet. Ebenso Texte, die im Anhang zitiert werden.

Es gibt keine andere Möglichkeit, über Gott und den Geist zu sprechen, als in menschlichen Bildern und Gleichnissen. Sie bieten einen szenischen Ausschnitt aus Gottes Wirklichkeit, ohne sie damit umfassend beschreiben zu wollen. Absolut gesetzt, werden diese Szenen weder Gott noch dem Geist gerecht. Der jüdisch-christliche Gott ist dynamisch, wandelbar und voller Überraschungen. Dasselbe gilt für seinen Geist. Die Rede vom Göttlichen ist immer anthropomorph*. Menschliche Rede über den Geist steht somit unter dem Vorbehalt, ihr Ziel immer auch verfehlen zu können. Das hat schon jeher die Religionskritiker auf den Plan gerufen.[1] Freilich legitimiert sich anthropomorphe Rede von Gott und seinem Geist durch die Bibel selbst: Gott und Mensch sind einander ähnlich (1 Mos 1,26; Ez 1,26). Die Kritik an dieser Redeweise weist zu Recht darauf hin, dass das Unfassbare nicht erklärbar und verfügbar wird, indem wir es beschreiben. Aber selbst wenn das ausgeschlossen ist, lässt uns das theologische Nachdenken Gott und seinen Geist immerhin soweit fassbar werden, dass man die Größe ihres Wirkens erahnen kann. Die adäquate Antwort auf solche theologischen Erkenntnisse kann letztlich nur in Staunen, Lob und Vertrauen bestehen.

1.3 Wie ist das Buch aufgebaut?

Ich habe mit den letzten Sätzen bereits angedeutet, dass nicht der Heilige Geist „an sich", sondern seine Wirkungen im Fokus der Untersuchung stehen.[2] Das Buch geht demgemäß an seinen Hauptwirkungen, wie sie im Neuen Testament beschrieben werden, entlang. Die Geistwirkungen werden durch exegetische* Betrachtung der Texte erhoben. Dabei spielen die situativen und literarischen Kontexte, aber auch die traditionsgeschichtlichen* Vorgaben und die Einbettung der Aussagen in das theologische Gesamtkonzept einer Schrift eine wichtige Rolle. So wird ein buntes Kaleidoskop von Geist*wirkungen,* aber auch von Vorstellungen und Konzepten *über* den Heiligen Geist, sichtbar. Das sind gleichsam Momentaufnahmen aus dem langen Fluss der Entwicklung pneumatologischer* Vorstellungen, von frühen Texten der Hebräischen Bibel über die neutestamentlichen Texte bis hin zu den trinitarischen Formeln der frühen Kirche. Eine ausführliche Begriffsklärung und die Unterscheidung verschiedener „Geister" bilden den Einstieg ins Thema (Kapitel 2). Die Betrachtung der Vorgeschichte des Neuen Testaments in der Hebräischen Bibel, in deren

---

[1] Kraus, Heiliger Geist 9, erinnert an Ludwig Feuerbach, für den der Heilige Geist der in die Überwelt projizierte menschliche Geist ist. Daher gilt der methodische Vorbehalt, dass theologische Rede grundsätzlich menschliche, bildhafte Rede ist und einen hohen Grad an Unschärfe bzw. Unähnlichkeit aufweist (Berger, Person 24-31).

[2] Vgl. Hübner, Heiliger Geist 206: Man kann nicht „neutral" über den Geist sprechen.

griechischer Übersetzung (Septuaginta, LXX) und in den Schriften des frühen Judentums, führt historisch in die Geistvorstellungen ein (Kapitel 3). Der Betrachtung Jesu von Nazareth als eines besonderen Geistträgers kommt eine exponierte Bedeutung zu (Kapitel 4). Der Hauptteil des Buches ist den einzelnen Facetten neutestamentlicher Geistvorstellung gewidmet: Der Geist und das Leben (Kapitel 5), der Geist und die (Gottes-) Erkenntnis (Kapitel 6), der Geist und die Wahrheit (Kapitel 7), der Geist und das Böse (Kapitel 8), der Geist und das ethische Verhalten (Kapitel 9), der Geist und die Gemeinde (Kapitel 10), der Geist und die Verbreitung des Evangeliums (Kapitel 11), der Geist und die Erlösung (Kapitel 12).
Am Ende des Durchgangs werden die einzelnen Geistvorstellungen verglichen (Kapitel 13), das Schlusskapitel fragt nach „roten Fäden", skizziert Entwicklungslinien, umschreibt das Verhältnis zwischen Altem und Neuem Testament und stellt die Rede vom Geist in den Kontext weiterer theologischer Themen (Kapitel 14). Jedes Kapitel entfaltet zuerst die wichtigsten Facetten des Themas, bündelt sie dann und geht auf Anfragen ein, die sich im Laufe der Vorbereitung, insbesondere durch die Diskussionen mit Studierenden der Evangelischen Theologie in Wuppertal, ergeben haben.

1.4 Welche Themen sind mitzudenken?

Einzelne Fragen haben sich im Laufe der Bearbeitung als besonders interessant herausgestellt; ihnen sind eigene Abschnitte gewidmet. Neben den genannten Oberthemen sind Fragen der „Personalität" des Geistes und, analog dazu, der „Personalität" Satans Gegenstand der Betrachtung. Weiter wird das Verhältnis zwischen göttlichem und menschlichem Geist und damit das Menschenbild angeschnitten. Die Rede von der „Sünde gegen den Geist" sowie das tiefere Verständnis von Exorzismen* gehören ebenso zum Themenkatalog wie das Phänomen der Prophetie und anderer Geistesgaben. Nicht zuletzt sind mit dem Thema Geist die Fragen der Begründung und Bezeugung von Wahrheit, eines „geistgemäßen" Verhaltens sowie das Thema Bildung mit gestellt.

1.5 Welche Grundfunktionen hat der Heilige Geist?

An dieser Stelle soll eine Übersicht über die wichtigsten Funktionen, die der Heilige Geist nach dem Neuen Testament übernimmt, folgen:
1. Die erste und originäre Funktion des Geistes Gottes besteht in seiner Leben spendenden Kraft. So hat die frühjüdische Schöpfungsspekulation dem Wirken des Geistes Gottes (hebr. *rúach elohím*) eine zentrale Rolle bei der Weltschöpfung zugedacht. Der frisch geschaffene Mensch bedarf des göttlichen Geistes, um zum Leben zu kommen (1 Mos 2,7). Diese

Kernbedeutung des Geistes kommt der etymologischen Grundbedeutung von *rúach* (gr. *pneúma*, lat. *animus*) – Windhauch, Atem – sehr nahe. Die Leben schaffende Funktion des Geistes wird im Neuen Testament aufgegriffen und auf die Auferstehung bzw. die Erhebung in den Rang der Gotteskindschaft bezogen (Röm 1,3f.; 8,11-15).

2. Die zweite, nicht minder wichtige Gabe des göttlichen Geistes besteht in Erkenntnis (1 Kor 2,1-12). Ohne den Geist ist der Mensch nicht fähig, Gott oder Jesus Christus zu erkennen. Nur wer den Geist Gottes hat, ist fähig, das Credo* zu formulieren (1 Joh 4,2f.).

3. Gottes Geist ist diejenige Größe, mit deren Hilfe Jesus den Versuchungen des Bösen widersteht (Mt 4,1-11) und der auch die Glaubenden vor dem Zugriff des Bösen schützt (Joh 14-16; Röm 7f. u.a.). Wo Gottes Geist wirkt, wird das Böse zurückgedrängt und verlieren die Dämonen ihre Macht über den Menschen (Exorzismen*, vgl. Mt 12,28).

4. Der Geist ist nach Röm 8,27 ein wichtiger Fürsprecher des Menschen Gott gegenüber. Er hilft der Schwachheit der Menschen auf und verschafft ihren Gebeten Gehör bei Gott. Wer den Geist Gottes in sich trägt, gehört zu den Kindern Gottes (Röm 8,14f.).

5. Das Wirken des Geistes in der Schöpfung setzt sich nach biblischer Auffassung in seinem Wirken in bestimmten Menschen – Königen, Propheten – sowie in den biblischen Texten selbst fort. Gott verleiht seinen Geist Menschen, die eine besondere Aufgabe unter den Menschen zu erfüllen haben und verschafft ihnen dadurch die nötige Inspiration* und Durchsetzungskraft. Außerdem gilt er nach neutestamentlichem Zeugnis als der Autor der prophetischen Schriften und der Psalmen der Hebräischen Bibel. Das verleiht ihnen höchste Autorität und legitimiert die Auslegung des vom gleichen Geist erfüllten Interpreten.

6. In den frühchristlichen Gemeinden ist das Wirken des Geistes deutlich zu spüren. Zu den charismatischen* Erfahrungen jener Zeit gehören vor allem die Geistesgaben, von denen Paulus zu berichten weiß (Röm 12; 1 Kor 12-14), sowie die christliche Form des Miteinanders mit ihrem inneren Zusammenhalt (1 Kor 6; Gal 3,28 u.a.). Auch der Erfolg frühchristlicher Missionsarbeit wird wesentlich dem Geist Gottes zugeordnet (Apg 8,29; 10,19.44; 16,6f. usw.).

7. Der den Christen bei der Taufe geschenkte Geist sorgt nicht nur für die Erkenntnis Gottes und seines Willens, sondern ermöglicht es auch, diesem Willen gemäß zu leben. Wer „nach dem Geist" (gr. *kata pneúma*) lebt, sich von ihm lenken lässt, erfüllt Gottes Gesetz von innen heraus, von Herzen (Röm 5,5; 8,2-13). Hierin bestätigt sich die Verheißung des Neuen Bundes (Jer 31,31-34; Ez 36.26f.).

8. Wer so den Geist Gottes in sich wirken lässt und den Willen Gottes erfüllt, darf sich des endzeitlichen Heils gewiss sein. Die christliche Hoffnung wird nach Paulus wesentlich vom Geist Gottes bewirkt. Wer ihn hat, besitzt gleichsam einen „Vorschuss" auf das versprochene Heil.

2 Der Geist, die Geister und der Mensch

Bevor über den Heiligen Geist und seine Wirkungen gesprochen werden kann, sind die kosmischen Kräfteverhältnisse zu beschreiben, die sich in den biblischen Texten widerspiegeln und in denen dem Geist Gottes seine besondere Stellung zukommt. Das kosmische Kräftedreieck wird durch die göttlichen und die widergöttlichen Mächte sowie durch den Menschen konstituiert (2.1). Nach einem begriffsgeschichtlichen Exkurs (2.2) wendet sich das Kapitel zunächst den göttlichen (2.3), dann den widergöttlichen Mächten (2.4) und schließlich dem Menschen und „seinem" Geist zu (2.5).

2.1 Das Kräftedreieck Gott – Satan – Mensch

In diesem Abschnitt geht es um die Frage nach Hierarchien bzw. nach dem Grad an „Souveränität", der Gott, anderen kosmischen Mächten und dem Menschen jeweils zukommt. Leitend ist die Annahme, dass Gott an der Spitze der Hierarchie steht, während die anderen himmlischen Mächte, gute wie böse, von Gott ihre Weisungen erhalten oder zumindest von ihm geduldet werden. Der Mensch schließlich gilt zwar als Krone der Schöpfung, steht aber in keiner Weise souverän den himmlischen Mächten gegenüber. Vielmehr wird er als der Ort erfahren, an dem die kosmischen Mächte ihre Wirkungen, gute wie schlechte, entfalten.

2.1.1 Gott: Die Spitze der kosmischen Hierarchie

Die Allmacht Gottes wird in der Bibel zwar nicht theoretisch begründet, aber in der Darstellung seines Wirkens in der Welt nirgends ernsthaft in Frage gestellt. Er ist der Weltenschöpfer und ihr Erhalter, ihm haben alle Lebewesen ihre Existenz zu verdanken (Ps 104,29f.). Er allein ist Herr über Leben und Tod, seine Macht ist unermesslich. Im Gegensatz zu Satan kann nur er über das Leben Hiobs verfügen (Hi 1,12). Selbst in Zeiten nationaler und religiöser Krisen vertraut Israel auf Gottes Geschichtsmächtigkeit, die sich spätestens am Ende dieser Weltzeit wieder zeigen wird. Der Mensch ist Gott gegenüber, was seine Erkenntnisfähigkeit angeht, stark eingeschränkt, so dass all seine Versuche, Gott zur Rechenschaft zu ziehen, zum Scheitern verurteilt sind.[1]

Im Unterschied zu seinem Sohn ist Gott allwissend (vgl. Mk 13,32: nur Gott weiß Zeit und Stunde des Endes). Ohne den Vater kann der Sohn nichts tun (Joh 5,19), auch wenn beide in ihrem Willen eins sind (Joh 10,30). Und: Auch wenn Gott für eine bestimmte Zeit seinem Sohn die

[1] Hi 38-41; vgl. Ps 8,5 [„Was ist der Mensch, dass du seiner gedenkst?"]; 4 Esr 5,35-40.

Herrschaft übertragen hat, um die widergöttlichen Mächte zu vernichten, erhält er sie am Ende wieder von ihm zurück, damit er „alles in allem“ sei (1 Kor 15,28). In den Gleichnissen Jesu steht die Figur des „Herrn“ (gr. *kýrios*) an der Spitze der erzählinternen Hierarchie, ihm gegenüber stehen der Sohn, die Boten, Mitarbeiter und „Sklaven“. In diesem Arrangement spiegelt sich die traditionelle Auffassung über Gott, der souverän handelt und sich vor dem Menschen nicht rechtfertigen muss.

2.1.2 Satan: Mandatsträger Gottes mit dubioser Herkunft[1]

Im kosmischen Kräftedreieck bilden die widergöttlichen Mächte, allen voran Satan, die zweite Größe. Zuweilen erscheint ihr Verhältnis zu Gott als (zeitlich begrenzter) gleichrangiger Dualismus*[2]. Die Mehrzahl der Texte betont jedoch die Abhängigkeit Satans und der Seinen von Gott.

Abhängigkeit des Bösen von Gott

Die Vorstellung von Geistern, die einen schlechten Einfluss auf die Menschen ausüben, ist bereits in der Hebräischen Bibel verbreitet. So sprechen etwa Ri 9,23, 1 Sam 16,23 und 19,9 davon, dass Gott einen bösen Geist über die Bürger von Sichem bzw. über König Saul kommen lässt. Ein nicht näher spezifizierter Geist bietet nach 1 Kön 22,19-23 Gott an, als Lügenprophet aufzutreten. In Hi 1,6-12 übernimmt Satan als Diener Gottes eine vergleichbare Aufgabe. In allen Fällen wird herausgestellt, dass die bösen Geister Gott unterstellt sind und ein Mandat von ihm erhalten, unter den Menschen zu agieren. Satan und die Dämonen handeln auch nach neutestamentlicher Auffassung nur scheinbar autonom, denn die Überlegenheit Gottes wird nirgends grundsätzlich in Frage gestellt. Schon zu Beginn der Welt überwindet Gott die lebensfeindliche Macht des *tohuwabóhu* durch sein Schöpfungswerk (1 Mos 1,2) und spätestens beim Endgericht erweist sich Gott wieder als der Stärkere (weiter dazu Abschnitt 8.6).

Woher kommt das Böse?

Nicht die Frage nach dem Woher? des Bösen, sondern dessen feststellbare Wirklichkeit ist der Ausgangspunkt der biblischen Frage nach dem Bösen. So ist die Sündenfallerzählung in 1 Mos 3 zu verstehen, in der die Schlange (deren Herkunft unklar bleibt) Eva zur Übertretung des ausdrücklichen Gebotes Gottes verführt. Ähnlich stellt das Gleichnis vom Unkraut unter dem Weizen die Existenz des „Feindes“ lapidar fest (Mt 13,25.28). Der

---

[1] Dazu auch Erlemann, Wer ist Gott 46f.

[2] 2 Kor 11,14: Satan *versus* Engel des Lichts; Offb 12,7-9: Michael *versus* Satan.

Ursprung des Bösen wird nicht systematisch geklärt, es gibt jedoch unterschiedliche Mythen und Erklärungsansätze – sei es, dass der Mensch selbst für das Böse verantwortlich ist (1 Mos 3), sei es, dass einige Engel von Gott abgefallen sind und so das Böse in die Welt gebracht haben.[1]

Namen und Ausdrucksformen des Bösen

Der bzw. das Böse hat unterschiedliche Namen: Beelzebul (Mk 3,22), Belial bzw. Beliar (2 Kor 6,15), Teufel (gr. *diábolos,* Mt 4,5), der bzw. das Böse (gr. *ho ponerós / to ponerón,* Röm 12,21), der Feind (gr. *ho echthrós,* Mt 13,25.28), der „Herr(scher) dieser Welt" (Joh 14,30; 4,31; 16,11), der „Mächtige, der in der Luft herrscht" (Eph 2,2), der Widersacher (gr. *ho antikeímenos,* 2 Thess 2,4), der Gesetzlose (gr. *ho ánomos,* 2 Thess 2,8), Antichrist (1 Joh 2,18.22; 4,3) oder eben Satan (gr. *Satanás,* Hi 1f.; Lk 10,18; Röm 16,20; 2 Thess 2,9). In 1 Petr 5,8f. wird der Widersacher als brüllender Löwe vorgestellt, die Johannesoffenbarung umschreibt Satan als Drache bzw. als Tier, das aus dem Meer steigt und das mit dem Drachen und einem zweiten Tier eine Art „Antitrinität" bildet (Offb 13), weiter als „Schlange", die auf die Sündenfallgeschichte verweist (Offb 12,9) sowie durch die gematrische* Chiffre „666", die auf Kaiser Nero oder Domitian hindeutet (Offb 13,18).[2] Neben diesen eher personhaften Vorstellungen sieht Paulus in der Macht der Sünde und der Begierden die hauptsächliche Wirkweise des Bösen.[3]

2.1.3 Der Mensch: Manipulierbares Ebenbild Gottes

Verführbarkeit: Ein Erfahrungswert

Die dritte Größe im kosmischen Kräftedreieck ist der Mensch. Er ist einerseits „Ebenbild" Gottes und steht sogar über den Engeln (Ps 8,6), andererseits erscheint er als die Plattform, auf der der kosmische Machtkampf ausgetragen wird. In keinem Falle erscheint er im modernen Sinn als „souveräne Person". Im Gegenteil: Viele Texte der Bibel schildern, wie Menschen entweder von guten oder von bösen Mächten regelrecht überfallen, besetzt oder bewohnt werden. Die Schlange überlistet Eva und hat dabei leichtes Spiel (1 Mos 3,1-6). Der Geist Gottes fällt auf Richter und Propheten, ohne dass diese sich dagegen wehren könnten. Satan setzt Hiob zu, ohne dass dieser dagegen eine reelle Chance hätte. Die Dämonen neh-

[1] äthHen 6-15; 69,2ff.; 84,4; 86,1ff.; Jub 4,22; 5,1ff.; 7,21ff. u.a.

[2] Zur Gematrie*: Vincenzo Petracca, Zahlenmystik und Gematrie, in: K. Erlemann u.a. (Hgg.), Neues Testament und Antike Kultur Bd.3, Neukirchen-Vluyn 2005, 240-243.

[3] Röm 6f.; vgl. Jak 1,13f. – Zu den Strategien Satans und zur Überwindung des Bösen vgl. die Abschnitte 8.1 und 8.6 in diesem Buch.

men Besitz von Menschen, die dann als „besessen“ gelten. Judas Ischariot wird zum Angriffsziel Satans und kann nicht mehr anders, als Jesus zu verraten (Lk 22,3). Die Macht der Sünde wirkt nach Paulus in den Gliedern des Menschen, so dass er nicht das tut, was er eigentlich möchte (Röm 7). Die Propheten und Psalmisten bitten Gott um die Befreiung von Sünde und um die Implantierung eines neuen, guten Geistes (Ps 51,12-14; Ez 36,26f.). Der Heilige Geist fällt an Pfingsten auf die versammelten Jüngerinnen und Jünger und steuert die Wege der Apostel. Paulus sieht sich durch den Geist an sein Geschick gebunden (Apg 20,22). Satan versucht mit allen Mitteln, die Gerechten bzw. die neu gewonnenen Christinnen und Christen zum Abfall zu bewegen (Lk 22,31; 2 Kor 2,11; 1 Thess 3,5; 1 Petr 5,8f.). Die Ermahnung, sich nicht verführen zu lassen, gehört zum Standardrepertoire der neutestamentlichen Briefliteratur.

Emotionen und Haltungen – Ausdruck von Persönlichkeit oder von Fremdbestimmung?

Selbst Emotionen und ethische Haltungen werden Geistern zugeschrieben: 4 Mos 5,14.30 spricht vom Geist der Eifersucht, Hos 4,12 und 5,4 vom Geist der Hurerei, Sach 13,2 vom Geist der Unreinheit, Jes 19,14 vom Geist des Taumelns und Jes 29,10 vom Geist des Tiefschlafs. 2 Tim 1,7 nennt als Gaben Gottes den Geist der Kraft, der Liebe und der Besonnenheit, während der Geist der Furcht gerade nicht von Gott stammt. Die Texte machen es zweifelhaft, dass es sich um je „persönliche“ Eigenschaften oder Emotionen von Menschen handelt. Sie geben vielmehr der Erfahrung Ausdruck, dass die Betroffenen „fremdgesteuert“ und den Geistern ausgeliefert sind. Dieses Menschenbild ist vom neuzeitlichen Ideal der souveränen Person mit Entscheidungsfreiheit weit entfernt. Und noch eines kommt zum Ausdruck: Gute Geister, allen voran der Geist Gottes, und ungute Geister, allen voran Satan, machen ihren Einfluss auf die Menschen geltend. Von der Freiheit des Menschen im modernen Sinn kann keine Rede sein; nach Röm 6 hat der Mensch allenfalls die Wahl, sich von der einen oder von der anderen Seite in Beschlag nehmen zu lassen.

Verführbar und doch schuldfähig – das Dilemma des Menschen

Diese Sicht des biblischen Menschenbildes ist freilich nur die eine Seite der Medaille. Die andere Seite besteht darin, dass der Mensch in hohem Maße für sein Tun verantwortlich und dementsprechend „schuldfähig“ ist. Nur so ist die Rede von Lohn und Strafe, von Gericht und Gnade sinnvoll. Der Mensch kennt den Unterschied zwischen Gut und Böse, er hat die Tora* als kodifizierten Willen Gottes bzw. weiß um das Liebesgebot und seine Konsequenzen. Die Weisheit Israels kennt den Kausalzusammenhang zwischen Verhalten und Ergehen des Menschen, dessen Geltung

später auf das Endgericht ausgeweitet wird. Gilt in frühen Texten Gott selbst als Urheber des Bösen, so werden in späterer Zeit die Willensfreiheit und die Schuld des Menschen in den Vordergrund gerückt.[1]
Nach seinen Werken wird der Mensch gerichtet werden, so wissen es Röm 2,6; 2 Kor 5,10 und Jak 2,17. So stehen die Erfahrung, dass der Mensch grundsätzlich vom Bösen korrumpierbar ist, und die ethische Forderung Gottes gegeneinander. Den Ausweg aus dem Dilemma sehen die späteren Propheten Israels in einer grundsätzlichen Erneuerung des Menschen und des Bundes (Jer 31,31-34; Ez 36,26f.), eine Verheißung, die das Neue Testament mit Jesu Tod erfüllt sieht. Kurz gefasst, durchschlägt nach dieser Auffassung Gott selbst den gordischen Knoten, indem er mit der Sendung Jesu und der Gabe des Heiligen Geistes den Menschen zu seiner Gerechtigkeit hinführt und ihn dadurch vor seinem Zorngericht bewahrt.

2.1.4 Fazit: Alles ein Kampf um den Menschen

Das biblische Weltbild kennt eine klare Hierarchie zwischen Gott, dem obersten Souverän, allmächtigen Herrn der Schöpfung, des Lebens und der Geschichte, dem von ihm abhängigen Satan sowie dem Menschen, der einerseits nach Gottes Bild erschaffen wurde, Eigenverantwortung und Schuldfähigkeit zuerkannt bekommt, und der sich andererseits immer wieder neu als vom Bösen korrumpierbar und manipulierbar erweist. Das Hin- und Hergerissensein des Menschen zwischen Gut und Böse ist nach der Bibel kein rein psychologisches Dilemma, sondern der Ausläufer eines kosmischen Geschehens zwischen Gott und Satan. In dieser Gemengelage kommen den Kräften zwischen Himmel und Erde, den Mächten und Gewalten, den Engeln und Dämonen und nicht zuletzt dem Heiligen Geist Gottes wichtige Funktionen zu, die Thema der nächsten Abschnitte sind.

2.2 Kurze Begriffsgeschichte des Geistes

Der deutsche Begriff „Geist“ ist maßgeblich vom Idealismus geprägt. Er bezeichnet das denkende Bewusstsein, das im Gegensatz zu Materie, Natur und menschlichem Körper steht.[2] Der hebräische Begriff *rúach* und dessen griechisches Äquivalent *pneúma* kennen ursprünglich keinen qualitativen Gegensatz zwischen Geist und Materie. Die Begriffe bezeichnen die Energie, die im Windhauch oder auch im Atem des Menschen als elementare

---

[1] Z.B. wird aus „böser Geist Gottes“ (1 Sam 16,23, hebr.) in der Septuaginta „ein böser Geist“ (Schweizer, Heiliger Geist 48-50).
[2] Gerber, Pneuma 40.

Natur- und Lebenskraft spürbar wird.[1] Sie ist göttlicher Herkunft, letztlich nicht fassbar, aber immer präsent.
Nach der Hebräischen Bibel ist die gesamte Schöpfung vom Wirken der göttlichen *rúach* durchdrungen. Gott belebt die Natur und schenkt den Menschen nicht nur den zum Leben notwendigen Atem, sondern sorgt mit seinem Geist auch für seine Vitalität, Emotionen und Stimmungen.[2] Wo der Geist spürbar ist, ist Gott selbst anwesend (Ps 139,7 u.a.). In der griechisch-hellenistischen* Philosophie wird *pneúma* mit der Zeit als eine das Leben schaffende und erhaltende Kraft, synonym zum Begriff der Seele (gr. *psyché*), verstanden. Im weiteren Sinne bezeichnet Geist die inspirierende Kraft der Poesie und der Religion sowie die mitreißende Kraft der Rhetorik. Geist ist also etwas äußerst Dynamisches und Vielgestaltiges, an dem jeder Mensch in unterschiedlicher Abstufung teilhat.
Fazit: *rúach* und *pneúma* bezeichnen im Kern die aller Kreatur innewohnende göttliche Lebenskraft. Das ist das Vorzeichen vor der Klammer der folgenden Unterscheidung zwischen Geist Gottes, bösen Geistern und Geist des Menschen. Was begrifflich zu unterscheiden ist, ist der biblischen Vorstellung nach ineinander verwoben. Wir haben es, gerade beim menschlichen Geist, nicht mit einem souveränen Personkern oder ähnlichem zu tun, vielmehr erscheint der Mensch beeinflussbar und beeinflusst durch göttliche und widergöttliche Mächte und deren „Geister".

2.3 Gottes Geist und andere gute Geister

Weshalb spricht die Bibel überhaupt von einem „Geist Gottes", was macht ihn unverzichtbar, was bewirkt er und wie? Worauf weisen die verschiedenen Namen, die ihm beigelegt werden, hin? Was ist der Unterschied zwischen dem Geist und den zahlreichen Engelwesen, von denen die Bibel erzählt? Diese Fragen werden im folgenden Abschnitt angeschnitten.

2.3.1 Der Geist als Kontaktorgan zwischen Gott und Welt

„Transformator" göttlicher Energie

Wenn die Bibel von Gottes Geist spricht, dann beschreibt sie die Art und Weise, in der Gott in der Welt handelt, auf Menschen einwirkt und die Geschichte lenkt. Die Bibel vermeidet es in aller Regel, Gott selbst auftre-

[1] Hermann Martin Kleinknecht, Art. *pneúma* (Theologisches Wörterbuch zum Neuen Testament Bd.6, Stuttgart 1959), 333-357. Erhard Kamlah / Walter Klaiber, Art. Geist (Theologisches Begriffslexikon zum Neuen Testament, Bd.1, Wuppertal / Neukirchen-Vluyn 1997), 697-712, sowie Erlemann, Pneumarezeption.

[2] Schmidt, Art. Geist 170, mit Textbelegen.

ten zu lassen – zu groß ist die theologische Scheu davor, auch nur seinen Namen in den Mund zu nehmen, zu groß erscheint die Distanz zwischen Gott und Welt, zu mächtig ist Gott für das menschliche Fassungsvermögen. Der Geist ist gleichsam die Brücke, über die Gott in Kontakt mit der Schöpfung tritt – neben anderen Brücken, von denen später zu reden ist. Die Kontaktaufnahme beginnt schon vor der Schöpfung, wenn Gottes *rúach* auf den Wassern liegt (1 Mos 1,2). Dabei ist es unerheblich, ob *rúach* hier mit Wind, Geist oder Atem übersetzt wird. Gott ist da und bringt mit seinem Geist die Wasser des Urchaos in Bewegung.

Spektakuläre und subtile Wirkweisen

Grundsätzlich lässt sich sagen, dass der Geist auf äußerst unterschiedliche Art und Weise wirkt: Einmal durch die Belebung der Natur, denn kein Lebewesen kommt ohne Anhauchung mit Gottes Geist zu seiner Lebenskraft (vgl. Ps 104,29f.); weiter durch rettenden oder zerstörerischen Wind – beide Erfahrungen hat das Volk Israel in seiner Geschichte gemacht. Ferner durch Inspiration und Lenkung von Propheten, Königen und von anderen Beauftragten Gottes und nicht zuletzt durch subtile Lenkung des „menschlichen Geistes“, sei es durch Emotionen, ethische Haltungen oder besondere Erkenntnisse. Gott lenkt die Geschicke der Welt oft unspektakulär, seltener durch offene Machterweise. Gottes Geist zwingt sich nicht auf und wird daher auch nicht von allen Menschen erkannt.

2.3.2 Verschiedene Namen für Gottes Geist

Der göttliche Geist erhält in vielen Fällen einen Namenszusatz, der ihn genauer charakterisiert. Die wichtigsten Bezeichnungen sind:

Geist Gottes

Zuerst ist der Zusatz „Geist Gottes“ bzw. „göttlicher Geist“ (hebr. *rúach elohím* oder *rúach jahwéh*; gr. *pneúma theoú*) zu nennen. Er drückt die Herkunft von und die Zugehörigkeit zu Gott aus. Wie der Mensch einen individuellen Geist hat, so hat auch Gott „seinen“ Geist, mit dem er die Welt belebt und in ihr wirkt. Der Geist bzw. Windhauch oder Atem Gottes war nach Auffassung von 1 Mos 2 schon vor der Schöpfung da und hat nach frühjüdischen Texten als Schöpfungsmittler fungiert.[1]

[1] syrBar 21,4*; AssMos (gr.) 64; ihm entspricht das „Wort“ [gr. *lógos*] in Joh 1.

Heiliger Geist, Geist der Heiligung

Die bekannteste Bezeichnung ist „Heiliger Geist". Sie drückt die Zugehörigkeit des Geistes zur göttlichen Sphäre aus. In der Hebräischen Bibel taucht die Bezeichnung so gut wie nie auf; die Ausnahmen sind Jes 63,10f. – hier wird der Gegensatz zwischen dem ungehorsamen, unheiligen Volk und dem Heiligen Geist Gottes herausgearbeitet – und Ps 51,13 – hier bittet der Psalmist um die Erneuerung seines Geistes. Ansonsten ist regelmäßig vom „Geist Gottes" die Rede, der auf die Menschen fällt.
Dem Heiligen stehen der Bereich des Profanen*, Unheiligen, Kreatürlichen, bzw. das „Fleisch"[1] und der „Geist der Welt"[2] gegenüber. Der Heilige Geist (gr. *pneúma hágion*) ist gegen das Böse immun und hat die Kraft, das Unreine rein zu machen, zu heilen bzw. zu heiligen und es damit dem Einfluss des Bösen zu entziehen. Jesus selbst ist nach Röm 1,3f. kraft des „Geistes der Heiligung" auferstanden und wurde von ihm zum Sohn Gottes eingesetzt.

Geist der Herrlichkeit

Auch diese Bezeichnung (1 Petr 4,14) betont die Zugehörigkeit des Geistes zur himmlischen Sphäre, in der die Herrlichkeit (hebr. *kabód*, gr. *dóxa*) Gottes herrscht.[3] Sofern, wie in der Seligpreisung 1 Petr 4,14 beschrieben, der Geist Gottes auf den verfolgten Christen ruht, sind sie selig zu nennen, denn sie haben bereits Anteil an der Herrlichkeit Gottes. Das ist ihr Lohn, denn sie verherrlichen ihrerseits Gott mit ihrer Leidensbereitschaft (1 Petr 4,16). Auch in den Makarismen* der Bergpredigt werden die Verfolgten und Verleumdeten selig gepriesen (Mt 5,11; vgl. 10,22). Der Weg Jesu ans Kreuz ist nach dem Johannesevangelium ein Weg der gegenseitigen Verherrlichung von Vater und Sohn.[4] Die Glaubenden haben an der göttlichen Herrlichkeit durch Christus Anteil erhalten (Joh 1,14; 17,22-24). Der angekündigte Geist der Wahrheit hat wiederum die Aufgabe, Christus zu verherrlichen (Joh 16,14). Der Ort der (im Neuen Testament singulären) Bezeichnung „Geist der Herrlichkeit" ist die Leidens- und Martyriumsparänese*. Die Verfolgten verherrlichen mit ihrem Tun Gott, da sie mit ihrer Leidensbereitschaft die Wahrheit über Gott und seinen Sohn bezeugen.

---

[1] Gr. *sarx*; vgl. Joh 3,6: „Was vom Fleisch geboren ist, das ist Fleisch; und was vom Geist geboren ist, das ist Geist".
[2] Gr. *pneúma tou kósmou*; vgl. 1 Kor 2,12: „Wir haben nicht empfangen den Geist der Welt, sondern den Geist aus Gott".
[3] Berger, Art. Geist 187.
[4] Joh 12,23.38; 13,31; 17,1; vgl. Apg 3,13; Phil 1,20, hier auf Paulus bezogen.

Geist der Wahrheit und Paraklet

„Geist der Wahrheit" (gr. *pneúma tes aletheías*) ist eine typisch johanneische Bezeichnung. Sie verweist auf die Funktion des Geistes, die Wahrheit des (Johannes-)Evangeliums zu verbürgen. Der griechische Begriff *paraklétos*, der sowohl den „Tröster" als auch den „Anwalt" und „Fürsprecher" bezeichnet, ist ebenfalls eine Eigenheit der johanneischen Schriften. Der Begriff betont die Aufgabe des Geistes, der nachösterlichen Gemeinde über den „Verlust" Jesu hinwegzuhelfen und ihre Sache gegenüber der Welt zu vertreten (weiter dazu Abschnitte 7.2 und 13.4).

2.3.3 Engel und andere dienstbare Geister

Neben dem Geist Gottes gibt es in der Bibel auch andere positive Kräfte zwischen Himmel und Erde. Das sind Engel und engelgleiche Wesen, die allerlei Dienste für Gott, die Welt und den Menschen zu verrichten haben.

Alttestamentliche und frühjüdische Engelvorstellungen

Die Hebräische Bibel und das frühe Judentum kennen Engel und engelgleiche (Misch-)Wesen.[1] Sie fungieren vorzugsweise als Überbringer der göttlichen Botschaft. Cherubim bewachen die Tür zum Paradies (1 Mos 3,24), das himmlische Heer umgibt Gott in seinem Thronsaal (1 Kön 22,19; 2 Chron 18,18, Jes 6: Serafim), ein Seraf bereitet Jesaja auf seine Gottesbegegnung vor (Jes 6,6f.). Das frühe Judentum entwickelt eine ausgebaute Angelologie* mit verschiedenen Engelklassen, Hierarchien und Funktionen. An der Spitze stehen die Erzengel, allen voran Michael. Zu den Funktionen der Engel gehören, neben der Überbringung göttlicher Botschaften, die Steuerung der Gestirne und Zeiten, der himmlische Lobpreis, die Deutung von Visionen, der Schutz von Menschen und Völkern sowie deren Bestrafung und Verteidigung. In allen Fällen gelten die Engel als dienstbare Geister Gottes und sind ihm streng untergeordnet. Das gilt auch für die „gefallenen" Engel, die als Dämonen und „Gottessöhne" (vgl. 1 Mos 6,1-4; Hi 1f.) unter ihrem Anführer Satan (auch Belial, Mastema, Sammael) scheinbare Autonomie genießen (Engeldualismus*).

Neues Testament: Botengeister, Mächte und Gewalten

Das Neue Testament steht in der alttestamentlich-jüdischen Engeltradition, verwendet sie allerdings sehr sparsam. Die Engel gelten als unsterbli-

[1] Zum Folgenden vgl. vor allem Horst Seebaß, Art. Engel II - Altes Testament (TRE IX, 1982), 583-586) und Otto Böcher, Art. Engel IV – Neues Testament (TRE IX, 1982), 596-599.

che Geschöpfe Gottes.[1] Sie bedienen sich einer eigenen Sprache, die nur Charismatikern* zugänglich ist (1 Kor 13,1; vgl. Offb 7,2 u.a.). Da sie oft in Menschengestalt auftreten, sind sie von Dämonen nur schwer zu unterscheiden.[2] Die Dienstfunktion der Engel Gott, Christus und den Menschen gegenüber wird hervorgehoben.[3] Engel werden unter anderem eingesetzt, um den Jüngern und Aposteln das leere Grab und die Himmelfahrt Jesu zu erklären (Mk 16parr.; Apg 1,10) oder den Apostel aus misslicher Lage zu befreien (Apg 12,5-11).
Die „Kernaufgabe" der Engel ist es jedoch auch hier, Botschaften Gottes zu übermitteln. So kündigen Engel die Geburt und die göttliche Bestimmung von Johannes dem Täufer und Jesus an (Lk 1), verkündigen den Hirten Jesu Geburt (Lk 2), treiben Josef und seine Familie zur Flucht nach Ägypten (Mt 2), bedienen Jesus nach der gelungenen Abwehr Satans in der Wüste (Mt 4,11par.) und richten den Frauen am leeren Grab die Osterbotschaft aus (Mk 16parr.). Die Engelerscheinungen unterstreichen die göttliche Würde Jesu Christi, dem sie eindeutig untergeordnet sind (Mt 28,18; 1 Kor 15,24; Eph 1,20-22 etc.).
Das Neue Testament kennt schließlich auch Engel bzw. „Geister" am himmlischen Thron (Offb 1,4; 3,1; 4,5; 5,6). Sie vertreten dort die Interessen der „Kleinen" (Mt 18,10)[4] und agieren gemeinsam mit „Mächten" und „Gewalten" als himmlische Ankläger der Menschen (Röm 8,33-39). Engel und gute Geister werden zum Teil kultisch verehrt (Apg 23,8: Pharisäer; anders die Sadduzäer), auch von Christen, was durchaus umstritten war (Gal 4,14 *versus* Kol 2,18), denn Gott allein gebührt Anbetung (Offb 19,10; 22,8f.).

2.3.4 Fazit: Zum Verhältnis von Geist und Engeln

Im Unterschied zu Gottes Geist sind Engel zumeist namenlose Auftragserfüller.[5] Ihnen gegenüber kommt dem Heiligen Geist ein deutlich größeres Gewicht zu. Das hängt damit, wie Gott in der Welt präsent ist, zusammen. Während Engel eine wichtige Brückenfunktion wahrnehmen und dabei zugleich auf die große Distanz zwischen Gott und Welt hinweisen, macht Gott mit der Gabe seines Geistes sein Innerstes, das, was ihn im Kern ausmacht und umtreibt, sichtbar und durchschaubar. In und mit seinem Geist ist er im höchst möglichen Grad unter den Menschen gegenwärtig. Diese Art und Weise göttlicher Präsenz ist in der Hebräischen Bibel auf exklusi-

---

[1] Lk 20,36; Kol 1,16 (hier als „Mächte und Gewalten" bezeichnet, vgl. Röm 8,38).
[2] 2 Kor 11,14; vgl. das Gleichnis vom Unkraut und Weizen, Mt 13,24-30.
[3] Hebr 1,14: Engel sind Geister, die zum Dienst an den Menschen ausgesandt werden.
[4] Schon das Judentum kennt „Angesichtsengel", die als Anwälte der „Kleinen" auftreten (Berger, Person 153, ausweislich Jub 2,2; 1,27-29; vgl. Offb 11!).
[5] Berger, Person 105.

ve Geistträger begrenzt; im Neuen Testament wird sie für alle Menschen erfahrbar, die offen sind für Gottes Gegenwart und sie in Jesus von Nazareth für realisiert halten. Die Bedeutung der Engel tritt im gleichen Maße zurück, wie die Bedeutung des Heiligen Geistes gesteigert wird. An die Stelle mythischer Kämpfe zwischen guten und bösen Engeln tritt der Geist Gottes, der die bösen Geister überwindet, und zwar nicht durch Demonstrationen seiner Allmacht, sondern gerade durch Verzicht auf Machtgebaren (weiter dazu Kapitel 8).

2.4 Dämonische Anti-Geister

Die bösen Geister werden im Neuen Testament entweder als solche oder als unreine Geister bzw. Dämonen bezeichnet.[1] Im Folgenden werden ihre Wirkungen auf die Menschen beschrieben. Zu den weiteren Strategien des Bösen und zu seiner Überwindung vgl. Kapitel 8 dieses Buches.

2.4.1 Fünfte Kolonne Satans

Die Dämonen und unreinen Geister sind das Gefolge Satans bzw. Beelzebuls (Mt 12,24parr.). Sie spielen besonders in den synoptischen Evangelien* eine wichtige Rolle. Mit ihnen bekommt es Jesus, nachdem er Satan widerstanden hat, ständig zu tun. Sie fungieren als verlängerter Arm Satans und bedrohen die körperliche und psychische Gesundheit des Menschen. Die himmlische Herkunft der Dämonen ist unter anderem daran zu erkennen, dass sie höhere Erkenntnis als die Menschen haben: Sie identifizieren Jesus spontan als den „Heiligen Gottes" (Mk 1,24) bzw. als „Sohn des Allerhöchsten" (Mk 5,7; vgl. Mk 1,34; Apg 19,15). Die Rede von Dämonen ist deutlich mythischer* als die von Versuchlichkeit, Sünde und Begierde, die Paulus bevorzugt, um die verheerenden Wirkungen des Bösen zu umschreiben. Krankheit und „Besessenheit" werden so als Ausläufer eines kosmischen Machtkampfes durchschaubar. Wer die Geister austreibt, muss die Macht dazu entweder von Gott oder von Satan haben, denn Geist ist grundsätzlich nur durch Geist zu bekämpfen.

2.4.2 Unkontrollierbare „Mietnomaden"

Die Dämonen verursachen unterschiedliche Krankheiten und, damit einhergehend, kultische Unreinheit – die Menschen werden „entheiligt". Die Palette der Krankheiten reicht von Epilepsie (Mk 9,14-27parr.) über Läh-

---

[1] Z.B. Mk 7,29; Eph 6,12: böser Geist; Mk 1,23: unreiner Geist; Mt 12,28: Dämon.

mung, Verkrümmung (Lk 13,11), (Taub-)Stummheit (Mk 9,17; Lk 9,39.42), Blindheit und Sprachlosigkeit (Mt 12,22) und Raserei (Mk 5,1-20parr.; vgl. Apg 19,12-17) bis hin zu nicht näher identifizierbaren Krankheitsbildern (Lk 8,29). Pauschal können alle Krankheiten auf Dämonen zurückgeführt werden (Mt 10,1), auch wenn ansonsten zwischen Krankheit und Besessenheit unterschieden wird (Mk 1,34.39; Lk 6,18; 7,21; 8,2; Apg 5,16; 8,7). Nach Apg 16,18 ist sogar die Fähigkeit zur Wahrsagerei durch einen Dämon vermittelt. Jesus selbst gilt nach Mk 3,30 als besessen, da er eine unglaubliche, gotteslästerliche Lehre von sich gebe. Bei der Beschreibung der Dämonen wird der Eindruck stark, dass sie eine Macht über den Menschen gewinnen, die schließlich ein Eigenleben entwickelt, die Persönlichkeit der Betroffenen in Beschlag nimmt und von Menschen nicht beherrscht werden kann. Außerhalb des Menschen finden die Dämonen keine Ruhe (Mt 12,43-45par. Lk 11,24-26), und es zieht sie mit Macht in die ehemalige Behausung zurück. Sofern diese „leer" ist, nehmen sie ungleich stärker als zuvor vom Menschen wieder Besitz.[1] Das heißt, Dämonen und die auf sie zurückgeführten Krankheitsbilder sind äußerst hartnäckig; mit einem einzigen Sieg ist es nicht getan. Wer einmal von Dämonen besessen war, bleibt auf Dauer gefährdet.

2.4.3 Fazit: Der Würgegriff Satans

In den Exorzismen* wird die mythische Weltsicht der Zeit Jesu deutlich. Krankheiten und andere bedrohliche Phänomene werden auf Helfershelfer Satans zurückgeführt, der Mensch erscheint als Spielfeld des Bösen. Damit kommen die grundsätzliche Ohnmacht des Menschen und seine Manipulierbarkeit zum Ausdruck. Jesu Kampf gegen das Böse vollzieht sich dementsprechend auf der Ebene der Körperlichkeit, als physische Befreiung der Menschen von den Mächten, die ihn fesseln und strangulieren.

2.5 Der Mensch und „sein" Geist

Die folgenden Auskünfte stehen unter dem Vorbehalt, dass der Mensch nach biblischer Auffassung nicht frei und souverän sein „Ich" kontrollieren kann, wie es nach moderner Auffassung im Idealfall sein sollte. Der menschliche Geist wird vielmehr unter dem permanenten Einfluss guter und anderer Geister gesehen. Die traditionelle, strenge Unterscheidung zwischen Geist Gottes und Geist des Menschen wird in der neueren For-

[1] Mt 12,45par Lk 11,26; vgl. Lk 8,2: Sieben Dämonen in Maria Magdalena.

schung dementsprechend mehr und mehr aufgeweicht.[1] Zu fragen wäre, ob sich nicht die Rede vom „Geist" des Menschen ursprünglich der erfahrenen Fremdbestimmung durch Geister aller Art verdankt. Im Folgenden wird auf eine ausführliche Darstellung des biblischen Menschenbildes verzichtet – sie würde den Rahmen sprengen. Im Fokus steht die Rede vom „menschlichen" Geist in ihren unterschiedlichen Schattierungen (Geist als Lebenskraft, als Sitz des Denkens, Willens, der Emotionen und des Bewusstseins, als Vermächtnis des Menschen). Damit werden zugleich die Angriffspunkte benannt, die der Mensch den himmlischen Mächten bietet. Die Übergänge zwischen den Einzelbedeutungen sind fließend, und es ist charakteristisch, dass nicht immer sicher zu entscheiden ist, ob vom Geist Gottes oder von dem des Menschen die Rede ist.

2.5.1 Geist als Leben spendende Kraft

Der Geist belebt den Körper

Nach der Hebräischen Bibel und dem frühen Judentum hat Gott dem Menschen seinen lebendig machenden Geist eingeblasen (1 Mos 2,7; Weish 15,11*). Ganz auf dieser Linie bezeichnet der Geist auch im Neuen Testament die Kraft, die den Menschen belebt, am Leben erhält (Jak 2,26: Ein Körper ohne Geist ist tot!) und sogar den Tod überwindet. Totenerweckungen werden als Rückkehr des (Lebens-)Geistes umschrieben.[2] Das zweite apokalyptische* Tier in Offb 13,15 erhält die Macht, dem Bild des ersten Tieres Geist und damit Macht und Leben zu verleihen; ohne den Geist ist jenes Bild tot und machtlos. In Lk 1,80 heißt es, dass Johannes der Täufer „stark im Geist" wurde. Das schließt die physische Lebenskraft mit ein, auch wenn Lukas an eine umfassendere Entwicklung des Täufers gedacht haben mag.

Der Tod als Rückgabe des Lebensgeistes bzw. der Seele

In Lk 23,46 und in Joh 19,30 wird der Tod Jesu als Zurückgabe des Lebensgeistes an Gott gedeutet. Für Lukas ist der Lebensgeist offenbar zugleich der Heilige Geist, denn den erhält Jesus nach seiner Auferstehung wieder, um ihn dann den Jüngern weitergeben zu können (Apg 2,33, anders Joh 20,22). Stephanus bittet bei seinem Martyrium, dass der erhöhte Jesus seinen Geist aufnehmen möge (Apg 7,58). Neben dem Lebensgeist ist hier an das den Tod überdauernde Ich des Märtyrers zu denken. Das

---

[1] Vgl. Moltmann-Wendel, Weiblichkeit 10; Schüngel-Straumann, Dynamik 28; Schneider, Geist 75; Koch, Geist Gottes 22.

[2] Lk 8,55: Erweckung der Tochter des Jairus; Offb 11,11: die beiden Zeugen; vgl. Joh 3,8f.: Wiedergeburt aus dem Geist.

physische Sterben kann freilich auch anders ausgedrückt werden: Nach Apg 5,5.10 hauchen Ananias und Saphira ihre Seele (gr. *psyché*) aus.

Der beseelte Körper und der Geistkörper nach 1 Kor 15

Paulus unterscheidet in 1 Kor 15 zwischen dem „beseelten" Körper (gr. *sóma psychikón*), den der Mensch bis zum physischen Tod hat, und dem „Geistkörper" (gr. *sóma pneumatikón*), den er bei der Auferstehung bekommt. Die Formulierungen heben darauf ab, die Verbindung von Körper und (göttlichem) Geist für die Zeit nach dem Tod zu reservieren. Vor dem Tod ist der Heilige Geist den Glaubenden als „Vorschuss" auf die Erlösung gegeben (vgl. 2 Kor 1,22; 5,5; weiter dazu Abschnitt 12.4), was den Tod des „beseelten" Körpers aber nicht verhindert. Eine ausdrückliche Unterscheidung zwischen Körper und Seele fehlt. Paulus denkt hier in jüdischen Kategorien, wonach der menschliche Körper von Gottes Lebensatem „beseelt", das heißt belebt wird. Dieser Lebensatem ist keine unsterbliche Seele, sondern endet mit dem physischen Tod. Die Verstorbenen werden am Tag der Auferstehung verwandelt, ihr vormals beseelter Körper mit dem „Geistkörper" überzogen (1 Kor 15,50-54; 2 Kor 5,1-4). Dabei sorgt der göttliche Geist, über die Grenze des physischen Todes hinweg, für die bleibende Identität des Menschen.

2.5.2 Geist als identitätsstiftende Instanz

Nicht nur die Lebenskraft an sich, sondern auch die Identität des Menschen, sein „Ich", wird im Neuen Testament mit *pneúma* umschrieben. Hierzu gehören das „Selbst-Bewusstsein", seine Emotionen, sein Denken und sein Wille. Auch hier ist nicht immer eine klare Trennlinie zum Heiligen Geist zu ziehen.

Nach der Hebräischen Bibel kann *rúach* eine breite Skala an Emotionen bezeichnen, die alle „stürmisch", impulsiv sind. In späteren Texten bezeichnet *rúach* auch das Willenszentrum des Menschen, seine innere Verfassung, sein Denken sowie seine ethische Haltung (Spr 16,19; 29,23) und gewinnt dadurch die gleiche Bedeutung wie das Herz des Menschen (vgl. Ez 11,19; 18,31; 36,26).[1]

Das Magnifikat der Maria beginnt mit den Worten: „Meine Seele erhebt den Herrn und mein Geist freut sich Gottes, meines Heilandes" (Lk 1,46f.). Seele und Geist stehen hier für den ganzen Menschen, der intensiv Gott lobt. „Mein *pneúma*" bezeichnet dabei das Ich, das Bewusstsein und

[1] Koch, Geist Gottes 23-25. Das Herz ist der traditionelle Sitz des menschlichen Willens und damit Zielpunkt der Bemühungen und Appelle Gottes (vgl. nur Jer 31,33; Röm 5,5!).

den ganzen Willen Marias. Nach Gal 6,18; 2 Tim 4,22 und Phlm 25 gilt der Zuspruch des Segens dem menschlichen Geist; auch hier steht *pneúma* stellvertretend für den ganzen Menschen und ist in diesem Sinne gleichbedeutend mit gr. *nous*. Dieser Begriff hat mehrere Bedeutungen, die im Kern auf das Denkvermögen (Verstand, Vernunft) und den Willen des Menschen zielen. Der Appell: „Erneuert euch im Geist eures *nous*" (Eph 4,23) richtet sich an den ganzen Menschen und fordert ihn zum Umdenken und zur Verhaltensänderung auf.

Der Geist als Sitz des „Selbst-bewusstseins"

Klar zu unterscheiden sind persönlicher und Heiliger Geist in Röm 8,16: „Der (Heilige) Geist gibt Zeugnis unserem Geist, dass wir Gottes Kinder sind". Der Heilige Geist verändert demnach das Selbst-bewusstsein (hier nicht psychologisch misszuverstehen!) des Glaubenden und bezeugt ihm seine neue Identität. Auch über das Gewissen (gr. *syneídesis*) kann der Heilige Geist auf den Menschen einwirken. So beruft sich Paulus in Röm 9,1 auf sein vom Heiligen Geist besetztes Gewissen, dass er der Gemeinde in Rom die Wahrheit sagt. Beide Größen können gleichermaßen das Bewusstsein klären; der Geist Gottes vermittelt dem Menschen dabei göttliche, das Gewissen menschliche Erkenntnis.[1]

Dem modernen Begriff des „Selbstbewusstseins" am nächsten kommt 1 Kor 2,11a: „Denn welcher Mensch weiß, was im Menschen ist, als allein der Geist des Menschen, der in ihm ist?" Analog dazu sorgt der Heilige Geist für Gottes „Selbst-bewusstsein" (1 Kor 2,11b).

Wenn Paulus in 1 Kor 5,3f. davon spricht, dass er mit seinem *pneúma* und der Kraft des Herrn Jesus bei den Korinthern gegenwärtig ist, sagt er damit, dass er sein Bewusstsein, sein Denken auf die Situation in Korinth konzentriert, dass er also „ganz bei der Sache" ist, auch wenn er körperlich woanders ist (vgl. auch Kol 2,5).

Der so verstandene menschliche Geist kann durch äußere Einflüsse in Unruhe versetzt (2 Kor 2,13: durch das Fehlen des Titus), aber auch beruhigt und gestärkt werden (1 Kor 16,18; 2 Kor 7,13).

Der Geist als Sitz von Willen, Verstand und Weisheit

Der Geist der Weisheit und des Verstandes ist nach Weish 7,7* eine Gabe Gottes. Die Weisheit ist ein Heiliger Geist, der alle verständigen Geister durchdringt (Weish 7,22-26*). Neben Verstand und Weisheit wird auch der menschliche Wille in seinem „Geist" verortet. Wenn sich Paulus nach Apg 19,21 „im *pneúma*" vornimmt, durch Mazedonien und Achaja zu

---

[1] Berger, Art. Geist 188.

ziehen, ist zuerst an den Willen des Apostels zu denken. Es bleibt dabei offen, ob und inwiefern der Geist Gottes auf diese Willensentscheidung des Paulus eingewirkt hat. Auch in Röm 1,9 („Gott […], dem ich in meinem *pneúma* diene") liegt dieses Verständnis vor.

Der Geist als Sitz der Emotionen

Die Identität des Menschen, sein „Geist", umfasst auch seine Emotionen. Die Gefühlslagen Jesu werden des Öfteren mit seinem *pneúma* in Verbindung gebracht. So seufzt er in seinem Geist (Mk 8,12), wird im Geist zornig (Joh 11,33.38, vgl. Paulus in Apg 17,16) und bestürzt (Joh 13,21). Dagegen wird die Freude Jesu bei seinem Jubelruf Lk 10,21 ausdrücklich auf den Heiligen Geist zurückgeführt. Der Heilige Geist hat überhaupt einen starken Einfluss auf die Emotionen der Geistträger. Insbesondere sorgt er für Sanftmut bzw. für den Verzicht auf Machtausübung.[1] Aber auch Kraft, Liebe und Besonnenheit werden im Gegensatz zur Furcht als geistgewirkte Gemütslagen genannt (2 Tim 1,7; vgl. Röm 8,15).

2.5.3 Geist und persönliches Vermächtnis

Die Ausdrucksweisen „wes Geistes Kind" jemand ist und: etwas „im Geiste" bzw. im Sinne eines anderen Menschen tun, gibt es auch im Neuen Testament.[2] Die Redeformen weisen auf eine weitere Facette des anthropologischen* Geistbegriffs: auf die Gesinnung und Lebenshaltung eines Menschen bzw. auf sein (geistiges) Vermächtnis und damit auf etwas sehr Persönliches. Auch hier wird deutlich, dass der Mensch unter dem Einfluss anderer Geister, und sei es lange verstorbener „Geistesgrößen", steht.

Von Johannes dem Täufer wird schon vor seiner Geburt ausgesagt, dass er vor Gott hergehen werde „im Geist und in der Kraft Elias" (Lk 1,17). Paulus erinnert seine Gemeinden regelmäßig an den Geist Jesu. Jesus ist das Vorbild schlechthin, sein Geist prägt die Christinnen und Christen wie kein anderer. Nicht klar zu entscheiden ist hier, ob an die persönliche Gesinnung des Geistträgers Jesus oder an den Heiligen Geist zu denken ist; beide Möglichkeiten laufen letztlich auf dasselbe hinaus. In Röm 8,9 spricht Paulus sowohl von Gottes als auch von Christi Geist als Merkmal der Zugehörigkeit zu Christus. Wer sich an Christus hält, ist „ein Geist" mit ihm (1 Kor 6,17); das meint, er hat dieselbe Gesinnung und ist im (Heiligen) Geist mit ihm verbunden. Beide Möglichkeiten, die Rede vom „Geist Christi" zu verstehen, bietet 2 Kor 3,17f.: Christus wird mit dem

[1] 1 Kor 4,21: gekoppelt mit Liebe; Gal 6,1: verknüpft mit Vergebungsbereitschaft; 1 Petr 3,4: verbunden mit Gelassenheit.

[2] Vgl. Lk 9,55: „Wisst ihr nicht, wes Geistes Kinder ihr seid?" oder 1 Kor 6,17: „Wer dem Herrn anhängt, der ist ein Geist mit ihm."

Heiligen Geist gleichgesetzt und zugleich wird der (Heilige) „Geist Christi" mit Freiheit identifiziert. Der „Geist des Sohnes" in den Herzen des Glaubenden vermittelt Kindschaft und freien Zugang zu Gott (Gal 4,6). Die persönliche Nähe Jesu zu Gott, die ihrerseits geistgewirkt ist, wird durch den (Heiligen) Geist auf die Getauften übertragen (vgl. Röm 5,5; 8,14f.).
Zusammenfassend lässt sich sagen, dass die Rede vom „Geist" eines Menschen auch dessen geistiges Vermächtnis, seine Lebensauffassung und Gesinnung bezeichnen kann. Beim Geistträger Jesus ist nach neutestamentlicher Auffassung zwischen seinem geistigen Vermächtnis und dem (Heiligen) Geist als seinem Vermächtnis nicht zu unterscheiden.

2.5.4 Geist als Existenzform nach dem Tod

Eine letzte Facette im anthropologischen* Wortgebrauch bilden die Totengeister. Sie begegnen in der Erzählung von Saul und der Hexe von Endor (1 Sam 28,3-25). Die Hexe beschwört den Geist des verstorbenen Samuel, so dass er Saul wahrsagen kann.[1] Der jüdische Geschichtsschreiber Flavius Josephus sieht in den Dämonen die Seelen verstorbener böser Menschen (Bell 7,185). Nach jüdisch-frühchristlicher Auffassung wandern die Toten in das Totenreich, wo körperlose Seelen und Totengeister wohnen.[2] Paulus hat vor diesem Zustand der „Nacktheit" Angst (2 Kor 5,1-4). Leiblichkeit ist für ihn ein Kernstück der Auferstehungshoffnung (1 Kor 15,35ff.), denn sie markiert das eigentliche Wunder der Neuschöpfung.
Nach 1 Petr 3,19 und 4,6 hat Jesus vor seiner Auferstehung den „Geistern im Gefängnis" gepredigt. Im Anschluss an die frühjüdische Tradition wurde die Formulierung als Beleg für eine Predigt Jesu vor den Totengeistern, als „descensus ad inferos" gedeutet (vgl. EvPetr 41f.). Nach neuerer Auffassung hatten die Aussagen ursprünglich einen anderen Sinn: Das „Gefängnis" deute auf einen Ort zwischen Himmel und Erde, an welchem die unterworfenen Gottessöhne bzw. Engel festgehalten werden.[3] An diesem Ort sei Christus auf dem Weg zu seiner Erhöhung vorbei gekommen und habe, in der Tradition Henochs, den Gefangenen den Sieg Gottes über das Böse verkündigt. Für diese Deutung spricht der enge Bezug zur Sintflutgeschichte in 1 Mos 6 und 1 Petr 3,19f.[4]

---

[1] Schweizer, Heiliger Geist 50.
[2] äthHen 22,3-13; 103,3f.; Lk 24,37.39; Hebr 12,23; Offb 6,9-11.
[3] Vgl. 1 Mos 6,1-6; äthHen 10,4.11.13f.; 14,5; 18,11-19,1 u.ö.; CD 2,18; Eph 2,2; 6,12.
[4] Paul-Gerhard Klumbies, Die Verkündigung unter Geistern und Toten nach 1 Petr 3,19f und 4,6 (ZNW 92/ 2001), 207-228.

2.5.5 Fazit: Der Geist sorgt für Lebendigkeit und Unverwechselbarkeit des Menschen

Wo die Bibel vom Geist des Menschen spricht, geht es um dessen Vitalität. Der Lebensgeist ist eine Gabe Gottes, die die eigentlich leblose Materie des menschlichen Körpers belebt und sich in vielfältiger Weise manifestiert, zum Beispiel im menschlichen Willen, in seiner Gesinnung, seinem Fühlen und seinem „Selbst-bewusstsein". Der Lebensgeist ist dem Menschen bis zu seinem Tod verliehen und macht ihn unverwechselbar. In dieser Funktion wirkt er, obgleich er beim Tod an Gott zurückgegeben wird, weiter – als „geistiges" Vermächtnis des Menschen. Nach dem Tod garantiert der Geist die bleibende Identität des Menschen bis zur Auferstehung bzw. zum individuellen Endgericht.

2.6 Ergebnis: Der Mensch zwischen Leben schaffendem Geist und Leben bedrohenden Geistern

Der Geist Gottes belebt die Schöpfung und wirkt in ihr. Der „Lebensodem" ist eine Leihgabe Gottes an die Menschen und macht ihn unverwechselbar auch über den physischen Tod hinaus. Als göttliche Gabe ist er grundsätzlich der Verfügbarkeit des Menschen entzogen – der Mensch kann seine Lebensdauer nicht beeinflussen. Dasselbe gilt für den Heiligen Geist, der den Glaubenden zusätzlich zum Lebensgeist geschenkt wird und ihren menschlichen Geist durchdringt. Er verkörpert die Gegenwart Gottes im Menschen, mit all ihren Vorzügen: Von Lebensmut über Gotteserkenntnis und bestimmte Charismen* bis hin zur Fähigkeit, Gottes Gerechtigkeitsanspruch zu genügen und den unguten Geistern keinen Raum zu geben. Von den Menschen aus überwindet der Geist Gottes die widergöttlichen Mächte; der Mensch, der dem Heiligen Geist Wohnung gibt und ihm gemäß lebt, trägt dazu bei, den Einfluss des Bösen in der Welt zurückzudrängen. Aus dem mythischen Kampf der kosmischen Mächte wird der Kampf Gottes um die Herzen der Menschen.

Anfrage 1: Ist der Geist eine Person?

Ja und nein! könnte man rasch und vielsagend antworten. Der Vorbehalt besteht im modernen Personbegriff, der nicht auf die Antike übertragbar ist. Für den modernen Personbegriff ist entscheidend, dass jemand selbstbestimmt, autonom handeln kann, individuelle Unverwechselbarkeit besitzt, gestalterisch tätig ist, mit anderen Personen kommuniziert und eine

durchgängige „Biographie" hat.[1] Demgemäß wäre, biblisch gesehen, allein Gott „Person" zu nennen; er ist die Spitze der kosmischen Hierarchie und in jeder Hinsicht souverän. Er kann gestalten, hat Macht über Leben und Tod usw. Der Mensch ist zwar die Krone der Schöpfung und hat von Gott den Auftrag, die Schöpfung zu gestalten und zu bewahren; aber er erweist sich immer wieder als unselbständig und manipulierbar.
Zwischen Gott und Mensch steht Gottes Geist. Die biblischen Geistvorstellungen reichen von einer nicht-personhaften Kraft[2] bis zu deutlich personhaften Zügen. Die Frage ist demnach nicht einheitlich zu beantworten. Der Geist ist nach der Trinitätslehre zwar „persona", nach den Maßstäben des modernen Personbegriffs aber nur da „Person", wo ihm eine gegenüber Mensch und Gott gleichermaßen eigenständige Funktion zugesprochen wird. Das ist etwa in Röm 8,23.26 der Fall, wo er als Interessenvertreter des Menschen gegenüber Gott auftritt, oder im Johannesevangelium, wo er als Paraklet eine Autoritäts"person" in der Gemeinde und vor der nichtchristlichen Welt ist. In Lk 12,12 tritt der Geist „personhaft" als Lehrer der Jünger auf. Auch im Missionsbefehl darf er als „Person" gelten, da er einen Namen trägt, was nur Personen zukommt (Mt 28,19). Dagegen hat der Geist wenig Personhaftes, wo er als göttliche Kraft (gr. *dýnamis*) bezeichnet wird (z.B. Lk 6,19; Apg 2,22; 10,38).

Anfrage 2: Ist der Geist männlich oder weiblich?

Im Kontext der Feministischen Theologie wurde in den letzten Jahrzehnten auch mit Blick auf den Heiligen Geist die „Gender-Frage" gestellt.[3] Sie spielt für die Bewertung des christlichen Gottesbildes und weiblicher Züge darin eine Rolle. Am ehesten ist der Geist ein weibliches Element in der göttlichen Trias, da der Begriff *rúach* fast durchgängig weiblich ist – ein grammatikalischer Befund, der im griechischen *pneúma* (Neutrum) und im lateinischen *spiritus* (Maskulinum) keine Fortsetzung findet. Auch die Taube als Symbol des Geistes bei der Taufe Jesu zieht das Interesse auf sich und findet unterschiedliche Deutungen.
Wichtiger als sprachliche Beobachtungen sind weibliche Züge in den Geistvorstellungen selbst. Nach 1 Mos 1,2 und Ps 104,29f. neigt sich der Geist Gottes in mütterlicher Art und Weise der Welt und den Lebewesen zu.[4] In Joh 3,1-8 ist der Geist mit (Neu-)Geburt verknüpft. Weibliche Züge

---

[1] Berger, Teufel 133-138; ders., Person 38.86.
[2] Gr. *dýnamis*, die etwa Heilung bewirken kann, vgl. Lk 4,36; 6,19.
[3] Zum Folgenden Moltmann-Wendel, Weiblichkeit. Zur religionsgeschichtlichen Deutung der Taube als Botin der Liebesgöttin. – Weiter Gerber, Pneuma 43, unter Verweis auf Silvia Schroer.
[4] Schüngel-Straumann, Dynamik 25; Gerber, Pneuma 48-51. Gerber nennt weiter Röm 8,22f.26 („Geburtsschreie des Geistes") und die gnostischen Oden Salomos (Od Sal

sind beim Geist Gottes unverkennbar, sie finden sich freilich auch beim Gottesbild und in manchen Zügen Jesu von Nazareth. An der Gender-Frage sind die biblischen Texte nicht weiter interessiert.

Anfrage 3: Hat der Mensch einen freien Willen?

Manche Aussagen schildern den Geist als unbegreifliche und unwiderstehliche Kraft, andere betonen, dass er gegen den erklärten Willen des Menschen machtlos ist. Neben Episoden, die von der souveränen Führung der Menschen durch den Geist berichten, ohne dass diese wirklich Einfluss auf das Geschehen hätten nehmen können – etwa in der Steuerung der Mission nach der Apostelgeschichte – stehen Notizen, wonach der Geistträger Jesus unter ungläubigen Menschen kaum ein Wunder tun konnte (Mk 6,5).

Diese Ungereimtheiten lassen fragen, wie das Neue Testament das Verhältnis zwischen Gottes Geist und menschlichem Willen beurteilt. Entscheidend ist die jeweilige Aussageabsicht: Aussagen, die von der unwiderstehlichen Kraft des Geistes sprechen, zielen auf das Staunen der Leserschaft über die wunderbare Führung durch den Geist. So heißt es in den Evangelien einhellig, dass Jesus ungefragt vom Geist in die Wüste geführt wurde. Am Ende steht das Staunen darüber, dass er Satan überwunden hat. Solche übermenschlichen „Erfolge" sind dem Wirken Gottes zuzuordnen – so die Deutung. Gott führt seinen Heilsplan souverän durch, indem er die Wege der Menschen so lenkt, dass es am Ende gut wird.

Umgekehrt betonen Aussagen, nach denen der Geist ohne die Einwilligung des Menschen nicht wirken kann, seine Eigenverantwortung und Schuldfähigkeit. Solche Texte fordern zum Umdenken auf und appellieren an die Herzen, sich dem Wirken Gottes zu öffnen. Nicht das Staunen über zurückliegende Entwicklungen, sondern die aktive Gestaltung der Zukunft ist hier im Fokus. Der Hinweis darauf, dass Gott seine Allmacht nicht machtvoll demonstriert, sondern zurückhält, ist ein Appell, den dadurch eröffneten Handlungsspielraum zu nutzen. In diesem Kontext wäre es ein falsches Signal und geradezu fatal, auf das Wirken des Geistes zu verweisen; damit würde man den „schwarzen Peter" für die eigene Unentschlossenheit Gott zuspielen. Umgekehrt ist das Staunen über das Wirken des Geistes ein Signal der Dankbarkeit gegenüber Gott, selbst wenn man, subjektiv gesehen, die Entwicklung selbständig mitbestimmt hat.

36,1.3, 2.Jh., der Geist als Gebärerin). – Zu weiblichen Zügen im Gottesbild vgl. Erlemann, Wer ist Gott 5f.

3 Der Geist und Israel

Ohne die Aussagen in der Hebräischen Bibel und in den frühjüdischen Schriften sind die neutestamentlichen Geistvorstellungen nicht zu verstehen. Das Kapitel widmet sich dieser Vorgeschichte. Hierbei spielt der Geist als Lebenskraft eine zentrale Rolle (3.1), ebenso seine Beteiligung an der Weltschöpfung (3.2). Die Wirkungen des Geistes Gottes sind Thema von Abschnitt 3.3, gesondert wird nach dem Geist und anderen Quellen der Erkenntnis gefragt (3.4). Zum Neuen Testament führt Abschnitt 3.5 hin, der den Geist Gottes in eschatologischen* Kontexten betrachtet.

3.1 Göttliche Lebenskraft für alle Kreatur

3.1.1 Ohne Gottes *rúach* und *neschamáh* kein Leben

Das Hebräische kennt mehrere Begriffe, die mit „Geist" übersetzt werden können. Der häufigste Begriff ist *rúach*. Die Grundbedeutung des Begriffs entspricht dem griechischen *pneúma* und bezeichnet den Wind in der Natur und im Menschen (Atem) als eine sich äußernde, rätselhafte Kraft. Wind und Atem gelten als Träger des Lebens.[1] Wie *pneúma* ist *rúach* etwas äußerst Dynamisches, eigentlich das „Hauchen" oder „Wehen", kurz gefasst die Vitalität, die jedem Lebewesen innewohnt, sowie die Luft, die Bewegung in die Schöpfung bringt.[2]
Neben *rúach* drückt der Begriff *neschamáh* den „Lebensodem" aus (24x, u.a. in 1 Mos 2,7: *nischmát chájjim*; 5 Mos 20,15). Beide Begriffe werden häufig kombiniert (1 Mos 7,22; Hi 12,10; 27,3f.; 33,4; 34,14f.; Jes 42,5; 57,16). Während die *rúach* mehr die dynamische Vitalität meint, bezeichnet *neschamáh* das Lebendigsein an sich.[3] *Rúach* als Lebensodem begegnet erst in der Schöpfungstheologie.

3.1.2 Göttliche Vitalität in Geist und Herz

Die Doppelbedeutung von Wind und Atem bzw. Lebensodem zeigt an, dass zwischen profaner* und theologischer Bedeutung nicht streng getrennt wird. Wo der Geist ist, ist Gott selbst (Ps 139,7). Der Wind ist eine göttliche Kraft, der menschliche (Lebens-)Geist ein Niederschlag des göttlichen Geistes, ohne den kein Leben möglich ist (Ps 104,29f.).[4] Dieser Ge-

---

[1] Koch, Geist Gottes 14-19, ausweislich Ez 37,9 und Weish 2,3*.
[2] Schüngel-Straumann, Dynamik 20f. Die Autorin erkennt besonders in sexueller Erregung und bei der Geburt eines Menschen die Dynamik der *rúach*.
[3] Koch, Geist Gottes 20f.
[4] Umschreibungen des Windes als „Schnauben Gottes" belegen das eindrücklich (2

danke wird in der frühjüdischen Theologie ausgebaut, wie die Auslegungsgeschichte von 1 Mos 2,7 zeigt: Durch seinen Lebensgeist hat der Mensch substanziellen Anteil am Göttlichen (Weish 15,11*; Philo, LegAll I 31ff.; Opif 134). Im irdischen Leib schlummert die göttliche Seele, die den physischen Tod überdauert.[1] Erlösung meint nach dem jüdischen Philosophen Philo von Alexandrien die Befreiung des Geistes aus der Fremdheit des Leibes durch Ekstase und Absage an die Welt.[2]

Die Bedeutung der *rúach* umgreift, über den eigentlichen „Lebensodem" hinaus, alle Bereiche der menschlichen Vitalität, wie das Gemüt, die Leidenschaften, Stimmungen, Emotionen und die Fähigkeiten des Menschen.[3] In diesem Sinne kann „Geist" gleichbedeutend mit „Herz" verwendet werden. Als Sitz der Emotionen wird der Geist ausdrücklich etwa in 1 Kön 21,5 (Ahabs Geist ist voll Unmut) genannt.

3.1.3 Vernichtung und Wiederherstellung von Leben

Gott ist der Herr über Leben und Tod. Das ist eine Grunderkenntnis der Bibel. Beides wirkt Gott durch seinen Geist. Dass alles Leben von Gott und seinem Geist abhängt, stellen Texte wie Ps 104,29f. heraus: Wenn Gott seine *rúach* entzieht, sterben die Lebewesen. Ebenso kann *rúach* als zerstörerischer Ostwind erfahren werden.[4] Umgekehrt kann Gottes Geist selbst aus dem Tod heraus neues Leben einhauchen. Die Hoffnung auf eine Wiederbelebung des Menschen nach dem Tod begegnet in der Hebräischen Bibel nur am Rande. In der Vision Ez 37 setzt der Geist Gottes die Gebeine der gefallenen Krieger neu zusammen und erweckt sie zu neuem Leben; im Blick ist hier nicht die individuelle Auferstehung, sondern die Wiederherstellung Israels. Das Bild zielt auf neue Hoffnung, auf neuen Mut des in Babylon exilierten Volkes.[5] Der älteste Auferstehungstext im engeren Sinne ist Dan 12,2f. Hier spielt allerdings der Geist keine Rolle. Dasselbe gilt für die Auferstehungshoffnung in 2 Makk 7,9 und 12,43. Zum Gedanken der Neuschöpfung der Welt vgl. weiter Abschnitt 5.1.

3.1.4 Fazit: Alles Leben ist vom Geist inspiriert

Gottes Geist ist die alles belebende Schöpfungsmacht. Er sorgt dafür, dass die leblose Materie mit Leben erfüllt wird, er haucht den Lebewesen „Le-

---

Mos 15,8-10; Hi 34,14f.; Ps 104,29f.; mit Schüngel-Straumann, Dynamik 22f.)

1 Horn, Angeld 41.

2 Horn, Angeld 47.

3 Schmidt, Art. Geist 170 (dort auch Textbelege).

4 1 Mos 41,6; Ez 19,12; 27,26; von der zerstörerischen Kraft des Geistes berichtet auch Weish 11,18-20 (Vernichtung von Ungeheuern).

5 Schüngel-Straumann, Dynamik 26-28.

bensodem“ ein und sorgt für die Vitalität des Menschen. Der menschliche Geist mitsamt den Gefühlen und Stimmungen, mit seinem Denken und Herzen, verdankt sich Gottes Geist, der im Menschen wirkt. Der Entzug der göttlichen *rúach* bedeutet den physischen Tod; nur der göttliche Geist vermag das Tote wieder zusammen- und zum Leben zu bringen. In der zwischentestamentlichen Zeit, unter dem Einfluss griechischen Denkens, entwickelt sich daraus die Vorstellung der göttlichen Seele, die den Tod überdauert und aus dem menschlichen Leib befreit werden muss.

3.2 Der Geist und andere Schöpfungsmittler

Nicht nur die Vermittlung des Lebens in der Schöpfung, sondern auch der Schöpfungsakt an sich wird in der frühjüdischen Theologie bestimmten Mittlergrößen zugesprochen. Hintergrund ist der zunehmende Einfluss des griechisch-hellenistischen* Gottesbegriffs auf das jüdische Denken. Dieser lässt den Gedanken einer Wandelbarkeit Gottes oder seiner Verbindung mit der Welt des Materiellen nicht zu. Die Einführung von Schöpfungsmittlern überbrückt die Kluft zwischen Gott und Welt, die sich auf einer solchen Grundlage auftut. Diese Rolle übernehmen im frühen Judentum mehrere Größen. Neben der Gegenwart (hebr. *schekináh*) Gottes sind das vor allem Gottes Weisheit, sein Wort und sein Geist.[1] Diese drei werden im Folgenden genauer betrachtet, weil sie der neutestamentlichen Theologie den Weg bereiten.

3.2.1 Die Schöpfungsweisheit

Gegenüber dem Geist ist im frühen Judentum Gottes Weisheit (gr. *sophía*) die prominentere Schöpfungsmittlerin (Weish 7,21f.*; Sir 24,3*). In der jüdischen Weisheitsliteratur ist sie die Personifikation des Handelns Gottes und seiner Gegenwart und damit der Rolle der *schekináh* bei den Rabbinen vergleichbar. Die Weisheit gilt als Gottes Kraft (Weish 7,25f.*), als Offenbarungsmittlerin und Lehrmeisterin (Weish 1,4f.*; 7,27*; 9,17*). Zuletzt wird ihr der Rang als das erste Geschöpf und die Gesellin Gottes zuerkannt.[2] Ihre Schöpfungsmittlerschaft wird in den Sprüchen Salomos beschrieben: „Der Herr hat die Erde durch Weisheit gegründet und nach seiner Einsicht den Himmel bereitet“ (Spr 3,19). Die Weisheit ist präexistent*, von Gott von Ewigkeit her eingesetzt und seit jeher bei Gott (Spr 8,22-30). Erinnerungen daran haben sich in den Formulierungen von Kol

[1] Berger, Person 184.
[2] Sir 24,3, vgl. Spr 8f. Dazu passen Texte, nach denen die Weisheit vor Gott spielt (Spr 8,30) oder neben Gott thront (Weish 9,4*; Hinweise bei Schoonenberg, Geist 68-74).

1,15-17 und Hebr 1,2-4 erhalten. Der Johannesprolog greift nicht auf die Weisheit zurück, weil sie als Tochter Gottes gilt.[1]

3.2.2 Der Schöpfungsgeist

Unter dem Einfluss der stoischen Philosophie* entwickelt sich die Vorstellung vom Geist Gottes als Naturkraft, die das All zusammenhält.[2] Von hier aus ist es nicht weit zum Gedanken vom Geist als Schöpfungsmittler. Biblischer Ausgangspunkt ist 1 Mos 1,2: „Die *rúach* Gottes schwebte über den Wassern". Demnach stellt der Geist den ersten Kontakt Gottes mit der noch ungeordneten Welt her und begleitet als schöpferischer Atem Gottes den Schöpfungsakt. Wie Gott ist der Geist allwissend und allgegenwärtig (Ps 33,6; 139,1.7-12). Freilich erscheint er im biblischen Schöpfungsbericht selbst nicht als eigenständiger Schöpfungsmittler. Der Geist ist hier von Gott nicht zu trennen: Wo Gottes *rúach* weht, ist Gott selbst da. Als von Gott unterscheidbare Schöpferkraft begegnet der Geist erst im frühen Judentum und dort nur vereinzelt (syrBar 21,4*; AssMos (gr.) 64). Im Neuen Testament wird der Gedanke nicht entfaltet, an die Stelle des Geistes tritt das göttliche Wort (gr. *lógos,* Joh 1; Kol 1; Hebr 1). Das Wirken des Geistes seit den Anfängen der Geschichte Israels setzen freilich diejenigen Passagen voraus, in denen er als Autor der Psalmen und Prophetenworte begegnet. Weiter dazu Abschnitt 4.3.

3.2.3 Das Schöpfungswort

Ausgehend von 1 Mos 1,3 und von Ps 33,6, entwickelt sich die Vorstellung von Gottes *lógos* als Schöpfungsmittler. Nach der Hebräischen Bibel gibt es eine enge Verbindung zwischen Geist und Wort, wie die Umschreibung vom Wort als dem „Hauch des Mundes" zeigt (Ps 33,6). Die göttliche *rúach* verleiht dem Wort Schöpferkraft und transportiert es in die Welt.[3] Beide Größen kommen aus dem Mund Gottes und bezeichnen seine Schöpfungs- und Geschichtsmacht (Ps 33,6; 147,18).[4] Im Johannesprolog (Joh 1,1-18) ist das Wort der Schöpfungsmittler schlechthin und wird mit dem Sohn Gottes identifiziert. Er nimmt in Jesus von Nazareth „Zeltwohnung" und inszeniert durch ihn die Neuschöpfung, die sich weithin verbal, durch das Wort der Verkündigung, vollzieht. Hierin ist der sachliche Grund dafür zu sehen, weshalb der *lógos* an die Stelle des Geistes tritt.

---

1 Berger, Person 135.
2 Schweizer, Heiliger Geist 53f., ausweislich Weish 1,7*; Philo, Her 242, Opif 131 u.a.
3 Koch, Geist Gottes 28f.
4 Schmidt, Art. Geist 171; Schüngel-Straumann, Dynamik 25.

Doch wird der Geist in Fragen der Schöpfung nicht bedeutungslos (vgl. weiter Kapitel 5).

3.2.4 Fazit: Brücken zwischen Gott und Schöpfung

Das frühe Judentum entwickelt unter dem Einfluss des griechisch-hellenistischen* Denkens die Vorstellung von Schöpfungsmittlern. Gottes Weisheit, sein Geist und sein Wort erscheinen als Größen, die von Anfang an zwischen dem transzendenten* Gott und der materiellen Welt vermitteln. Die drei Größen liegen eng nebeneinander, die Konzeptionen sind nicht klar voneinander zu trennen. So thront die Weisheit genauso neben Gott wie sein Wort (vgl. Weish 9,4* mit 18,14f.), so fungiert die Weisheit wie der Geist als Offenbarung Gottes, die in die Herzen dringt und die Gabe der Prophetie verleiht (Weish 7,27*). Nach Weish 1,6f.* ist die Weisheit der Geist Gottes, der die Erde erfüllt.[1] Alle drei Größen erhalten die Welt und lenken die Geschichte.[2]

3.3 Exklusive Leihgabe für besondere Aufgaben

Über die den Lebewesen innewohnende göttliche Vitalität hinaus wird der Geist Gottes als Kraft ins Spiel gebracht, die exklusiv an besondere Menschen (Propheten, Richter, Könige, Künstler) ohne deren Zutun verliehen wird. Sie befähigt die Geistträger zu besonderen Aufträgen und ist vorrangig als Gabe auf Zeit verstanden.

3.3.1 Richter und Könige: Frühe Teilzeitcharismatiker

Die Richter und frühen Könige Israels erhalten zur Bewältigung besonderer Aufgaben den Geist Gottes auf Zeit verliehen. Sie werden vom Geist geradezu überwältigt und agieren als charismatische* Retter mit politischer Vollmacht; ihr Wirken geschieht in Stellvertretung Gottes.[3] So wird schon Josua vom Geist erfüllt (5 Mos 34,9), Simson bereits in früher Jugend von ihm umgetrieben (Ri 13,25) und König Saul erhält ihn als besondere Gabe, um gegen die Feinde Israels zu siegen (1 Sam 10,10; 11,6).

---

[1] Hinweise bei Schoonenberg, Geist 69f.

[2] Mit Koch, Geist Gottes 78, ausweislich Weish 1,7*; 7,23f.*; 8,1; 12,1 etc.

[3] Ri 3,7-11: Otniel; 6,34: Gideon; 11,1-12,7: Jefta; 13-15: Simson. Weiter dazu Kraus, Heiliger Geist 23f. Wie Koch, Geist Gottes 39-46 verdeutlicht, bringt das überwältigende Eingreifen den Geist in die Nähe der „Hand Gottes"; nach Ez 1,3; 8,1; 37,1; 40,1 wird der Prophet von der Hand Jahwes befallen und in Ekstase versetzt. Von hier aus führt eine direkte Linie zu Lk 11,20 (Dämonenaustreibung mit dem Finger Gottes).

Der Geist kann auch wieder entzogen werden, wie das Beispiel Sauls zeigt (1 Sam 16,14). Die Tatsache, dass dieser Vorgang nicht zu seinem physischen Tod führt, bestätigt, dass zwischen Lebensgeist und Geist als besonderer göttlicher Gabe zu unterscheiden ist. Die Salbung mit dem Geist bedeutet für den Geistträger neben charismatischen Fähigkeiten auch eine besondere Würde und Unantastbarkeit (1 Sam 16,13).

3.3.2 Die Propheten: Ekstatiker, Wundertäter, Visionäre

Inspirierte Sprachrohre Gottes

Die Überzeugung, dass prophetisches Reden letztlich Gottes eigenes, durch seinen Geist vermitteltes Reden ist, ist keine neutestamentliche Entdeckung. Sie führt vielmehr die Traditionslinie fort, wonach der Gott Israels immer schon durch Menschen zu den Seinen gesprochen hat. Prophetie ist in der Hebräischen Bibel die herausragende Art und Weise, wie Gott seinem Volk seinen Willen und seine Pläne kundtut (vgl. nur die Botenformel „so spricht der Herr"). Zum Teil, wenn auch nicht durchgehend, gelten die Propheten als vom Geist Gottes erfüllte Menschen (2 Kön 2,9ff.; Neh 9,30; Hos 9,7; Mi 3,8). Hinter Davids und Jesajas prophetischer Rede steht ebenfalls der Geist (2 Sam 23,2; Jes 59,21), auch der Prophet Hosea gilt als Mann des Geistes, selbst wenn er vom Volk für einen Narren gehalten wird (Hos 9,7). Tritojesaja präsentiert sich programmatisch als Geistträger Gottes, der den Elenden die Befreiung zu verkünden hat (Jes 61,1f.; vgl. Lk 4,18f.). Asarja (2 Chron 15,1), Secharja (2 Chron 24,20) und Ezechiel (Ez 11,24) sind weitere Beispiele inspirierter Propheten.

Überfallartige Be-Geisterung ...

Die Hebräische Bibel geizt nicht mit Schilderungen spektakulärer Geistwirkungen bei Propheten. In ekstatische Verzückung geraten die Prophetenschule des Samuel, die Boten Sauls sowie er selbst (1 Sam 19,20-24). So ergeht es auch den siebzig Ältesten Israels, als der Geist der Prophetie auf sie kommt (4 Mos 11,25-29). Selbst der Nichtjude Bileam gerät dank des Geistes in Verzückung und kann prophetisch reden (4 Mos 24,2f.). Auch des Mittels der Entrückung kann sich der Geist bedienen, um Menschen Einblick in die göttlichen Geheimnisse zu geben (Ez 3,12-14; 8,3).[1]

[1] Weitere Beispiele bietet Koch, Geist Gottes 42-45.58f.

... und leises Säuseln

Spektakuläre Geistwirkungen sind nicht automatisch ein Gütesiegel. Nach Mi 3,5-8 besteht bei allzu starken Visionen und Prophetien durchaus Grund zur Skepsis: Solche Zeichen werden gerne von Lügenpropheten missbraucht, um Eindruck zu schinden und Stimmung zu machen. Gerade das unauffällige Wirken des Geistes kann in solchen Situationen auf Gottes Wahrheit hinweisen (vgl. das „Säuseln" 1 Kön 19,12). Am Ende ist die Erfüllung prophetischer Rede das entscheidende Gütesiegel (vgl. Jer 28,8f., Jeremia und Chananja). Unterm Strich wird die Prophetie nur in der Frühphase mit Ekstase verknüpft, prophetischer Enthusiasmus wird mehr und mehr mit Skepsis bedacht.

Die göttliche Botschaft

Die Propheten richten die Erwartung Gottes an sein Volk aus. Aussagen über kommendes Heil oder Unheil sollen in der Regel die Gestaltung der Gegenwart verändern. Sei es, dass Israel dazu bewegt wird, durch Umkehr drohendes Unheil zu vermeiden, sei es, dass das Volk trotz äußerlicher Misere die Hoffnung auf eine heilvolle Zukunft nicht aufgibt. Ein Beispiel für „gelingende" Prophetie bietet das Buch Jona: Die Nineviten ändern auf die Gerichtsansage Jonas hin radikal ihr Verhalten, wenden so das drohende Unheil ab und werden hierin zum leuchtenden Vorbild für Israel. Die prophetische Botschaft ist oft unpopulär, ihr Auftrag für die Propheten riskant. Der Geist gibt ihnen die passenden Worte und den nötigen Mut, die Wahrheit auch den Gegnern ins Gesicht zu sagen (Mi 3,8). Im Neuen Testament wird diese Gabe „Freimut" (gr. *parrhesía*) genannt (weiter dazu Abschnitt 11.4); auch die Funktion des „Parakleten" entspricht dem (vgl. Joh 16,5-11).

Die apokalyptischen* Seher bekommen in ihren Visionen einen einzigartigen Einblick hinter die Kulissen des Weltplans Gottes (vgl. Abschnitt 6.3). Auch das dient dazu, die Einstellung zur gegenwärtigen Situation zu verändern. Kernstück der apokalyptischen Ethik ist die Aufforderung, beharrlich und gegen alle Zweifel an den Geboten Gottes festzuhalten.

3.3.3 Von Traumdeutern und Ausnahmekünstlern

Der Geist wirkt nicht nur in Richtern, Königen und Propheten, sondern auch in Traumdeutern und Kunsthandwerkern. Beispiele: Die Textilhandwerker in 2 Mos 28,3 haben den „Geist der Weisheit", der Steinmetz Bezalel in 2 Mos 31,3 und 35,31 hat den Geist der Geschicklichkeit und Joseph und Daniel gelten als inspirierte* Traumdeuter (1 Mos 41,8; Dan 4,5; 5,11f.; 6,4). Die Kunsthandwerker erhalten den Geist für besondere sakrale Aufgaben (Priesterkleidung; Tempelbau), die Traumdeuter für die heilvolle Lenkung der Geschichte Israels.

3.3.4 Fazit: Inspirierte Lenkung Israels

Gott greift in vielen Situationen mithilfe inspirierter* Menschen in die Geschichte Israels ein. Der Geist wird für besondere Aufgaben politischer, prophetischer oder künstlerischer Art auf Zeit verliehen; die Geistträger werden dabei nicht gefragt. Die Wirkungen des Geistes sind in der Anfangszeit mitunter sehr spektakulär, mit der Zeit wächst jedoch die Zurückhaltung ekstatischen und anderen Phänomenen gegenüber. Als „Gütesiegel" geistgewirkter Prophetie gilt ihre Erfüllung in der Geschichte.

3.4 Geist, Weisheit und Erkenntnis

Die Tora*, die Propheten und vor allem die Geschichte Israels selbst gelten in der Hebräischen Bibel als Erkenntnisquellen. Aber auch Gottes Geist vermittelt Weisheit und Erkenntnis (Hi 32,8; Weish 9,17* u.a.). Josua empfängt durch Moses Handauflegung den Geist der Weisheit (5 Mos 34,9), der Steinmetz Bezalel erhält durch den Geist Weisheit und Verstand (2 Mos 31,3; 35,31). Doch bezeichnen Weisheit und Erkenntnis nicht nur intellektuelle Fähigkeiten und künstlerische Fertigkeiten, sondern auch die Einsicht in den Willen Gottes und eine dementsprechende Lebenshaltung.[1] Eigenmächtige und verhängnisvolle politische Bündnisse etwa gelten als Zeichen für Geistlosigkeit (Jes 30,1; vgl. 63,10).
Im frühen Judentum setzt sich diese Linie fort: Bei Philo von Alexandrien steht der Geist als Offenbarungsmedium auf einer Ebene mit den Engeln, der Weisheit und dem Logos.[2] Nach den Hodajot* aus Qumran ist der Geist ein Geschenk an die Gemeinde und mit Reinheit verbunden (1 QH 16,11f.). Seine Wirkungen bestehen in Einsicht und Erkenntnis (1 QH 13,19; 14,13.25*), besonders der Geheimnisse Gottes (1 QH 12,11f.*), sowie in rechtem Wandel (1 QH 16,6f.).[3] Das rabbinische Judentum nimmt die Prophetie als Größe der Vergangenheit und die eigene Gegenwart als Zeit der Abwesenheit des Geistes wahr. Für die Endzeit erwarten die Rabbinen den Geist zurück.[4]

---

1 Mit Schüngel-Straumann, Dynamik 28. Vgl. dazu Ps 51,12-14; 143,10; Neh 9,20 u.a.
2 Schäfer, Art. Geist 174.
3 Hinweise bei Schäfer, Art. Geist 173f.
4 Schäfer, Art. Geist 175, unter Hinweis auf Ps 74,9; Dan 9,24 u.a. Hintergrund ist die enge Bindung des Geistes an den Tempel und die dortige *schekináh* Gottes bei den Rabbinen (b Yom 9b.21b; tSot 13,2ff.).

3.5 Gestalterische Kraft der Endzeit

Mit der visionären Vermittlung des Wissens über Gottes Zukunftspläne übernimmt der Geist Gottes eine wichtige prophetisch-eschatologische* Rolle. Doch ist der Geist nicht nur Wissensvermittler, sondern spielt auch selbst einen aktiven Part im endzeitlichen Szenario. Sei es, dass er das Gericht über Israel bringt und für seine physische Erneuerung sorgt, sei es, dass er das Verhältnis zwischen Gott und seinem Volk auf eine neue spirituelle und kultische Grundlage stellt, sei es, dass er den kommenden Messias-König inspiriert.

3.5.1 Sturm der Zerstörung und Kraft der Erneuerung

Gott bringt durch seinen Geist bzw. Wind das Gericht über Israel und seine Feinde (Jes 30,28; 34,16; Hos 30,15). Es dient der Sühne alter Schuld und markiert einen Neuanfang zwischen Gott und seinem Volk (Jes 4,4). Nach dem Gericht werden paradiesische Zustände erwartet.[1] Der Geist sorgt nach Ez 37,1-14, bildlich gesprochen, für die Wiederbelebung der Totengebeine, das heißt für die Wiederherstellung Israels. Grundlage der Erneuerung ist die Gabe des Heiligen Geistes, die ein neues Verhältnis zwischen Gott und den Seinen markiert (Ps 51,12-14; Ez 39,29). Der Geist der Gnade und des Gebets wird auf Israel kommen (Sach 12,10), selbst Sklavinnen und Sklaven werden ihn erhalten und prophezeien (Joel 3,1f.).[2] Ein neuer Bund bildet die zukünftige „Geschäftsgrundlage" zwischen Gott und Israel.

3.5.2 Ein neuer Geist für alle: Die Bundesverheißung

Die Tora in den Herzen (Jer 31)

Im Verlauf der Geschichte Israels bricht sich die Erkenntnis Bahn, dass die Menschen immer wieder hinter den Erwartungen Gottes zurückbleiben. Das Verhältnis Israels zur Tora* wird als problematisch und sanierungsbedürftig angesehen. Und so entwickeln die Propheten Jeremia und Ezechiel die Vorstellung von einem künftigen neuen Bund, der den alten Sinaibund ablösen wird. Kernstück des erwarteten Bundes ist die Verlagerung der Tora in die Herzen der Menschen und damit ins menschliche

---

[1] Jes 32,15-18: Die Wüste wird zum fruchtbaren Land; Gerechtigkeit und Friede werden auf Dauer in Israel einkehren; Jes 44,3: Segen wird über das Volk Israel kommen.

[2] Mit Koch, Geist Gottes 82ff., sehe ich in Joel 3 keine Verheißung universaler Geistausschüttung: Im gleichen Kapitel kündigt Joel das Gericht über die Heiden an. Die Heilszusage bleibt auf Israel begrenzt (Joel 4,16-21). – Weitere Texte zur Geistausgießung: Jes 32,15-20; 44,3; Hag 2,5 und Sach 12,10.

Willenszentrum (Jer 31,33). Mit dieser Maßnahme werden Belehrungen über Gott und seinen Willen überflüssig; wer das Gesetz im Herzen hat, hat damit auch Gotteserkenntnis. Grundlage des Bundes ist die allgemeine Sündenvergebung, die den Neuanfang allererst ermöglicht (Jer 31,34).

Ein neuer Geist (Ez 36)

Der andere Kronzeuge für die Erwartung des neuen Bundes ist Ezechiel. Im Grunde bestätigt er die Bundesvorstellung Jeremias, kleidet sie jedoch in andere Bilder. Nach Ez 36,26f. sollen die Menschen ein neues Herz und einen neuen Geist erhalten; das steinerne, zur Barmherzigkeit unfähige Herz wird durch ein fleischernes ersetzt. Somit werden die Menschen befähigt, die Gebote Gottes zu halten und seine Rechte einzuhalten (V.37). Die Zusage der Sündenvergebung und die erneuerte Bundesformel beschließen, wie bei Jeremia, die Verheißung (V.28f.)

3.5.3 Der charismatische Messias

Zuletzt ist der Geist mit der Hoffnung verbunden, dass der endzeitliche Gesalbte (aram. *maschíach*) als exklusiver Geistträger Israel befreien und die Welt erlösen wird (Jes 11,2; 11 Q Melch 18). Die Messiaserwartungen sind sehr vielgestaltig. Sie reichen von politischen über priesterliche bis hin zu pneumatischen* Vorstellungen. Kombinationen gibt es viele.

Der inspirierte König der Gerechtigkeit

Die älteste und bekannteste Verheißung, die vom Messias als Geistträger spricht, ist Jes 11,1-5: Auf dem Davidsprössling wird der Geist Gottes ruhen, der ein Geist der Weisheit und des Verstandes, des Rates und der Stärke sowie der Erkenntnis und der Gottesfurcht ist.[1] Die Verheißung baut auf der Verheißung an David auf (2 Sam 7,12). Ein weiteres wichtiges Attribut des geistbegabten Königs ist unbestechliche Gerechtigkeit. Mit ihr wird er zum Anwalt der Kleinen und Armen (vgl. Hi 5,15f.; Ps 9,10; 72). In alledem stellt der Messias das Idealbild des königlichen Herrschers dar, der sich Gott unterordnet und mit Weisheit und Gerechtigkeit die Geschicke seines Volkes lenkt. Das Ziel seiner Herrschaft ist die Sammlung Israels und Verherrlichung des Gottes Israels; alle Völker sollen ihn als Zeichen wahrnehmen (Jes 11,10-12).
Die Vorstellung vom geistbegabten Messias setzt sich im frühen Judentum fort. Die wie Jes 11 politisch orientierte messianische Weissagungen PsSal 17,37* und 18,7* sprechen vom Messias, der mächtig im Geist regieren

[1] Ausführlich dazu Koch, Geist Gottes 87-91.

wird. Ähnlich wie Jes 11 schreiben die frühjüdischen Patriarchentestamente (TestLev 18,7*; TestJud 24,2*) und das äthiopische Henochbuch (49,3*) dem Messias den Geist der Einsicht und der Heiligung zu. Gerechtigkeit ist nach äthHen 62,2* die Geistesgabe schlechthin: Der Menschensohn hat den Geist der Gerechtigkeit und kann deshalb die Sünder vernichten.[1]

Der geisterfüllte Gottesknecht

Eine zweite Linie messianischer Erwartung ist die des leidenden Gottesknechts (Jes 42,1-4). Gott salbt seinen Propheten dauerhaft mit Geist, so wie er es bei David machte und beim Messias wieder tun wird.[2] Der charismatische* Gottesknecht hat, gegen die Widerstände seiner Zeit, Gottes Heilswillen und sein Recht an Israel und die Heiden auszurichten (Jes 40,13f.). Gegen die Wirkung des göttlichen Geistes sind die Kultbilder der anderen Völker machtlos (Jes 41,29). Für das Matthäusevangelium ist der leidende Gottesknecht das Vorbild seiner Jesusdeutung (Mt 12,15-21). Wenngleich sich in der späteren Geschichte Israels immer wieder die Messiasverheißung in bestimmten historischen Personen zu erfüllen schien (Kyros, Serubabel, Jeschua), hielt sich die Hoffnung auf den geistbegabten König und Befreier bis in die Zeit Jesu. Die für viele hoffnungslose politische und soziale Lage in Israel gab messianischen Erwartungen immer neuen Auftrieb, was durch Flavius Josephus und die Ölbergrede Mk 13parr. eindrücklich dokumentiert wird.

Der inspirierte Prophet der Endzeit

Die dem Propheten „Tritojesaja" zugesprochene Verheißung der frohen Botschaft für die Bewohner der zerstörten Stadt Jerusalem Jes 61,1f. stellt einen eminent prophetisch ausgerichteten Geistträger mit priesterlichen Zügen vor. Er kündigt dem niedergeschlagenen Volk die Wiederaufrichtung des Tempels an. Die Verheißung wird in Lk 4,18-21 auf Jesus und sein „Programm" bezogen und umgedeutet. Jesus verkörpert für Lukas den prophetischen Messias der Endzeit, auf dem der Geist Gottes ruht und der die Armen und Verlorenen Israels befreit. In seiner Auferstehung vollzieht sich, bildhaft gesprochen, die Wiederaufrichtung des Tempels.

---

[1] Schweizer, Heiliger Geist 60.
[2] Ulrich Berges, Jesaja 40-48, Freiburg 2008, 228f. (Hinweis von Thomas Wagner).

3.5.4 Fazit: Erneuerung Israels durch den Geist

Die prophetischen und visionären Einblicke in seine Zukunft lenken den Blick Israels auf die „Geschäftsgrundlage" des Bundes mit seinem Gott zurück, um die Gegenwart in dessen Sinne, und das heißt im Sinne von Gerechtigkeit, Frieden und Hoffnung zu gestalten. Die Tora* gilt als unverbrüchliche Bundesgabe an das Volk. Daran ändert die jahrhundertelange Erfahrung nichts, dass Israel immer wieder hinter den Erwartungen Gottes zurückbleibt und seinen Part des Bundes nicht einhält. Die Exilspropheten Jeremia und Ezechiel stellen daher nicht eine Erneuerung der Tora, sondern des Menschen in Aussicht. Künftig werde der Mensch Gottes Willen im Herzen tragen und damit befähigt sein, ihn gleichsam „von innen heraus" und angemessen zu erfüllen. Aus neutestamentlicher Sicht ist die Bundesverheißung mit dem Kommen Christi eingelöst. Er vereinigt in sich die politischen, prophetischen und priesterlichen Messiaserwartungen Israels und spitzt sie zu (weiter Abschnitt 4.2).

3.6 Ergebnis: Schöpferkraft und exklusive Begabung

Die Hebräische Bibel und das frühe Judentum sind von der Überzeugung getragen, dass sich alles Leben auf der Erde dem Geist Gottes verdankt. Die Schöpfung und die Lebewesen in ihr tragen den göttlichen Lebensodem in sich, der für ihre Vitalität sorgt, solange sie leben. In späten Texten wird dem Geist sogar eine Mittlerschaft bei der Erschaffung der Welt zugesprochen – neben der Weisheit und dem Wort Gottes.
Neben der allgemeinen Lebenskraft erhalten ausgesuchte Menschen den Geist Gottes, um bestimmte, existenziell wichtige Aufgaben in der Geschichte Israels zu erfüllen. Richter, Könige, Propheten und Künstler werden vom Geist Gottes angetrieben und inspiriert. Sie erhalten den Geist als Gabe auf Zeit. Der Geist kann dabei spektakulär oder sehr unauffällig wirken. Wer den Geist Gottes empfängt, erhält damit Erkenntnis und Weisheit, was ihn näher an Gottes Willen heranführt. Die Erfahrung des fortgesetzten Scheiterns Israels führt schließlich zur Erwartung einer endzeitlichen Erneuerung des Volkes und der einzelnen Menschen durch Gottes Geist. Diese Erwartung gewinnt als Bundesverheißung, als kollektive Wiederherstellung Israels oder als Messiasverheißung Gestalt. Gemeinsames Ziel der eschatologischen* Hoffnungen ist ein neues, tragfähiges und letztlich von Gott selbst gestiftetes Verhältnis zu seinem Volk. An diese Hoffnungen knüpft das Neue Testament mit seiner Christologie und seinen Geistvorstellungen an.

Anfrage 4: Wozu bekommt der Mensch den „Lebensodem"?

Die Gabe des physischen Lebens ist mit einem fest umrissenen Schöpfungsauftrag verbunden: Der Mensch soll als Mandats- und Geistträger Gottes die Schöpfung bebauen und bewahren (1 Mos 2,5.15). Im übertragenen Sinne heißt das, den Lebenswillen und die Lebenslust Gottes in die Welt zu tragen, anderen Menschen zu einem guten, neuen Leben zu verhelfen, den Esprit Gottes zu versprühen, wo es sich ergibt und anbietet. Leben bewahren, vermehren und weitergeben ist ganz im Geiste Gottes, der aus nicht zu hinterfragenden Gründen heraus diese Welt ins Leben gebracht hat. Und es ist im Geiste Jesu Christi, der den Lebenswillen und die Lebenslust Gottes, die sich gerade in der Suche nach dem Verlorenen äußert, in die Welt getragen hat.

Anfrage 5: Hat der Mensch eine unsterbliche Seele?

Die Auffassung von der Unsterblichkeit der Seele ist ein griechisch-hellenistisches* Erbstück. Das Menschenbild der Hebräischen Bibel geht von einer unteilbaren Einheit von Körper und Geist aus (monotomische Anthropologie*). Solange der Mensch lebt, trägt er Gottes Lebensgeist in sich, um ihn beim Tod an Gott zurückzugeben. Unter hellenistischem Einfluss und durch die Krise der Weisheit Israels, die den Zusammenhang zwischen Tun und Ergehen als Problem erkennt (vgl. Hiob!), kommt die Frage nach einem jenseitigen, postmortalen* Ausgleich auf. Der Gedanke einer Seele, die den Tod überdauert und sich bei der (körperlichen) Auferstehung wieder mit dem Körper vereinigt, gewährleistet die Identität des Menschen auch im Endgericht.
Paulus verneint die Vorstellung einer unsterblichen Seele in 1 Kor 15. Sie hatte bei der Gemeinde in Korinth offenbar zu dem Missverständnis geführt, Christen hätten die leibliche Auferstehung nicht nötig, da sie bereits hier und jetzt Anteil an der Unsterblichkeit hätten. Demgegenüber betont Paulus in jüdischer Tradition die Einheit von Körper und (Lebens-)Geist als „beseeltem Körper" (gr. *sóma psychikón*). Entscheidend ist für ihn die Körperlichkeit des Menschen auch nach der Auferstehung, da nur so die eigentliche neu-schöpferische Kraft Gottes deutlich wird. Aufgrund der Unteilbarkeit von Körper und „Seele" legt Paulus auch in der Ethik einen starken Akzent auf die Unversehrtheit des Körpers (vgl. 1 Kor 6,18-20).
Doch können Geist und Seele gegenüber der *phýsis* des Menschen auch deutlich höher bewertet werden. Beide erscheinen dann als eigentlich wertvolles, schützenswertes und das irdische Leben überdauerndes Gut. Dieser Gedanke hat seinen Ort besonders in der Leidens- und Martyri-

umsparänese*.[1] Während das Neue Testament die Unsterblichkeit der Seele nicht systematisch bedenkt, wird sie im weiteren Verlauf der Theologiegeschichte zu einem festen Bestandteil christlicher Anthropologie*.

Anfrage 6: Haben auch Tiere eine Seele?

Der zweite Schöpfungsbericht der Bibel erweckt den Anschein, als habe nur der Mensch, genauer: nur der Mann, noch nicht einmal die Frau, den Lebensodem Gottes empfangen (1 Mos 2,7; vgl. Hi 33,4). Doch besagt das nicht, dass die übrigen Kreaturen nicht auch von Gott „beseelt" wären. Der Schöpfungspsalm Ps 104 weist auf die schlechthinnige Abhängigkeit allen Lebens vom göttlichen Lebensodem hin (V.29f.). Dass im zweiten Schöpfungsbericht ausdrücklich nur der erste Mensch „beseelt" wird, liegt zum Einen an der Rang- und Reihenfolge: Der Mensch ist die erste Schöpfung überhaupt (anders als im ersten Schöpfungsbericht, 1 Mos 1,26), seine „Beseelung" steht beispielhaft für die Belebung der ganzen Schöpfung. Zum Anderen hat der Mensch einen besonderen Auftrag der übrigen Kreatur gegenüber, was ebenfalls die „persönliche" Behandlung durch Gott erklärt. Jede Kreatur ist demnach eine Schöpfung Gottes und mit seinem Lebensodem „beseelt". Diese Seele, die in der Hebräischen Bibel nicht vom physischen Lebensodem unterschieden wird, wird beim Tod an Gott zurückgegeben.

---

[1] Vgl. Mt 10,28; 1 Petr 4,12-19, aber auch Paulus in 1 Kor 5,5!

4 Der Geist und der Sohn

Jesus von Nazareth ist der Geistträger *par excellence*, an ihm und durch ihn wirkt der Geist so eindeutig wie nur möglich. Wie sich der Heilige Geist erkennbar macht, ist deshalb beispielhaft am irdischen Wirken Jesu zu zeigen. Daran, dass Jesu Gegner ihm die göttliche Vollmacht absprechen, bestätigt sich indes, dass der Geist für Außenstehende nicht zwingend erkennbar ist. Der Auslöser für den Glauben an Jesus von Nazareth als Messias Israels und Erlöser der Welt war zweifelsohne dessen charismatische* Ausstrahlung, mit der er die Jünger in seinen Bann zog und mit der er bei seinen Gegnern Widerstand auslöste (4.1). Dem äußerlichen Eindruck entspricht die theologische Überzeugung, dass mit Jesus die alten Messiashoffnungen erfüllt sind (4.2). Der letzte Abschnitt fragt nach der Rolle des Heiligen Geistes als Kronzeugen Christi (4.3).

4.1 Die Grunderfahrung: Das Charisma Jesu

Von der ersten Stunde seines öffentlichen Auftretens bis zu seiner letzten Stunde am Kreuz übte Jesus von Nazareth eine ungewöhnliche Faszination auf seine Zeitgenossen aus. Die einen zog er mit seinem Charisma* in Bann und in die Nachfolge, die anderen reizte er damit zum Widerspruch und entschiedenen Widerstand. Sein Charisma und seine Fähigkeit zu außerordentlichen Taten wurden von niemandem, auch nicht von seinen Gegnern, geleugnet. Umstritten war jedoch die Frage, welcher höheren Macht sein Charisma zuzuordnen sei – Gott oder Satan.

4.1.1 Jesus als „Führungskraft“: Glaubwürdigkeit und Freiwilligkeit

Spontane Nachfolge

Das Charisma* Jesu wird bei den Jüngerberufungen ein erstes Mal öffentlich sichtbar. Es schlägt sich in seiner Autorität nieder, mit der er die Jünger in seine Nachfolge holt (Mk 1,16-20; 2,13f.). Eine einfache Aufforderung genügt, und die Jünger folgen ihm spontan – ohne langes Zögern oder Nachfragen. Jesus ist für sie allein durch sein Auftreten autoritativ und authentisch. Spätestens das Wissen um seine Wunderfähigkeiten wirkt überzeugend (Lk 5,1-11: Petrus; Joh 1,35-51: Nathanael).

Unbedingtes Vertrauen

Immer wieder gibt Jesus Anweisungen, denen die Jünger ohne Zögern Folge leisten. Beim Einzug in Jerusalem besorgen sie auf Jesu Anweisung hin das geforderte Eselfüllen und erhalten es ohne Diskussion (Mk 11,1-6). Selbst wo Skepsis aufkommt, wie etwa bei der Speisung der 5000 (Mk 6,30-44parr.) oder beim Fischwunder (Lk 5,1-11; vgl. Joh 21,1-14), führen sie Jesu Anordnungen aus. Eine Verweigerungshaltung ist nirgends erkennbar. Die Szenen zeigen, dass Jesus dank seines Charismas* die Jünger zu überzeugen vermag, auch wenn seine Anweisungen nach menschlichem Ermessen unsinnig oder wenig Erfolg versprechend scheinen.

Einladung statt Zwang

Allerdings – autoritär im Sinne von zwingend ist der Führungsstil Jesu nicht. Niemand wird gezwungen, in die Nachfolge zu treten. Dem reichen Jüngling hält Jesus vor Augen, worauf es beim Himmelreich ankommt; die anstehende Lebensentscheidung muss der Jüngling aber selbst treffen. Ob die Reichen und die Juden, die Lukas in seinen Gleichnissen vom Gastmahl (Lk 14,15-24) und vom verlorenen Sohn (Lk 15,11-32) im Blick hat, den Appell zwischen den Zeilen verstehen und Jesu Einladung folgen, bleibt offen. Es ist den Hörern des Winzergleichnisses Mk 12,1-12 überlassen, ob sie sich die Erkenntnis des Gleichnisses zu Eigen machen oder nicht. Und: Jesus versucht nicht, Judas Ischariot von seinem Verrat abzubringen; er macht keinen Druck, sondern akzeptiert seine Entscheidung.

4.1.2 Jesus als Heiler: Keine Berührungsängste

Ausgestattet mit dem Geist Gottes, kann Jesus anders mit den Unreinen und Besessenen in Israel umgehen als die religiösen Repräsentanten des Volkes. Während diese versuchen, Unreinheit mit allen Mitteln abzuwehren – durch strenge Reinheitsgebote, Kontaktvermeidung und kultisch-gesellschaftliche Restriktionen – geht Jesus offensiv auf Kranke und Sünder zu und macht sie gerade durch Kontakt rein und kultfähig. Er hält keinen Sicherheitsabstand ein und kümmert sich nicht um Reinheitsgebote, wenn er Menschen von ihrer Krankheit heilen oder Sünder und Zöllner zu einem neuen Leben befreien kann. Den blinden Bartimäus ruft er zu sich (Mk 10,46-52), beim Zöllner Zachäus kehrt er ein und isst mit ihm (Lk 19,1-10), er lässt sich von der Sünderin salben und vergibt ihr die Sünden (Lk 7,36-50), die Leprakranken schickt er nicht weg (Mk 1,40-45parr.), sondern heilt sie durch Berührung, und er nimmt den Kampf gegen die Dämonen auf. Dank seiner Geistbegabung kann er die „unreinen Geister" zurückdrängen; er muss nicht fürchten, dass er selbst unrein wird, seine Reinheit überträgt sich vielmehr auf die Unreinen, mit denen er Kontakt aufnimmt.

4.1.3 Jesus und seine Gegner: Vollmächtige Autorität

Schließlich zeigt sich Jesu Charisma* auch im Umgang mit seinen Gegnern. Dank seines Geistbesitzes hat Jesus prophetisches Wissen und erkennt die Gedanken der Gegner (Mk 2,8). Ihre Fangfragen in Sachen Gesetzesauslegung gibt er durch Gegenfragen zurück und enttarnt ihre fehlende Vollmacht.[1] Seine autoritative und provokante Toraauslegung* duldet keinen Widerspruch und weckt Betroffenheit bei den Zuhörern.[2] Jesus polarisiert, ohne jedoch Türen zuzuschlagen. Bis zuletzt wirbt er, auch bei seinen Gegnern, um Anerkennung (Mk 12,1-12; Joh 18,28-38).

4.1.4 Fazit: Geistgewirkte Authentizität und Integrität

Wesentlicher Grund für Jesu Überzeugungskraft ist seine Glaubwürdigkeit: Er tut das, was er fordert, selbst und steht mit seinem Leben für seine Überzeugung ein. Gegen die Verlockungen, die sein Charisma* nach sich ziehen könnte, zeigt er sich immun – von der ersten Konfrontation mit Satan in der Wüste über den abwehrenden Einwurf des Petrus zu Beginn seines Leidensweges[3] bis hin zur „letzten Versuchung" am Kreuz („hilf dir selbst!", Mk 15,30f.). Jesus bezeugt damit die heilvolle Gegenwart Gottes und zeigt, wozu sein Geist befähigt. Das dürfte die entscheidende Erfahrung der ersten Christinnen und Christen gewesen sein. Alle anderen historischen Erinnerungen an Jesus, wie etwa seine Zeichen und Wundertaten, sind demgegenüber schmückendes Beiwerk und letztlich für den Glauben nicht entscheidend.

4.2 Jesus als der geistbegabte Messias Israels

Das beschriebene Charisma* ist das, was von Jesu Geistbegabung und Bestimmung zuerst ins Auge fällt. Das Neue Testament durchdenkt diese Grunderfahrung und ordnet sie in die Messiastraditionen Israels ein. Im Anschluss an diese wandert der folgende Abschnitt die verschiedenen Geistwirkungen, die an Jesus abzulesen sind, ab.

---

[1] Beispiele: Mk 12,18-27: Auferstehungsfrage; Mk 12,35-37parr.: Davidssohnschaft.

[2] Beispiele: Mk 2,18-22: Fastenfrage; Mk 2,23-28: Ährenraufen. Vgl. auch die Antithesen* der Bergpredigt.

[3] Vgl. Jesu Antwort auf den Einspruch des Petrus in Mk 8,33: „Hinter mich, Satan!"

4.2.1 Exklusive Sendung und Vollmacht

Für die Evangelisten ist Jesus der exklusive Geistträger vor Ostern. Die Verbindung Jesu mit dem Geist beginnt nach dem Matthäus- und Lukasevangelium mit der Zeugung, nach dem Markus- und Johannesevangelium mit der Taufe. Die Empfängnis durch den Geist und der Geistempfang bei der Taufe kennzeichnen Jesus in einzigartiger Weise als Gottes Sohn. Er ist der einzige aus dem Geist gezeugte Sohn und hat als solcher eine einzigartige Nähe zu Gott. Jesus hat eine exklusive Sendung und Vollmacht, was durch seinen Geistempfang bei der Taufe unterstrichen wird. Ähnlich beschreibt der Johannesprolog (Joh 1,1-18) das Verhältnis zum Vater; allerdings ist hier nicht von der Zeugung aus dem Geist, sondern von der Einwohnung des göttlichen Schöpfungswortes die Rede (V.14). Nach V.18 lag der *lógos* an der Brust des Vaters und hat daher die Exklusivrechte, den Menschen von Gott als dem Vater zu berichten. Bei seiner Taufe erhält Jesus den Geist ohne Maß (Joh 3,34f.; vgl. Mt 11,27). Somit steht Jesu gesamtes Wirken unter dem Vorzeichen des Geistempfangs.[1]

4.2.2 Immunität gegen Satan

Es ist auffallend, dass die drei ersten Evangelien im Anschluss an den Taufbericht unisono von Jesu Versuchung durch Satan in der Wüste berichten (Mt 4,1-11parr.). Nach allen Berichten führt ihn der Geist in die Wüste; nach Mt 4,1 ist die satanische Versuchung sogar ausdrücklich vom Geist inszeniert. Jesus widersteht den Verlockungen Satans – Sättigung nach vierzigtägigem Fasten, eindeutige Erkennbarkeit als Gottessohn, Macht über die Welt – und wird am Ende von den Engeln bedient. Nach Lk 4,14 kehrt Jesus danach in der Kraft des Geistes nach Galiläa zurück.

Die Versuchungsgeschichte steht pointiert am Anfang der synoptischen Evangelien*. Der entscheidende Machtkampf erfolgt programmatisch noch vor Beginn der öffentlichen Wirksamkeit Jesu. Im Grunde ist der Kampf gegen das Böse entschieden, bevor Jesus das Böse öffentlich demontiert (dazu weiter Abschnitt 8.4). Federführend bei dieser Aktion ist Gottes Geist. Er lenkt die Schritte Jesu und begleitet ihn, so dass ihm Satan nichts anhaben kann. Jesus erscheint immun gegen das Böse, und das gilt, dem Aufbauprinzip der Evangelien folgend, als Vorzeichen vor der Klammer aller weiteren Aktionen gegen das Böse in der Welt. Ausdrücklich vermerkt Lukas, dass der Satan Jesus erst einmal nichts mehr anhaben konnte.[2]

---

[1] Mit Kraus, Heiliger Geist 39.
[2] Lk 4,13; erst bei der Passion wird der Satan wieder aktiv, vgl. Lk 22,3.31.40.46).

4.2.3 Geistgewirkte Erfüllung alter Prophetie

Lukas: Der mit Geist gesalbte Messias als Retter der Armen

Besonders das Lukasevangelium betont immer wieder die Wirksamkeit des Heiligen Geistes im Tun Jesu. So bei dessen öffentlicher Antrittspredigt in der Synagoge von Nazareth: Jesus zitiert Jes 61,1f. und bezieht die dort angekündigte Salbung mit dem Heiligen Geist auf sich selbst (Lk 4,18; vgl. V.21). Aus der Salbung folgt der Auftrag, den Armen und Zerschlagenen die frohe Botschaft der Befreiung zu verkündigen. Jesus bringt für Lukas die Prophetie Jesajas zur Erfüllung. Der Geist, mit dem schon Jesaja gesalbt war, wird in Jesus wieder aktiv (vgl. Apg 10,38). Das weitere Wirken Jesu steht unter dem Vorzeichen prophetischer Sendung und Geistbegabung. Der Heilige Geist erscheint als Kontinuum in der Geschichte Israels. Im Rückblick wird Jesus als „Prophet, machtvoll in Taten und Worten", wahrgenommen (Lk 24,19, vgl. Apg 2,22; 10,38; weiter Abschnitt 6,4).

Matthäus: Der geistbegabte Gottesknecht als Hoffnung der Nichtjuden

Eine andere Traditionslinie lässt das Matthäusevangelium erkennen: Hier wird der in Jes 42,1-4 beschriebene, geistbegabte Gottesknecht auf Jesus bezogen (Mt 12,17-21). Demnach besteht die Sendung Jesu darin, den Nichtjuden das Recht zu verkündigen und ihnen damit Hoffnung zu bringen. Das Wirken des Geistes vollzieht sich unspektakulär, ja schier geräuschlos – ohne Aufruhr und Geschrei (V.19). Das Evangelium endet mit dem Befehl, die nichtjüdischen Völker zum Glauben zu bringen. Der Geist Gottes zielt darauf, den universalen Anspruch Gottes zu verwirklichen.

4.2.4 Überbietung der Propheten Israels

Die prophetische Begabung Jesu zeigt sich in vielen Einzelepisoden der Evangelien (vgl. Abschnitt 6.4). Dabei übertrifft Jesus die Propheten Israels immer wieder. In der Bandbreite seiner Botschaft steht Jesus ebenfalls in prophetischer Tradition: Von der Deutung der Zeitzeichen über Heils- und Unheilsansagen sowie Ankündigungen seines eigenen Schicksals bis hin zur Fähigkeit, in die Herzen und Gedanken der Menschen zu blicken und Wunder zu vollbringen, erweist sich Jesus als geistbegabter Prophet. Mit der Gabe des Geistes steht und fällt seine göttliche Vollmacht. Mit ihr ist Gott selbst in Jesus präsent. Daher ist die Leugnung des Geistes in Jesus eine unverzeihliche Sünde (Mt 12,31f.; weiter dazu Abschnitt 7.4).

4.2.5 Umkehrung menschlicher Maßstäbe

Auf eine weitere Facette der Geistwirkungen weist Lk 10,21-24, der so genannte „Jubelruf Jesu“, hin. Der Heilige Geist treibt Jesus zum Lob Gottes darüber, dass die „unmündigen“ Jünger im Gegensatz zu allen Weisen, Klugen, Propheten und Königen der Welt das Privileg erhalten haben, den Sieg über das Böse als Augenzeugen erleben und aktiv daran teilhaben zu dürfen. Demnach ist es nicht nur die Sache des Geistes, gegen das Böse immun zu machen und es zurückzudrängen, sondern auch die mit Jesus einsetzende Umkehrung der weltlichen Maßstäbe öffentlich zu verkündigen. Die ungebildeten Apostel gewinnen durch ihre Reden viele Menschen und setzen damit die Gebildeten in Erstaunen (Apg 4,13 u.a.). Das an den Jubelruf anschließende Gleichnis vom barmherzigen Samaritaner (Lk 10,25-37) unterstreicht diese Umkehrung eindrucksvoll: Der ungeliebte Samaritaner erfüllt Gottes Willen, die Juden dagegen nicht. Die „Kleinen“, „Letzten“ und „Verlorenen“ sind die bevorzugte Klientel Jesu (Lk 19,10; vgl. Mt 18-20). Er führt damit prophetische Tradition weiter.[1]

4.2.6 Vermittlung göttlichen Lebens

Auch das Johannesevangelium bringt Jesu Wirken pointiert mit seiner Geistbegabung in Verbindung. Johannes der Täufer bezeugt das gleich zu Beginn der öffentlichen Wirksamkeit Jesu. Er sieht, wie der Geist bei der Taufe auf Jesus herabkommt und auf ihm bleibt (Joh 1,32). Nach Joh 3,34 ist Jesus in der Lage, Gottes eigene Worte zu sprechen, da ihm Gottes Geist „ohne Maß“ gegeben ist. Die Worte Jesu werden im Gefolge mit Geist und Leben gleichgesetzt (Joh 6,63). Sie bedeuten für diejenigen, die sie aufnehmen, das (ewige) Leben. Jesus erscheint nach diesen Texten als der Vermittler des Heiligen Geistes und damit des Lebens selbst; das wird durch die johanneischen Ich-bin-Worte auf den Punkt gebracht.[2]

4.2.7 Taufe „mit Feuer und Geist“

Insbesondere die lukanischen und johanneischen Texte erklären, was mit der Ankündigung des Täufers gemeint ist, nach ihm werde einer kommen, der nicht mit Wasser, sondern „mit Heiligem Geist und Feuer“ taufen wird (Mt 3,11parr.). Damit ist kein eigentümlicher Taufakt gemeint, der im Laufe der Kirchengeschichte verloren gegangen wäre, sondern ein Geschehen anderer Art. An die Stelle des äußerlichen Wasserritus tritt bei

---

[1] Vgl. Jes 57,15: Gott sorgt für die Zerschlagenen und Gedemütigten.

[2] Joh 6,35: Brot des Lebens; 8,12: Licht der Welt; 10,11.14: guter Hirte; 11,25: Auferstehung und Leben; 14,6: Weg, Wahrheit und Leben; 15,5: Weinstock.

Jesus die Weitergabe des Geistes und seiner Wirkungen – Immunität gegenüber dem Bösen, Überwindung Satans, entscheidende Erkenntnis sowie der Glaube, der das ewige Leben verbürgt (vgl. Joh 3,16; 5,24; 6,47 u.a.). „Taufe mit Heiligem Geist" ist demnach eine Metapher* für die Weitergabe des Lebens mit allem, was dazugehört. – „Taufe mit Feuer" spielt auf die alte Vorstellung des göttlichen Gerichts mit Feuer (vgl. Jes 29,6; 30,27f.; Ez 1,4; Mal 3,19; 2 Petr 3,7.12) bzw. auf die endzeitliche Scheidung von Gut und Böse an (Mt 13,36-43; 25,31-46; vgl. 2 Petr 3,12). Auch wenn die Jünger bereits vor Ostern offensichtlich charismatische* Fähigkeiten haben (Mt 10,1; Lk 10,17), erfolgt die „offizielle" Weitergabe des Geistes an sie erst nach Ostern (Joh 20,22) bzw. an Pfingsten (Apg 2).

4.2.8 Erhöhung und Einsetzung in die Sohnschaft

Die Wirkungen des Geistes sind nach dem Tod Jesu nicht erloschen, sondern setzen sich fort: Der „Geist der Heiligung" bewirkt seine Auferstehung und Erhöhung in die Gottessohnschaft zur Rechten Gottes (Röm 1,3f.; 1 Petr 3,18). An Jesu Auferweckung wird die Kraft des Geistes exemplarisch deutlich, die auch den Menschen vom Tod ins Leben führen wird (Röm 8,11). Für Paulus ist die Reihenfolge Gehorsam / Sterben und Auferstehung / Erhöhung unumkehrbar. Das eigentliche Heilsereignis ist der (Heils-)Tod Jesu, sowohl für ihn selbst als auch für die Glaubenden. Der Jesus „nach dem Fleisch", der Davidsnachkomme, interessiert Paulus nicht weiter (2 Kor 5,16). Röm 1,3f. steht freilich in Spannung zu den Evangelien, die die Gottessohnschaft Jesu bereits in der Taufe bzw. in seiner Zeugung angelegt sehen.

4.2.9 Vermittlung des Lebens über Ostern hinaus

Die johanneischen Abschiedsreden (Joh 14-16) kündigen für die Zeit nach Jesu Erhöhung den Parakleten bzw. Geist der Wahrheit an, der an Jesu Statt den Glaubenden zur Seite stehen und die Lehre Jesu weiterführen soll. Nach Apg 2,33 empfängt der Auferstandene abermals den Heiligen Geist, um ihn an Pfingsten an seine Jünger austeilen zu können. Das heißt, Jesus sorgt für die Zeit nach seinem Tod vor und vermittelt den Jüngern den Geist Gottes, so dass diese an seiner Stelle das Leben weitertragen können in die Welt.

4.2.10 Fazit: Die Überbietung messianischer Verheißung

Nach den Evangelien sind in Jesus von Nazareth die Messiashoffnungen Israels erfüllt. Ausschlaggebend ist dabei seine vom Geist Gottes bestimmte Existenz von der Zeugung bis zur Erhöhung. Mithilfe des Geistes füllt

Jesus seine messianische Rolle aus. Er entspricht dem Idealbild des gehorsamen Propheten ebenso wie dem des kultischen Erneuerers und des sanften, gerechten Königs. Der Geistträger widersteht den Versuchungen des Bösen und setzt Gottes Heilswillen, der die „Letzten" und Verlorenen Israels, aber auch die Nichtjuden mit einschließt, um. Mit der Geist- und Feuertaufe bringt er die Verheißung des neuen Bundes zur Erfüllung und vollzieht durch sein Wirken das endzeitliche Gericht in erster Instanz.

4.3 Der Geist als Zeuge Jesu Christi

Nicht nur sind die Wirkungen des Geistes an Jesus von Nazareth urbildlich ablesbar, sondern der Heilige Geist bezeugt umgekehrt auch die Identität und Vollmacht Jesu.

4.3.1 Warum Jesus den Geist als Zeugen braucht

Während Jesu charismatische* Fähigkeiten allseits wahrgenommen und bestätigt wurden, spaltete die Frage seiner Vollmacht (gr. *exousía*) die Gemüter. Es war vielen Menschen nicht einsichtig, „wes Geistes Kind" Jesus war. Grundsätzlich gab es zwei Möglichkeiten: Jesus handelte in der Kraft und Vollmacht Gottes oder in der Kraft und Vollmacht Satans. Nur auf diese beiden war zurückzuführen, was Jesus, objektiv betrachtet, zu wirken imstande war. Somit war die Vollmachtsfrage die entscheidende Streitfrage, und sie wird in den Evangelien von Beginn an gestellt.[1] Für beide Seiten – Jesus und seine Gegner – werden Zeugen aufgeboten. Der Hohe Rat führt falsche Zeugen gegen Jesus ein (Mk 14,55-59); Jesus selbst verzichtet entweder auf Zeugen (so die synoptischen Evangelien*) oder verweist auf seinen Vater als Kronzeugen (so das Johannesevangelium). Letztlich verbürgen die Geistwirkungen die göttliche Vollmacht Jesu. Der Erste Johannesbrief nennt sogar drei Zeugen, die in ihrer Aussage übereinstimmen: Geist, Wasser (Taufe) und Blut (Heilstod) – drei Komponenten des Zeugnisses, das Gott selbst von seinem Sohn gibt (1 Joh 5,6-9).

4.3.2 Der Geist und andere Zeugen

Der Geist bezeugt selbst und sucht sich Zeugen für Christus

Der Heilige Geist ist der Kronzeuge Jesu Christi über dessen Tod hinaus. Er ist schon vor der Geburt Jesu aktiv und weist auf die Bedeutung Jesu

---

[1] Am Beispiel des Markusevangeliums: von Mk 2,10 (Frage der Vollmacht zur Sündenvergebung) bis Mk 14,61 (Frage der Gottessohnschaft Jesu).

hin (Lk 1,41f.: durch Elisabeth). Nach Ostern erinnert er als Paraklet bzw. Geist der Wahrheit die Jüngerinnen und Jünger an die Worte Jesu und setzt sie als Zeugen (gr. *mártyres*) ein.[1] Stephanus wird in letzter Konsequenz zum Zeugen Christi und erkennt im Geist dessen Herrlichkeit (Apg 7,55). Auch für Paulus steht die Kronzeugenschaft des Geistes außer Frage (Röm 1,4; 1 Kor 2,6-16). Nach Apg 9,17 kommt er mit seiner Hilfe zur entscheidenden Christuserkenntnis. Alle Christinnen und Christen werden durch den Geist befähigt, ihren Glauben zu bekennen (1 Joh 4,1-3).

Dämonen, Augenzeugen und Leserschaft als Zeugen

Neben dem Geist Gottes sind es erstaunlicherweise die Dämonen, die Jesu Identität erkennen. Ausgerechnet sie machen als erste öffentlich, wer Jesus ist – gegen dessen ausdrücklichen Willen (Mk 1,24: „Du bist der Heilige Gottes"; vgl. V.34). Sie gehören zur Sphäre der Geister und haben übermenschliche Erkenntnis. Mit ihrem (vor-)lauten Bekenntnis desavouieren sie freilich Jesu Sendung und heizen den Streit um seine Vollmacht an – viele Menschen entsetzen sich und erkennen in ihm den Gebieter der Dämonen. Weitere Zeugen, wie einzelne Geheilte und Augenzeugen der Wunder, werden von Jesu Gegnern abgelehnt.[2] Am Ende werden die Leserinnen und Leser der Evangelien durch die Lektüre und ihren Wissensvorsprung zu Zeugen Jesu. Aber ihr Zeugnis ist, wie das aller anderen Zeugen, an das des Heiligen Geistes gebunden. Wer die geistgewirkte Erkenntnis ignoriert und wider besseres Wissen leugnet, dass in Jesus Gott selbst da war, begeht eine unverzeihliche Sünde (weiter Abschnitt 7.4).

4.3.3 Der Geist als Autor christologischer Verheißungen

Das christologische Zeugnis des Geistes beginnt nach neutestamentlicher Auffassung schon in der Hebräischen Bibel: Er ist der Autor gerade solcher Weissagungen, die sich auf Jesus Christus deuten lassen. Ein Paradebeispiel ist die frühchristliche Deutung von Ps 110: Die Formulierung „der Herr sprach zu meinem Herrn" (V.1) ist nach Mt 22,43parr. auf den Geist zurückzuführen, der so, quasi „zwischen den Zeilen", auf Christus als den Herrn Davids hinweist. Auch der Verrat Jesu durch Judas gilt als ein vom Geist längst angekündigter Vorgang (Apg 1,16, ausweislich Ps 41,10). Weiter wird der Prozess gegen Jesus als Erfüllung geistgewirkter Prophetie verstanden (Apg 4,25; ausweislich Ps 2,1f.). Der Tod Jesu als Ende des jüdischen Opferkultes ist nach Hebr 10,15 (ausweislich Jer 31,33f.) eine

[1] Joh 15,26f.; Apg 1f.; vgl. 1 Petr 1,12: Der Geist ermöglicht die Verkündigung.
[2] Joh 9,10-34: der Blindgeborene; Joh 11,46ff.: Augenzeugen der Erweckung des Lazarus; vgl. Mk 8,10-12: Zeichenforderung als Reaktion auf die Wundertaten, und Mt 12,22-30: Bezweiflung der göttlichen Vollmacht Jesu.

vom Geist inspirierte Deutung. Die Ablehnung seiner Botschaft durch die Juden wird von Paulus als Erfüllung einer Weissagung des Heiligen Geistes gewertet (Apg 28,25, ausweislich der Verstockungsaussage Jes 6,9f.). In allen Textbeispielen ist der Geist der Autor prophetischer Ankündigungen des Geschickes Jesu. Die christologische Schriftauslegung ist also durch die höchste denkbare Instanz legitimiert. Und dieselbe Instanz befähigt zugleich zur adäquaten Schriftauslegung (weiter dazu Abschnitt 7.1). Der Geist kann auch mit dem „Geist Christi", der auf sein eigenes zukünftiges Geschick hinweist, identifiziert werden (1 Petr 1,11). Dadurch wird die Einheitlichkeit der Prophetie Israels und der neutestamentlichen Deutung des Christusgeschehens unterstrichen. Der Geist wird zum Zeugen Jesu Christi, lange bevor dieser überhaupt die Weltbühne betritt.

4.3.4 Die geistgewirkte Deutung des Todes Jesu

Der Geist hat das Monopol beim Einblick in die Geheimnisse Gottes und der Geschichte. Darum geht es in 1 Kor 2,6-16. Es ist das Geheimnis Gottes schlechthin, dass Jesu Kreuzestod ein Heilstod für die Menschen ist. Das erscheint nach den Kategorien jüdischer und griechischer Weisheit als herbe Zumutung (gr. *skándalon,* 1 Kor 1,23) bzw. als Dummheit (gr. *moría,* 1 Kor 1,18.23). Ganz anders ist das Geschehen nach den Kategorien Gottes zu beurteilen: als Ausdruck der Kraft und Weisheit Gottes (1 Kor 1,24). Gottes Weisheit ist jedoch der Welt verborgen, sie stellt ein Geheimnis dar, das sich nur durch die Gabe des Geistes erschließt (1 Kor 2,6ff.). Die Logik ist einfach: Was in den Tiefen Gottes geheimnisvoll schlummert, kann nur durch Gottes Geist, der einzigen Instanz, die diese Tiefen kennt, offenbart werden (V.10f.). Und nur die Menschen, die den Geist Gottes haben, können das Geheimnis entschlüsseln.

4.3.5 Fazit: Unaufhörliches Plädoyer für den Weg der Sanftmut

Jesu Außenwirkung war ambivalent, was seiner Geistbegabung direkt entspricht: Mit dem Geist wählt Gott den Weg des Verzichts auf Machtdemonstration und des intensiven Werbens. Er setzt auf die Offenheit der Menschen für diesen Weg und auf ihre freie Entscheidung. So ist der Geist mit seinen Wirkungen der Kronzeuge Jesu Christi auch über Ostern hinaus. Er lebt den Geist der Sanftmut und Gerechtigkeit bis zur letzten Konsequenz und bezeugt damit authentisch seine göttliche Vollmacht. Dieser Weg ist vom Geist durch die Propheten Israels angekündigt; diese Deutung ist nur den Geistträgern zugänglich. Das gilt auch für die Deutung des Todes Jesu als Heilstod. Seit Ostern stellt der Geist die Jünger- und Leserschaft auf den Weg Christi, der der Weg der Sanftmut Gottes ist.

4.4 Ergebnis: Wechselseitige Bezeugung

Der Sohn und der Geist bezeugen sich wechselseitig: Zum einen ist an Jesus exemplarisch das Wirken des Heiligen Geistes abzulesen, zum anderen bezeugt der Heilige Geist auf vielfältige Art und Weise die Identität und Vollmacht des Sohnes. Das Zeugnis des Geistes beginnt in der Prophetie Israels, manfestiert sich in Jesu Zeugung, seiner Taufe und Versuchung, zeigt sich in vollmächtiger Gesetzesauslegung, in offensiver Überwindung von Krankheit und Unreinheit, in prophetischen Fähigkeiten, im konsquenten Weg der Sanftmut und Gerechtigkeit und endet in der Auferstehung. Jesu Charisma* macht die Fischer vom See Genezareth spontan zu Jüngern und weckt Hoffnung bei unzähligen Menschen, die auf der Suche nach Orientierung, Heilung und Wahrheit sind. In der Geistbegabung der Jüngerinnen und Jünger setzt sich das Zeugnis des Geistes fort.

Anfrage 7: Warum erkennt nicht jeder die Bedeutung Jesu?

Die wechselseitige Bezeugung von Sohn und Geist hat im Neuen Testament bei der Vermittlung des Glaubens eine Schlüsselrolle. Dahinter steht die Erfahrung, dass sich der Geist der Verfügung des Menschen entzieht und dass die Identität Jesu nicht eindeutig zu „beweisen" ist, auch wenn sie sich in vielfältigen Vollmachtsgesten nahe legt.
Eine ungeklärte Frage ist, weshalb nicht alle Menschen zum Glauben bzw. zur entscheidenden Erkenntnis kommen. Aussagen wie Röm 9,16-18, wonach sich Gott die Freiheit nimmt, sich mancher Menschen zu erbarmen, anderer aber nicht, bestärken den Eindruck göttlicher Willkür. In der Tat geht es Paulus hier darum, die Souveränität Gottes zu betonen. Getragen ist die Aussage jedoch von der Überzeugung, dass Gottes unerforschliche Wege schließlich auf das Heil aller Menschen hinauslaufen (Röm 11,33). Wer zum Glauben kommt und wer nicht, bleibt letztlich das Geheimnis des Gottes, der seine (All-)Macht nicht spektakulär demonstriert und durchsetzt, sondern der die leisen Töne wählt und damit den freien Willen des Menschen respektiert. Paulus appelliert daran, im Wirken Jesu und in seiner Auferstehung das Wirken Gottes und seines Geistes zu erkennen. Anders als die Zeitgenossen Jesu, für die sein Wirken nicht eindeutig war, sollten es die Leserinnen und Leser der Texte eindeutig zuordnen können. Und jeder Glaubende ist aufgefordert, seine Erkenntnis an die noch nicht Glaubenden weiterzugeben.

Anfrage 8: „Taufe mit dem Geist" – eine einmalige Sache?

Das irdische Wirken Jesu wird in den Evangelien als „Taufe mit dem Geist" bezeichnet. Der Begriff ist eine Metapher* und meint die Vermittlung entscheidender Wahrheit und Erkenntnis. Offen bleibt, ob diese Vermittlung ein einmaliger Akt – an Pfingsten oder in der Taufe des einzelnen Menschen – oder ein lebenslanger Prozess ist. Beides ist im Neuen Testament angelegt. Das Pfingstereignis und die Taufe mit Wasser kommen einer Initialzündung gleich, in der die Glaubenserkenntnis vermittelt wird. Zugleich wird immer wieder an diese Grunderkenntnis erinnert und zu ihrer Bewahrung aufgefordert. Es ist so, als müsste man als Christin oder als Christ ein Leben lang in die Taufgaben „hineinwachsen". Der Geist erweist sich als Vorschussgabe, die im Leben der Glaubenden nach Bestätigung und Umsetzung ruft. Der äußere Akt der Taufe kann den inneren Prozess des Wachstums im Glauben nicht vorweg nehmen. Beides gehört zusammen. Eine Taufe ohne spätere Reflexion auf den Glauben und ohne Auseinandersetzung mit den Glaubensinhalten ist nutzlos.

Anfrage 9: Christologische Schriftauslegung – eine Mogelpackung?

Auf Christus deutbare Prophezeiungen Israels werden im Neuen Testament regelmäßig auf die Inspiration des Heiligen Geistes, der zugleich der Geist Jesu Christi ist, zurückgeführt. Damit steht die Interpretation dieser Aussagen jenseits der Kritik. Wenn der Geist selbst der Autor der messianischen Texte ist und allein derselbe Geist die richtige Interpretation gewährleistet, entspricht das einem in sich geschlossenen System, das sich der Kritik entzieht. Es ist nachvollziehbar, dass die zentrale Glaubenswahrheit (Jesus von Nazareth ist der verheißene Messias Israels) auf diese Art und Weise legitimiert wird. Gleichwohl drängt sich der Eindruck auf, dass hier bewiesen werden soll, was eigentlich nur eine Sache des Glaubens sein kann. Hinter dem christlichen Beweiszirkel steht freilich nicht der Vorsatz arglistiger Täuschung, sondern feste Glaubensüberzeugung. Die moderne Bibelwissenschaft hat es mühsam wieder lernen müssen, die eigene, christliche Auslegung nicht absolut zu setzen, sondern die jüdische Auslegung als eine gleichrangige Auslegung wahrzunehmen. Für Juden sind die messianischen Verheißungen der Hebräischen Bibel eben noch nicht erfüllt. Das Neue Testament lässt sich vor diesem Hintergrund als Beitrag zu einer innerjüdischen Diskussion um die rechte Auslegung der Propheten lesen.

5 Der Geist, die Schöpfung und das Leben

Ohne den göttlichen Geist gibt es kein Leben auf der Erde – das ist die Grundüberzeugung der Hebräischen Bibel. Damit die Lebewesen zum Leben erwachen, muss ihnen Gott seinen „Lebensodem" einhauchen. In der göttlichen *rúach* ist Gottes Schöpferkraft konzentriert. Sie kann sogar aus dem Tod etwas Neues erschaffen (Ez 37). Im Neuen Testament ist der Heilige Geist die Kraft, die die Auferstehung der Toten bewirkt. Das Kapitel fragt nach dem Zusammenhang zwischen Geist und Schöpfung bzw. physischem Leben (5.1), nach der Berufung, die mit der Geistesgabe gegeben ist (5.2), nach dem Geist als Quelle des ewigen Lebens (5.3) und nach der Funktion des Geistes bei der Auferstehung der Toten (5.4).

5.1 Inszenierung des Lebens

Der Geist erfüllt den Kosmos und jeden Organismus in ihm mit Leben (1 Mos 2,7; Hi 15,13; Jer 2,24 u.a.). Geist bzw. Atem ist eine göttliche Kraft, die den Menschen am Leben erhält, für seine Lebensenergie sorgt und beim Tod mit dem Körper zusammen stirbt. Im Neuen Testament hat der Geist eine wichtige Funktion im Kontext der Neuschöpfung.

5.1.1 Belebung der Schöpfung

Der göttliche „Lebensodem" lässt die Menschen zum Leben erwachen (1 Mos 2,7; 6,17; 7,22; Hi 33,4[1]). Auch die Tiere tragen ihn in sich (Ps 104,29f.). Ohne die belebende Wirkung der göttlichen *rúach* bliebe alles tote Materie. Wem Gott den Lebensgeist entzieht, stirbt.[2] Das Neue Testament setzt das voraus, thematisiert es aber nicht weiter. Der Geist Gottes erscheint als Erzeuger von Leben nur bei Jesus und markiert damit eine Lebensqualität, die anderen Menschen vorenthalten ist (Mt 1,18.20; Lk 1,35). Hier wird zwischen dem allgemeinen „Lebensodem" und der speziellen Zeugung aus Gottes Geist deutlich unterschieden.[3]

---

[1] Hi 33,4 unterscheidet feinsinnig zwischen Gottes *pneúma* (Geist) als Erschaffer des Menschen und Gottes *pnoé* (Atem) als die Erzieherin des Menschen.

[2] Hi 27,3: Der Lebensatem (gr. *pnoé*) Hiobs ist Gottes Geist (gr. *pneúma*) in der Nase; Hi 34,14f.: Wenn Gott seinen Lebensodem (gr. *pneúma*) zurückzöge, würde alles Fleisch vergehen; vgl. auch 1 Mos 6,3.

[3] Die Vorstellung, dass Gott Menschen „zeugt", ist in der griechischen Mythologie weit verbreitet (vgl. Herakles). Die Redeweise bringt eine intensive Nähe des so gezeugten Menschen zur göttlichen Sphäre zum Ausdruck (vgl. Ps 2,7: „Heute habe ich Dich gezeugt"). Gott erscheint fähig, jederzeit neue Schöpfungen zu erzeugen.

5.1.2 Motor der Neuschöpfung

Jesu Wirken als neuer Schöpfungsakt

Die Zeugung aus dem Geist und die zusätzliche Proklamierung zum „geliebten Sohn" in der Taufe (Mt 3,17parr.) ist für Jesus göttliche Gabe und Auftrag zugleich. Er ist gekommen, die Welt zu retten und das Böse zu überwinden. Er treibt Dämonen aus und führt die Menschen zu neuem Leben – im übertragenen wie im körperlichen Sinne. Viele Wunderheilungen Jesu fallen auf einen Sabbat. Das bedeutet, dass Gott sein Schöpfungswerk nicht ruhen lässt, sondern fortsetzt. In seiner Antrittspredigt zu Nazareth präsentiert Lukas Jesus als Geistträger, der in seinem Wirken (neu-)schöpferisch tätig wird. Ähnlich ist der johanneische Jesus der Träger des göttlichen Schöpfungswortes, das in ihm das Schöpfungswerk Gottes weiterführt. Dem Geist wird schließlich die Auferstehung Jesu und der Glaubenden zugeschrieben (Röm 1,3f.; 8,11; weiter dazu Abschnitt 5.4).

„Belebung" der Nichtjuden

Die Schöpferkraft des Geistes geht nach Ostern auf die Jünger über. Die Apostelgeschichte stellt insbesondere die Bekehrung von Nichtjuden als Werk des Geistes dar. Dass das als Schöpfungswunder angesehen wurde, zeigt die damals gängige Metaphorik* von „tot" und „lebendig": Nichtjuden, die Gott nicht kennen, sind „tot", ihre Bekehrung kommt einer Lebendigmachung gleich.[1] Auch Offb 3,1, der Auftakt des Sendschreibens an die Gemeinde von Sardes, verwendet diese Metaphorik: Die Gemeinde hält sich selbst für lebendig, ist in Wahrheit aber tot.

Neuschöpfung der Welt als „Chefsache"

Bei der Beschreibung der Neuschöpfung der Welt kommt dem Heiligen Geist keine tragende Rolle zu. Sie ist nach 2 Petr 3,13 und nach Offb 21,1 „Chefsache". Das Wirken des Heiligen Geistes erscheint – wie das Wirken des erhöhten Christus – auf die Zeit bis zum Weltende begrenzt.

5.1.3 Fazit: Belebung und Neuschöpfung durch Inspiration

Wo immer Gott neues Leben in Szene setzt, tut er das mittels seines Geistes. Schöpfung, Zeugung, Neubelebung und Neuschöpfung sind Akte göttlicher Inspiration. Das gilt in materieller Hinsicht wie im übertrage-

[1] Vgl. Lk 15,11-32: der verlorene Sohn; auch die frühjüdische Novelle Josef und Aseneth beschreibt die Bekehrung der ägyptischen Priestertochter Aseneth in dieser Bildsprache.

nen Sinn. Die Geistbegabung befähigt Jesus dazu, Gottes Schöpfungswerk fortzusetzen – durch Neubelebung der Sünder, Kranken, Toten und Verlorenen. Neben dem Heiligen Geist ist der *lógos* die göttliche Schöpfungsmacht. In den Schöpfungshymnen des Kolosser- und Hebräerbriefs (Kol 1; Hebr 1) ist Jesus Christus der Schöpfungsmittler schlechthin.

5.2 Geistbegabung und Berufung

5.2.1 Der kleine Unterschied zwischen Adam und Jesus

„Empfangen durch den Heiligen Geist, geboren von der Jungfrau Maria". Nach den Worten des zweiten Glaubensartikels tritt der Heilige Geist an die Stelle des irdischen Erzeugers, wodurch die göttliche Abkunft Jesu zum Ausdruck kommt (vgl. Mt 1,18.20; Lk 1,35). Paulus stellt die Zeugung Jesu Christi „nach dem Geist" seiner eigenen „nach dem Fleisch" gegenüber (Gal 4,29). Einen ähnlichen Kontrast sieht er zwischen Adam und Jesus: Während Adam (nur) „lebendige Seele" (gr. *psyché zósa*; in Rückgriff auf 1 Mos 2,7) ist, ist Jesus, der „letzte Adam", „Leben schaffender Geist" (gr. *pneúma zoopoioún*; 1 Kor 15,45). Der „nach dem Geist" gezeugte Christus kann selbst Leben erschaffen – ein Leben, das über das physische Leben hinausweist. Nach Joh 6,63 ist der Geist die Leben schaffende Instanz, und Jesus präsentiert sich als der, der durch seine Predigt den Geist vermittelt.

5.2.2 Ein Leben für die göttliche Berufung

Nach dem Neuen Testament sorgt der Geist Gottes nicht nur für das „normale" physische Leben, sondern für ein Leben besonderer Qualität. Lk 1,15 spricht davon, dass Johannes der Täufer von Mutterleib an mit Heiligem Geist erfüllt ist, und markiert damit seine herausragende, von Gott geschenkte und durch den Geist gewirkte Position. Jesus, vom Geist gezeugt, hat in seiner Taufe den Geist empfangen (Mk 1) bzw. ist von Gott mit dem Geist gesalbt (Lk 4,18; Apg 10,38). Damit gilt seine Vollmacht zu predigen und Wunder zu tun als direkte Wirkung des Geistes. Auch andere Menschen, die „voll des Heiligen Geistes" sind, sind zu herausragenden Aufgaben berufen (Apg 6,3: die sieben Diakone; Apg 11,24: Barnabas).

5.2.3 „Sprungbrett" zum ewigen Leben

Es ist kein Zufall, dass dem Heiligen Geist (und Jesus Christus als *dem* Geistträger schlechthin) die Fähigkeit zugeschrieben wird, Wunder zu wirken – ist der Geist doch traditionellerweise die Leben schaffende Kraft Gottes schlechthin (vgl. Abschnitt 3.1). Und es ist nur konsequent weitergedacht, dass er auch mit der Überwindung des Todes und dem ewigen Leben in Fülle in Verbindung gebracht wird. Wer den Geist hat, hat alles, was zu einem qualifizierten Leben dazugehört und was zum ewigen Leben hinführt: Glaube, Weisheit, Erkenntnis usw. (weiter dazu Abschnitt 12.2).

5.2.4 Fazit: Geistträger sind Lebensspender

Der Heilige Geist ist Begabung und Aufgabe zugleich. Es gibt ihn nicht „einfach so", sondern als Startkapital für ein Leben in göttlichem Auftrag. Wer den Geist hat, ist berufen, Gottes Leben spendende Kraft weiterzugeben, den Menschen Hoffnung zu bringen und sie zu neuem Leben zu befreien. Nicht nur Jesus, der Geistträger schlechthin, sondern unzählige andere Menschen sind in dieser Weise berufen. Hierin setzt sich die Geschichte göttlicher Berufungen und Geistbegabungen immer weiter fort.

5.3 Vermittlung des ewigen Lebens

5.3.1 Geburt in ein neues Leben

Um in den Genuss eines neuen, den Tod hinter sich lassenden Lebens zu kommen, ist nach Joh 3,3-8 eine zweite Geburt nötig. Nur wer von neuem geboren wird, und zwar aus Wasser und Geist, kommt in den Genuss des Reiches Gottes. Dabei denkt der Johannes-Evangelist nicht zuerst und allein an die Taufe mit Wasser, sondern an deren innere Seite, die erneute Zeugung aus dem Geist Gottes. Wer Jesu Worte bewahrt und so mit ihm verbunden bleibt, trägt in sich das (ewige) Leben (Joh 6,63). Der Geist sorgt für eine „Runderneuerung" des Menschen; das kommt bereits in der Bitte des Psalmbeters um einen neuen, beständigen Geist (Ps 51,12-14; JosAs 8,9-11*) und in der Erwartung des neuen Bundes (Ez 36,26f.) zum Ausdruck. Verknüpft sind damit die Befreiung von alter Sündenlast, Gotteserkenntnis und die Ausrichtung des Herzens auf den Willen Gottes.

5.3.2 Bleibende Verbindung zu Gott

Durch die bleibende Verbindung zu Gott und Christus wird der Tod überwunden. Konkret wird die Verbindung dadurch, dass man den Geist in sich und durch sich wirken lässt und sich so das ewige Leben erarbeitet.[1] Hinter der Vorstellung ist Gott zu sehen, der mit dem Geschenk seines Geistes alles tut, um den Menschen das ewige Leben zu ermöglichen.

---

[1] Röm 8,13; vgl. Gal 6,8: Wer auf den Geist sät, wird von ihm das ewige Leben ernten; 1 Petr 4,6: wer „im Geist" ist, hat das Leben.

5.3.3 Fazit: „Runderneuerung“ zum ewigen Leben

Der Geist bewirkt im Menschen eine „Runderneuerung“, die einer Befreiung zu einem neuen, den Tod überwindenden Leben gleichkommt. Wer den Geist empfängt und ihn in sich und durch sich wirken lässt, bleibt mit Gott und seinem Sohn dauerhaft verbunden – über den Tod hinaus.

5.4 Verbürgung der allgemeinen Auferstehung

Der Glaube an Gott, der selbst aus dem Tod neues Leben erschaffen kann, gehört zum theologischen Kern der Bibel. Während die Hoffnung auf eine postmortale* Wiederbelebung in der Hebräischen Bibel nur am Rande begegnet (vgl. Abschnitt 3.5), ist sie im Neuen Testament die zentrale eschatologische* Hoffnung und wird regelmäßig mit dem Geist Gottes in Verbindung gebracht. So in Röm 8,11: „Wenn nun der Geist dessen, der Jesus von den Toten auferweckt hat, in euch wohnt, so wird er, der Christus von den Toten auferweckt hat, auch eure sterblichen Leiber lebendig machen *durch seinen Geist, der in euch wohnt.*“ Der Geist ist das Medium der allgemeinen Totenauferstehung. Wer ihn in sich trägt, hat die Anwartschaft auf Auferstehung in sich. Historischer Grund für diese Hoffnung ist das Ostergeschehen, das Paulus ebenfalls auf das Wirken des Geistes zurückführt.[1] Nach Röm 1,3f. hängt die Auferweckung Jesu unmittelbar mit seiner Heiligung (dazu Abschnitt 8.3) und seiner Einsetzung zum Gottessohn zusammen. Der „nach dem Fleisch“ geborene Jesus (Röm 1,3) wird durch den Geist gegen das Böse immunisiert, aus dem Tod erweckt und zu Gott erhöht. Der Geist hat demnach die Kraft, Menschen aus dem natürlichen Leben in ein neues Leben nach dem Tod hinüberzuführen. Dem entspricht, dass Paulus, wo es um die postmortale Existenz des Menschen geht, von einem *pneumatischen** Leib spricht.[2] Die Hoffnung auf eine Existenz nach dem Tod ist durch die Auferstehung Jesu verbürgt.[3]

5.5 Ergebnis: Überbietung physischer „Grundsicherung“

Von der Schöpfung der Welt bis zu deren Neuschöpfung ist Gottes Lebensgeist aktiv. Wo Gott toter Materie seinen Geist einhaucht, entsteht Leben. Selbst aus dem Tod heraus kann Gottes Geist neues Leben schaf-

---

[1] Röm 1,3f. - Vgl. auch 1 Petr 3,18: Der „nach dem Fleisch“ Getötete wurde lebendig gemacht „nach dem Geist“. Auch die beiden apokalyptischen* Zeugen in Offb 11 werden durch den „Geist des Lebens“ wieder lebendig (V.11).

[2] 1 Kor 15,44-46, im Gegensatz zum *psychischen*, d.h. beseelten, vergänglichen Leib.

[3] 1 Kor 15,45; vgl. auch die Rede von Christus als „Erstling der Auferstandenen“ Röm 8,29; 1 Kor 15,20; Kol 1,18; Hebr 1,6.

fen. Diese bereits im Danielbuch angelegte Hoffnung wird im Neuen Testament weiter entfaltet: Der Geistträger Jesus erweckt Tote zu neuem Leben, führt die Verlorenen zum Glauben und wird nach seinem Tod selbst vom Geist auferweckt. Wer den Geist empfängt, empfängt damit die Berufung, Leben weiterzugeben. Wer im übertragenen Sinne neu geboren wird, das heißt zum Glauben kommt und den Geist empfängt, hat damit die Anwartschaft auf ein ewiges Leben, das über den Tod hinausreicht. Symbol der Neugeburt bzw. der Neuschöpfung ist die christliche Taufe.

Anfrage 10: Wann fängt das ewige Leben an?

Sprechen wir vom „ewigen Leben", denken wir an ein Leben nach dem Tod, in dem Leid, Unrecht, Tod usw. ausgeschaltet sind. Dem vergleichbar, unterscheidet Paulus zwischen einem physischen Körper jetzt und einem pneumatischen* Körper nach dem Tod (1 Kor 15). Doch streng genommen, hat das „ewige" Leben überhaupt keinen Anfang und kein Ende – es ist zeitlos. Das Johannesevangelium denkt eine befristete Gleichzeitigkeit von physischem und ewigem Leben: Die Glaubenden sind bereits ins ewige Leben hinübergegangen (Joh 5,24), die Auferstehung findet auch schon hier und jetzt, wo „tote" Menschen die Stimme Jesu hören und zum Leben kommen statt (Joh 5,25.28). Das qualifizierte, ewige Leben steht demnach permanent bereit, man kann es jederzeit ergreifen.
Somit ist die Rede vom ewigen Leben nicht als billige Vertröstung zu verstehen; Jesu Botschaft zielt auf heilvolle Veränderung schon hier und jetzt. Seine Wundertaten sind Schlaglichter des ewigen, qualifizierten Lebens, das Gott für alle Menschen will. Wenn Paulus in 1 Kor 15 die Zäsur des physischen Todes betont, wendet er sich freilich gegen eine Verabsolutierung des reizvollen Gedankens, dass das ewige Leben schon hier und jetzt „zu haben" sei. Wer meint, das Leben schon zu haben und deshalb die noch geltenden Begrenzungen, Auflagen und ethischen Verpflichtungen vernachlässigen zu können, wird durch Paulus „geerdet". Die Formulierung „wir sind gerettet, aber auf Hoffnung hin" (Röm 8,24) bringt das Verhältnis von gegenwärtiger und zukünftiger Existenz auf den Punkt: Wir haben die feste Zusage Gottes und den Geist als „Unterpfand" für die Erlösung und das ewige Leben. Bis dahin gilt es aber, die Berufung des hiesigen Lebens zu erfüllen (2 Kor 5,9f.).

6 Der Geist und die (Gottes-)Erkenntnis

Die Erkenntnis göttlicher, vor dem natürlichen Auge verborgener Wahrheit ist nach dem Neuen Testament eine exklusive Geistesgabe (Eph 1,17 u.a.). Sie wird denen geschenkt, die sich von den Verkündigern des Evangeliums ansprechen lassen. In ihrem Mittelpunkt steht die christologische Wahrheit, das heißt die Identität Jesu von Nazareth als des verheißenen Messias-Christus. Sie stellt menschliche Weisheit auf den Kopf und ist für sie eine Provokation (1 Kor 1,18-25). Des Weiteren ist die Erkenntnis Gottes und seines Willens eine Geistesgabe. Unmittelbar mit ihr verbunden sind das christologische Credo* und die Prophetie als Einblick in die göttlichen Geheimnisse.
In diesem Kapitel wird gefragt, wer überhaupt fähig ist, den Geist Gottes zu erkennen (6.1) und wie diese Erkenntnis zustande kommt (6.2). Die Vielfalt der Gotteserkenntnis ist Gegenstand des Abschnitts 6.3, das Phänomen der Prophetie wird in Abschnitt 6.4 näher betrachtet. Die christologische Erkenntnis bzw. das Verhältnis zwischen Geist und Christus ist Gegenstand von Kapitel 7 dieses Buches.

6.1 Wer kann den Geist erkennen?

Als erstes stellt sich die Frage, welche Menschen überhaupt den Geist Gottes wahrnehmen können. Das Neue Testament stellt klar, dass diese Fähigkeit bestimmten Menschen vorbehalten ist.

6.1.1 Zuerst Jesus selbst...

Bei der Taufe Jesu heißt es, dass nur er allein den Geist in Gestalt einer Taube herabkommen sieht (Mt 3,16par Mk 1,10). Auch die Stimme Gottes, die Jesus als geliebten Sohn anspricht, bleibt ohne Resonanz seitens der Augenzeugen – offenbar wurde sie von ihnen nicht wahrgenommen. So ist dieser Vorgang nur im Hinblick auf die Leserinnen und Leser der Evangelien als „öffentlich" zu bezeichnen; sie haben damit einen wichtigen Informationsvorsprung vor Jesu Zeitgenossen. Anders das Johannesevangelium: Johannes der Täufer sieht den Geist herabkommen und kann dadurch Jesus als den verheißenen Geistträger identifizieren (Joh 1,31-34).

6.1.2 ... dann die Jünger...

Der Pfingstbericht Apg 2 spricht davon, dass der Heilige Geist auf alle Jünger fällt, die sich zur fraglichen Zeit im Gebäude aufhalten (Apg 2,2). Der Geist kommt, einer heftigen Windböe vergleichbar, herab und setzt sich, nur für die Jünger im Haus sichtbar, wie Feuerzungen auf sie (Apg 2,3). Erst danach ist die Wirkung des Geistes öffentlich wahrnehmbar: Die Jünger können spontan in fremden Sprachen sprechen. Auch spricht der Bericht davon, dass sich die Zuhörer der geistbegabten Jünger keinen rechten Reim auf das Geschehen machen können; viele spotten, und das zeigt, dass sie den Heiligen Geist nicht erkennen (Apg 2,5-13).

6.1.3 … aber nicht alle Menschen

Nach Paulus kann der Geist Gottes vom „natürlichen Menschen“ (gr. *psychikós ánthropos*) nicht wahrgenommen werden, denn es fehlt ihm das notwendige Sinnesorgan. Und so erscheint für ihn der Geist bzw. das, was inhaltlich mit ihm verbunden ist, als Torheit (1 Kor 2,14; vgl. Apg 19,1-7). Anders der geistbegabte Mensch (gr. *pneumatikós [ánthropos]*): Er hat den Geist und nimmt ihn wahr (1 Kor 2,15). Demnach ist die Fähigkeit göttlicher Erkenntnis vom Geist selbst gegeben. Wer ihn hat, erkennt ihn, und wer ihn nicht hat, erkennt ihn nicht. Die beiden Welten sind inkompatibel, nicht vermittelbar. Der Geistbegabte hat durch seine Geistesgabe ein Instrument zur Beurteilung himmlischer Sachverhalte und kann hierin von Außenstehenden nicht beurteilt werden (1 Kor 2,6-16).

Das Johannesevangelium sieht ebenfalls zwischen der Welt und der Gemeinde einen unüberbrückbaren Erkenntnisgraben: Die Welt kann den Geist der Wahrheit nicht empfangen, weil sie ihn nicht sieht und nicht erkennt. Anders die Glaubenden: Sie erkennen ihn, weil er bei und in ihnen ist (Joh 14,17). Der Geist der Wahrheit ist hier als Größe im Innern des Menschen gedacht und wird daher von innen heraus erkannt.

Die Fähigkeit, den Geist Gottes zu erkennen, ist, so das Fazit, eine Exklusivgabe für die Glaubenden – für die Jünger Jesu zuerst (Joh 7,39; Apg 1,8; 5,32; 1 Kor 2,12), aber auch für die Nichtjuden (Apg 8,14-17; 10,44f.; 15,8). Ausschlaggebend für den Geistempfang ist der Glaube (Gal 3,14). Der Geistempfang ist häufig mit der Taufe verbunden; diese ist aber als äußerlicher Akt hierfür nicht entscheidend (Apg 10,44-48; Gal 3,14).

6.1.4 Fazit: Göttliche Erkenntnis setzt Offenheit voraus

Gottes Weisheit und Weisheit der Menschen sind inkompatibel. Die Offenheit für die Predigt vom Evangelium schafft Glauben und mit dem Glauben pneumatische* Erkenntnis. Sie lässt die Wirklichkeit mit anderen Augen sehen und beurteilen. Sie ist nicht zwingend und drängt sich niemandem auf, der nicht offen ist für sie. Darin zeigt sich einmal mehr der sanfte Weg, den Gott geht, um die Menschen zum Heil zu bringen.

6.2 Wie und woran lässt sich der Geist erkennen?

6.2.1 Vom Geist selbst geschenkte Sensibilität

Die Gabe des Geistes ist eine unmittelbare Folge des Glaubens, der wiederum aus inspirierter Verkündigung entsteht. Wer den Geist empfängt, nimmt ihn auch wahr und ist sensibel für alle möglichen Erscheinungs- und Wirkweisen des Geistes. Hierzu gehören Zeichen und Wunder ebenso (Apg 2,19) wie unterschiedliche Geistesgaben, von denen Paulus spricht (Röm 12; 1 Kor 12 und 14). Weiterhin macht sich der Heilige Geist dadurch bemerkbar, dass er die Wege der Menschen steuert – oft auch gegen ihren Willen (Apg 13,2; 16,6f.; weiter dazu Abschnitt 11.3). Es hat den Anschein, als habe der Mensch keinerlei Einfluss auf das Eingreifen des Geistes. Allerdings nennt Apg 13,2 den Dienst am Herrn und das Fasten als Möglichkeiten, den Geist zum Sprechen zu bringen.

6.2.2 Sichere Symptome: Bekenntnis und gemeinschaftsdienliches Verhalten

Eindeutig wird der Geist Gottes im christlichen Bekenntnis wahrgenommen. Das Aussprechen der Wahrheit über Jesus Christus, so die Auffassung des Paulus und des Ersten Johannesbriefs, ist ein untrügliches Indiz für die Gegenwart des Geistes, denn ohne ihn lässt sich die Wahrheit gar nicht bekenntnismäßig formulieren und aussprechen (1 Kor 12,3; 1 Joh 4,2; vgl. auch Mk 9,39). Umgekehrt hat der, der Jesus verflucht, mit Sicherheit nicht den Heiligen Geist (1 Kor 12,3). Dass es beim Credo* nicht um ein reines Lippenbekenntnis geht, wird aus 1 Joh 3,23f. und 4,20 deutlich: Der Geist äußert sich in aktiver geschwisterlicher Liebe, die dem Bekenntnis entspricht. Der Einsatz von Geistesgaben zur Auferbauung der Gemeinde entspricht deren Sinn und Zweck in besonderer Weise (1 Kor 12,7; 14,1-5). Auch in Grenzsituationen verhilft der Geist zur Wahl der richtigen Worte, gegebenenfalls sogar zum aufrechten Bekenntnis vor dem Martyrium (Mk 13,11parr.).

6.2.3 Fazit: Der Geist drängt zu Liebe und Wahrheit

Wer durch den Heiligen Geist zum Glauben kommt, erkennt dessen Wirken in der Welt und bei sich selbst in vielfältiger Form. Die erste Wirkung besteht in der Erkenntnis Gottes und seines Willens sowie in der Erkenntnis der Wahrheit über Christus. Und er kann gar nicht anders, als diese Wahrheit weiterzugeben und in seinem Verhalten zu dokumentieren.

6.3 Was verrät der Geist über Gott?

6.3.1 Mittel und Wege der Gotteserkenntnis

Der Geist und andere Erkenntnismedien

Tora*, Prophetie und Gottesfurcht sind in der Hebräischen Bibel Schlüssel zu Weisheit und Gotteserkenntnis. Auch der Geist Gottes wird als Erkenntnismedium genannt, insofern er als inspirerende Instanz hinter den Propheten steht. Im Neuen Testament ist 1 Kor 2,6-16 der „erkenntnistheoretische" Schlüsseltext: „Niemand weiß, was in Gott ist, als allein der Geist Gottes" (V.11). Nur wer den Geist besitzt, weiß, was Gott den Menschen schenkt (V.12). „Geist der Offenbarung" heißt der Mittler der Gotteserkenntnis in Eph 1,17. Nach diesen Aussagen ist der Geist das exklusive Medium der Gotteserkenntnis. Doch kennt das Neue Testament auch andere Erkenntnismedien als den Geist. Erstens die Tora: Sie gibt den Juden Einblick in den Willen Gottes. Zweitens das Gewissen: Es bezeugt auch den Nichtjuden, was Gottes Wille ist (Röm 2,14f.). Drittens Jesus Christus: Er ist, so die Evangelien, der Offenbarer des Gottes Israels schlechthin. Der Weg zum Vater-Gott führt nach Joh 14,6 ausschließlich über den Sohn. Wer den Sohn sieht, sieht den Vater (Joh 14,9; vgl. Joh 12,45; Hebr 1,3). Es gibt demnach mehrere Wege zur Gotteserkenntnis, von denen der Heilige Geist einer ist.

Entrückungen, Visionen, Zungenrede

Über die Wirkungen des Geistes auf die Propheten Israels wurde in Abschnitt 3.3 gesprochen. Auch in vielen neutestamentlichen Texten gilt der Geist Gottes als Offenbarer göttlicher Geheimnisse. So wird der Seher Johannes mehrfach vom Geist entführt und erhält himmlische Visionen (Offb 1,10; 4,2; 17,3; 21,10). Dem vom Heiligen Geist erfüllten Stephanus tut sich der Himmel auf, er sieht Gottes Herrlichkeit und den erhöhten Christus zu seiner Rechten (Apg 7,55). Die Apostel erhalten durch den Geist göttliche Einsichten.[1] Weisheit und Erkenntnis gehören zu den paulinischen Charismen (1 Kor 12,8).

Ein Sonderfall stellt die so genannte Glossolalie* (Zungenrede) dar, die Paulus im Ersten Korintherbrief zu den Charismen* zählt. Ihre Bedeutung ist umstritten. Der Ausdruck meint wahrscheinlich ein Sprechen in der für Menschen unverständlichen Sprache der Engel. Inhalt der Glossolalie ist entweder der Lobpreis Gottes oder die Kundgabe göttlicher Geheimnisse

---

[1] Apg 8,29: Philippus und der äthiopische Kämmerer; 10,19: Petrus und der Nichtjude Kornelius; 16,6-10: Paulus und der Mann aus Mazedonien.

(Apg 10,46; 1 Kor 14,2). Dass die Zungenrede nicht nur in Korinth bekannt war, ist an Mk 16,17 sowie an Apg 2,4; 10,46f. und 19,6 abzulesen.[1]

Unspektakuläre Vermittlung von Erkenntnis

Spektakuläre Geistphänomene sind schon bei den Propheten Israels umstritten. Auch Jesus warnt in seiner Ölbergrede (Mk 13parr.) vor spektakulär auftretenden Pseudopropheten und Pseudomessiassen, die unter Hinweis auf ihr eigenes Auftreten das Ende für gekommen erklären. Sie sind unglaubwürdig, ja gefährlich. Ohne große Worte, dafür aber eindeutig, wird der Menschensohn, wenn er wiederkommt, das Ende einläuten.

6.3.2 Gottes Angebot an die Menschheit

Das bisher Gesagte lässt vielleicht den Eindruck entstehen, als gelte Gottes Zuwendung einzig und allein den Glaubenden. Doch gerade Paulus arbeitet einer christlichen Vereinnahmung des Geistes entgegen. Zwar haben die Christen durch ihren Glauben das Privileg, den Geist Gottes in sich zu tragen, aber der sprengt die religiösen Grenzen gerade auf. Wo er wirkt, fallen die Barrieren zwischen Juden und Nichtjuden weg (1 Kor 12,13; Gal 3,28; vgl. Röm 10,12). Mit seiner Ansicht steht Paulus nicht alleine: Nach Mt 12,17f. besteht die charismatische* Sendung des Gottesknechts darin, den Nichtjuden das Recht Gottes zu verkündigen. Der Auftrag zur Völkermission mit seiner triadischen Formel* steht pointiert am Ende des Matthäusevangeliums (Mt 28,18-20). Der Geist weist darauf hin, dass die Nichtjuden zur christlichen Gemeinschaft dazugehören (Eph 3,5). Und die Apostel machen nach Pfingsten die Erfahrung, dass der Geist spontan auch auf Nichtjuden fällt (Apg 10,44f.; 11,15). Die Gabe des Geistes ist nach alledem das Mittel der Wahl, mit dem Gott sein Angebot den Menschen kundtut.

6.3.3 Gott als Vater und Erblasser der Glaubenden

Jesus von Nazareth wird in seiner Taufe und später in der Verklärung als „geliebter Sohn" Gottes präsentiert. Verbunden ist das mit der Verleihung des Geistes (Mk 1parr.). Auch Paulus sieht eine enge Verbindung zwischen der Gottessohnschaft Jesu Christi und dem Wirken des Geistes (Röm 1,3f.). Dieses Kindschaftsverhältnis wird bei Paulus auf die Glaubenden ausgeweitet: Sie sind Gottes Kinder, weil sie vom Leben schaffen-

---

[1] Näheres dazu bei Horn, Angeld 201-214. Horn weist darauf hin, dass die Glossolalie*, historisch gesehen, relativ bedeutungslos war. So fehlt sie bei der Aufzählung der Charismen* bei Justin dem Märtyrer, Dial 88 (Mitte 2.Jh.).

den Geist bewegt werden (Röm 8,14-16). Wer wie Christus den Geist in sich hat, kann sich unmittelbar an Gott als Vater wenden („Abba"-Ruf Röm 8,15; Gal 4,6). Der Status der Kindschaft hat für Paulus eine eschatologische*, in die Zukunft weisende Perspektive: Als Kinder sind Christinnen und Christen Gottes Erben und Miterben Christi (Röm 8,17). Konkret meint Paulus damit die Anwartschaft auf die Erlösung nach dem Tod.
Der Geist ist nach 1 Kor 15,35-58 das Kontinuum zwischen dem hiesigen Leben und der postmortalen* Existenz. Auch wenn beim Tod der beseelte Leib (gr. *sóma psychikón*) vollständig stirbt, hat der Glaubende dank der Geistesgabe doch die Anwartschaft auf ein Leben nach der Auferstehung, auf ein Leben in einem Geist-Leib (gr. *sóma pneumatikón*).

6.3.4 Die bleibende Gegenwart Gottes

Eine weitere geistgewirkte Erkenntnis ist die der bleibenden Präsenz Gottes bei den Glaubenden. Wo der Geist erfahren wird, ist Gott selbst da (1 Joh 3,24; 4,13). Der Geist äußert sich im Praktizieren geschwisterlicher Liebe genauso wie im wahrheitsgemäßen Bekenntnis (vgl. Abschnitt 6.2). Mehr noch: Die durch den Geist gewirkte, geschwisterliche Liebe ist die einzige Möglichkeit, Gott zu erkennen; in ihr wird Gott als der erkannt, der er ist: als vollkommene Liebe (1 Joh 4,12.16). Und umgekehrt gilt die Aussage: Wer liebt, in dem bleibt der Geist und in dem bleibt Gott. Ein fast magisch zu nennendes Verständnis von Liebe und Gegenwart Gottes bzw. des Geistes ist hier festzustellen: Wer nicht in der Liebe bleibt, fällt aus der Sphäre des Lichts heraus zurück in die Finsternis (1 Joh 2,7-11). Die Präsenz Gottes und des Geistes wird am Bekenntnis und an der Ethik erkannt und zugleich durch sie erhalten. Gabe und aktives Tun sind aufeinander bezogen und verstärken sich gegenseitig.
In Röm 8 bestätigt Paulus diese Sicht: Wer den Geist in sich trägt, ist pneumatisch*, wer ihn nicht hat, gehört weder zu Gott noch zu Christus (V.9). Das „Gesetz des Geistes" befreit von Sünde und Tod (V.2); wer Gottes Geist in sich und durch sich wirken lässt, gehört zu den Kindern Gottes (V.8 und 14). Auch hier sind Gabe und aktives Tun einander ermöglichende und ergänzende Aspekte.

6.3.5 Gottes Erwartung an die Menschen

Was Gottes Wille ist und wie der Mensch ihm entsprechen kann, erschließt sich ihm durch das Gewissen und durch den Geist. Wer ihn hat, erkennt den wahren Sinn der Tora* und ist befähigt, sie entsprechend zu erfüllen. Die Tora ist von ihrem Wesen her pneumatisch* und dazu heilig, gerecht und gut (Röm 7,12.14; vgl. 1 Tim 1,8). Um ihre heilvolle Wirkung entfalten zu können, braucht sie ein pneumatisches Gegenüber. Geistlosen Menschen gegenüber entfaltet die Tora eine Wirkung, die ihrer Be-

stimmung zuwiderläuft: Sie reizt den Menschen dazu, gegen den Willen Gottes zu handeln (Röm 7,8-11). Für den, der den Geist hat, wird die Tora jedoch zum „Gesetz des Geistes“ (Röm 8,1f.), die ihn vom „Gesetz der Sünde und des Todes“, das heißt von dem beschriebenen unheilvollen Mechanismus befreit.
Mit der Sendung des Geistes in die Herzen der Menschen (Röm 5,5) erfüllt sich die Verheißung des neuen Bundes (Ez 36,26f.; vgl. Jer 31,33), und die Erfüllung des Willens Gottes erscheint dem Menschen als „Herzensangelegenheit“. Damit kann er „Früchte des Geistes“ bringen und Gottes Erwartung gerecht werden (Kol 1,8ff.; weiter dazu Abschnitt 9.4).

6.3.6 Fazit: Der heilsam präsente Gott

Der Heilige Geist spielt bei der Gotteserkenntnis eine Schlüsselrolle. Wer ihn empfängt, erfährt, was in Gottes Innerstem vorgeht. Für die Geistträger liegt das für „normale“ Augen und Ohren nicht wahrnehmbare oder zumindest äußerst schwer verständliche Ziel des Weges Gottes mit der Menschheit klar und nachvollziehbar auf dem Tisch. Sie erkennen sein universales Heilsangebot und erfahren seine unmittelbare Nähe als „Vater“ und sich selbst als seine Kinder, die freien Zugang zu ihm haben. Und sie erhalten die Gewissheit, dass ihre Hoffnung nicht umsonst ist, sondern dass auf sie die Erlösung wartet. Die bleibende Gegenwart Gottes sorgt für permanente Stärkung und Vergewisserung sowie dafür, dass man mit seinem ethischen Handeln Gottes Erwartung gerecht werden kann. – Weiter zu den Details des Erlösungsweges in Abschnitt 12.3.

6.4 Was beinhaltet Prophetie?

Die Erkenntnis der Pläne Gottes mit der Welt und den Menschen ist nach vielen biblischen Aussagen eine prominente Geistwirkung. Grundsätzlich ist Prophetie ohne Geist unmöglich (2 Petr 1,21). Der Geist sorgt für Charisma*, Auftrag, Vollmacht, Berufung, Sendung und das Pathos der Propheten[1]. Der Inhalt der Prophetie betrifft nicht nur Geschehnisse, die in der Zukunft liegen und dem „Normalmenschen“ verborgen sind, sondern auch die Entschlüsselung und Einordnung gegenwärtiger Phänomene und Entwicklungen in Zusammenhänge, die dem normalen Blick entzogen sind.

[1] Koch, Geist Gottes 70.

6.4.1 Die Deutung der Zeitzeichen

Johannes der Täufer

Johannes der Täufer ist der erste Prophet, der im Neuen Testament begegnet. Wie seine Vorgänger verkündigt er das kommende Eingreifen Gottes und ruft zum Sinneswandel auf (Lk 1,17: Johannes wandelte „im Geist und in der Kraft Elias"). Grundlage seiner prophetischen Gabe ist der Heilige Geist, der ihn von Mutterleib an „bewohnt" (Lk 1,15). Seine göttliche Sendung ist so bedeutsam, dass schon sein Vater Zacharias vom Geist erfüllt wird und weissagt (Lobgesang des Zacharias, Lk 1,67-79). Wie seine Vorgänger richtet Johannes unpopuläre, ja provozierende Botschaften aus (Bußpredigt des Täufers, Mt 3,1-12par. Lk 3,1-18), nicht ohne sich zuvor eine angemessene Zeit lang in der Wüste darauf vorbereitet zu haben (Mt 3,1; Lk 1,80). Anders als seine Vorgänger kann er in Jesus von Nazareth die Erfüllung dessen präsentieren, was er zuvor angekündigt hat. Wie viele Propheten vor ihm bezahlt er seine Sendung mit dem Tod.

Simeon und Hanna

Neben dem Täufer bezeugen weitere Propheten, inspiriert durch den Geist, Jesu Identität gleich zu Beginn seines Lebens: Den alten Simeon lässt der Geist absichtsvoll im Jerusalemer Tempel auf Jesus treffen, wo er dessen weltweite Bestimmung erstmals öffentlich ausspricht (Lobgesang des Simeon, Lk 2,25-35). Die ebenfalls hochbetagte Prophetin Hanna sieht beim Anblick Jesu die Erlösung Jerusalems nahegekommen (Lk 2,36-39). Beide Propheten reichen in die vorneutestamentliche Zeit zurück und bilden so eine Brücke zur Zeit der Propheten Israels. Sie erkennen durch den Geist in Jesus die Erfüllung der alten Verheißungen.

Jesus und die Zeichen seiner Zeit

Jesus selbst deutet seine Gegenwart in der von Lukas überlieferten „Antrittspredigt" in Nazareth als Zeit der Erfüllung der Prophetie Tritojesajas (Lk 4,18-21, vgl. Jes 61,1f.). Seine Zeit ist die Zeit vorhochzeitlicher Freude, er selbst ist der „Bräutigam", der zur Hochzeit mit seiner „Braut" Israel gekommen ist – in Fortsetzung der prophetischen Metapher* von Gott als „Ehemann" Israels (Fastenfrage, Mk 2,18-22parr.; vgl. Hos 1-3). Die Ölbergrede Mk 13parr. zeigt Jesus als Propheten, der vor vorschneller Deutung angeblicher Zeitzeichen wie Erdbeben, Hungersnöte und anderer Katastrophen warnt (weiter zu Jesus als Prophet: Abschnitt 4.2).

6.4.2 Einblick in die Herzen der Menschen

Propheten wissen dank des Heiligen Geistes, wen sie vor sich haben und welche Gedanken jemand hegt (Jes 59,7; Ez 11,1-5). Das gilt auch für Jesus und für die Apostel. Einige Beispiele: Nach Mk 2,8 (Heilung des Gelähmten) erkennt Jesus „in seinem Geist", was die Schriftgelehrten bei sich denken, und das lässt ihn spontan und offensiv reagieren. Bei einer Begegnung am Brunnen sagt er der Samaritanerin die Wahrheit über ihre Familienverhältnisse ins Gesicht und wird daraufhin von ihr als Prophet erkannt (Joh 4,17-19). Der Prophet Jesus spürt, dass seine Kraft im Bad in der Menge heimlich von einer Frau angezapft wird (Heilung der blutflüssigen Frau, Mk 5,30). Er registriert vor der Auferweckung des Lazarus die Kritik an seiner Untätigkeit und wird darüber zornig (Joh 11,37f.). Mit prophetischer Gabe kündigt Jesus den Verrat des Judas an und sagt Petrus auf den Kopf zu, dass er ihn verleugnen wird (Mk 14,18-21.26-31). Petrus erkennt die betrügerischen Absichten des Pärchens Ananias und Saphira und bringt ihr Vergehen als Belügen des Heiligen Geistes auf den Punkt (Apg 5,1-11). Paulus entlarvt „voll des Heiligen Geistes" auf Zypern den Pseudopropheten Barjesus und lässt ihn erblinden (Apg 13,4-12). Der Geist sagt durch den Seher Johannes den sieben Gemeinden Kleinasiens die Wahrheit über ihren Zustand und über ihre Zukunft an (Offb 2f.).
Der Blick in die Herzen ist eine göttliche Gabe, da nur Gott in die Herzen der Menschen blickt und sie prüft (Ps 7,10; Jer 17,10; Lk 16,15; 1 Thess 2,4; Offb 2,23). Wer diese Gabe hat, kommt dem Bösen einen Schritt zuvor, kann es beim Namen nennen und unschädlich machen – oder es in Segen verwandeln, wie im Falle der blutflüssigen Frau.

6.4.3 Der Blick in die Zukunft

Jesu prophetische Gaben schließen den Blick in die Zukunft mit ein. Von den ersten Leidensansagen bis hin zur Ankündigung des Pfingstereignisses erweist sich Jesus als Prophet in der Tradition der Propheten Israels (weiter dazu Abschnitt 4.2). Die erste Wirkung des Pfingstgeistes ist die Fähigkeit der Jünger zur Prophetie (Apg 2,18). Auch die Johannesjünger von Ephesus erhalten bei ihrer Taufe durch Paulus spontan diese Gabe (Apg 19,6). Der Antiochener Agabus sagt durch den Geist eine Hungersnot voraus (Apg 11,28), ein gleichnamiger Prophet aus Judäa prophezeit Paulus die anstehende Inhaftierung (Apg 21,11). Durch dieselbe Quelle weiß Paulus, dass er, „gebunden durch den Geist", der Inhaftierung und anderen Bedrängnissen, die in Jerusalem auf ihn warten, nicht ausweichen kann (Apg 20,22f.). Nicht nur in der Apostelgeschichte zählt die Prophetie zu den prominenten Gaben, die der Heilige Geist zu bieten hat.[1]

[1] Joh 16,13: Der Geist der Wahrheit verkündigt das Zukünftige; 1 Kor 12,10: Prophetie

Der Blick in die Zukunft dient nicht primär der Information über ein künftiges, unabwendbares Geschehen. Vielmehr gilt dasselbe wie für weite Teile der Prophetie Israels: Die Ankündigungen sollen das Verhalten der Angesprochenen zum Positiven hin wenden. Wer weiß, was auf ihn zukommt, kann und soll sich darauf einstellen, um gegebenenfalls das Schlimmste zu verhindern (*„paradoxe Intervention"* als Grundfunktion prophetischer Rede[1]). So gesehen, dient Prophetie der Sicherung von Heil und Leben. Das Wissen um die Zukunft ist ein Privileg, aus dem die Glaubenden Kapital schlagen können und sollen. Wer etwas von den Geheimnissen Gottes weiß, hat der Welt gegenüber einen wertvollen Wissensvorsprung.[2] Die Gabe der Prophetie steht damit in einer Reihe mit anderen Geistesgaben, die letztlich darauf abzielen, das künftige Leben zu sichern.

6.4.4 Fazit: Wissen zur heilvollen Lebensgestaltung

Schenkt der Geist die Gabe der Prophetie, so schenkt er damit ein wertvolles Wissen. Geistträger erkennen die Zeichen der Zeit und können historische Entwicklungen einschätzen. Mit ihrer Gabe sind sie befähigt, ihre eigene Zukunft heilvoll zu gestalten und andere Menschen zu heilvoller Veränderung zu bewegen. Prophetie ist damit ein grundlegendes Charisma*, durch das Gott seinen Heilsplan weitertreibt.

6.5 Ergebnis: Blick hinter die Kulissen Gottes

Gotteserkenntnis ist eine der ersten und wesentlichen Gaben des Heiligen Geistes. Schon die Hebräische Bibel sieht hinter den Propheten seine Inspiration. Den Glaubenden schenkt Gott mit seinem Geist einen Blick hinter die Kulissen der Weltgeschichte. Gottes Pläne, sein Wollen und seine Erwartung sind in seinem Geist gespeichert, und wer ihn hat, für den klären sich die unerforschlichen Wege und unbegreiflichen Entscheidungen Gottes (vgl. Röm 11,33). Inhaltlicher Dreh- und Angelpunkt dieser Geheimnisse ist das Christusgeschehen, der Sinn und Zweck seiner Sendung sowie seines Todes (vgl. Eph 1,9f.; Kol 1,26f.). Wer den Geist hat, ist zum rechten Glaubensbekenntnis und zum Tun des Willens Gottes befähigt – beides untrügliche Zeichen für die Gegenwart des Geistes. Weiterhin sehen sich die Geistträger in einem neuen und exklusiven Verhält-

---

als Charisma*; 1 Tim 4,1: Der Geist kündigt endzeitliche Irrlehre an; Offb 14,13: Der Geist verheißt den Glaubenden, dass sie nach dem Tod zur göttlichen Ruhe und zum Lohn für ihre Werke kommen werden.

[1] Volker Lehnert, Die Provokation Israels, Neukirchen-Vluyn 1999.

[2] Vgl. Offb 22,7: „Selig ist, der die Worte der Weissagung in diesem Buch bewahrt"; vgl. 1,3.

nis zu Gott als ihrem Vater und können gewiss sein, dass ihre Hoffnung auf Erlösung erfüllt werden wird. Sie wissen, dass sich Gott mit seinem Geist auf Dauer zu den Menschen begeben hat und in ihren Herzen präsent ist. Sie wissen aber auch, dass Gottes Heilsplan alle Menschen, auch und gerade die „Verlorenen" umfasst. Gotteserkenntnis führt damit direkt zur Aufgabe, diese Erkenntnis weiterzutragen und damit „Zeuge" Gottes zu werden. Prophetie ist in diesem Zusammenhang die vom Geist geschenkte Gabe, den Menschen die verborgenen Zusammenhänge der Weltgeschichte, die Bedeutung historischer Entwicklungen zu entschlüsseln und den Willen Gottes klarzumachen, um so Heil und Leben zu sichern.

Anfrage 11: Wird das Denken durch den Geist abgeschaltet?

Manche Episoden, in denen die Wirkung des Geistes auf Menschen geschildert wird, erwecken den Eindruck, als entzöge der Geist dem Menschen seinen Willen und schalte seinen Verstand ab. So suggerieren es die Szenen, die die Propheten Israels in Verzückung und Ekstase beschreiben (1 Sam 19,20-24 u.a.). Auch Philo von Alexandrien kennt solche ekstatischen Phänomene (Somn II 252). Der Pfingstbericht legt ebenfalls diesen Eindruck nahe; manche Augenzeugen unterstellen jedenfalls den Aposteln Trunkenheit (Apg 2,13). Andere Texte der Apostelgeschichte beschreiben, wie der Geist den Menschen, auch gegen dessen Willen, steuert.
Neben diesen Berichten kommen solche zu stehen, in denen der Geist gewissermaßen den Verstand beflügelt und den Menschen zu besonderen Fähigkeiten verhilft; so werden Josef und Daniel fähig, Träume zu deuten (1 Mos 41.38; Dan 2), Bezalel erhält eine besondere Kunstfertigkeit zum Bau der Stiftshütte (2 Mos 35,30-35).
Das Gros der neutestamentlichen Geisterfahrungen zeigt sich indes durchaus „rational". Die Charismenkataloge des Paulus enthalten – einmal von der Zungenrede abgesehen – Fähigkeiten, die den menschlichen Verstand eher fordern, als dass sie ihn blockieren. Der Geist verhilft dazu, schwierige Situationen besser sehenden Auges zu meistern, organisatorische Aufgaben zu bewältigen, Verantwortung zu übernehmen usw.
So betrachtet, erscheinen Ekstase, Verzückung und Entrückung eher als Einzelfälle neben vielen Geistwirkungen, die den Verstand des Menschen fordern und beflügeln. Der Heilige Geist kann zwar Menschen so „begeistern", dass es Verstand und Vernunft zu widersprechen scheint, er vermag aber genauso, Verstand und Vernunft des Menschen zum Werkzeug höherer Ziele zu machen. In dieser Doppelstruktur entspricht der Geist der Liebe, die ebenfalls als unwiderstehliche Macht und als Antrieb durchaus vernünftigen und verstandesgemäßen Handelns erfahren werden kann.

7 Der Geist und die Wahrheit

Dieses Kapitel setzt das vorige fort und konzentriert es auf die Wahrheitsfrage. Im Grunde ist jede durch den Geist Gottes gewirkte Erkenntnis „wahr". Das gilt sowohl für die Gotteserkenntnis (wer ist Gott in Wahrheit?) und die Christuserkenntnis (ist Jesus der Christus?) als auch für die Prophetie (wie sind Weissagungen und Zeitzeichen richtig zu deuten?). „Wahrheit" meint im griechischen Denken die Aufdeckung dessen, was verborgen ist (*a-létheia:* Das Unverborgene). Im biblischen Denken ist der Begriff weniger statisch als dynamisch verstanden und bezieht sich auf die richtige Deutung der geschichtlichen Ereignisse.[1] Das Neue Testament macht die Frage der Wahrheit explizit da zum Thema, wo sie gefährdet erscheint. Das Johannesevangelium ist hier an erster Stelle zu nennen. Es führt Jesus als den Kronzeugen der Wahrheit ein (Joh 18,37f.). Er verkündigt authentisch die Wahrheit über den Gott Israels und seinen Heilswillen. Ja, er repräsentiert diese Wahrheit *in persona* (Joh 14,6: „Ich bin die Wahrheit"). Jenseits seines irdischen Wirkens ist der Heilige Geist der Kronzeuge der Wahrheit über Gott, Christus und die Christen.

Das Kapitel bespricht in einem ersten Abschnitt, welche Rolle der Geist bei der Vermittlung von Wahrheit ausübt (7.1). Ein zweiter beleuchtet die Funktion des Geistes bei der Durchsetzung umstrittener Wahrheit (7.2). Weiter wird das Problem der Bewahrung der Wahrheit über die Grenzen der Generationen hinweg betrachtet (7.3), zuletzt geht es um die so genannte „Sünde gegen den Geist" und damit um die bewusste und vorsätzliche Negierung der göttlichen Wahrheit (7.4).

7.1 Publikation der Wahrheit über Gott und Christus

Vieles wurde zu diesem Punkt schon gesagt (vgl. Kapitel 5 und 6). Im Folgenden werden der Zusammenhang von Geist und Glauben sowie die Rolle des Geistes bei der Schriftauslegung näher betrachtet.

7.1.1 Stiftung von Erkenntnis und Glauben

Gottes- und Christuserkenntnis sind im Neuen Testament eine Domäne des Geistes. Er vermittelt, neben dem Sohn, die entscheidenden Erkenntnisse über Gott, seine Pläne und Geheimnisse, indem er Propheten und Visionären Einblick hinter die Kulissen der Weltgeschichte gibt (vgl. Abschnitt 6.3). Und er ist der Kronzeuge Jesu, indem er beständig auf dessen Identität hinweist und nach seiner Erhöhung die Erinnerung an ihn hoch-

[1] Kraus, Heiliger Geist 26.

hält. Darüber hinaus steht der Heilige Geist im Hintergrund, wenn Menschen zum Glauben kommen – sei es beim Hören einer Predigt, sei es bei entscheidenden biographischen Begegnungen. So jedenfalls erleben es die Bekehrten selbst, die hinter ihrer freien Willensentscheidung die sanfte und gnädige Lenkung Gottes und seines Geistes sehen.

7.1.2 Inspirierte Schriftauslegung

Was meint Inspiration?

Neben den prophetischen Offenbarungen und der eigenen Biographie gelten die Heiligen Schriften als Erkenntnisquelle. Die Frage der Wahrheit ist eine Sache ihrer richtigen Deutung, und diese ist, so das Neue Testament, eine Sache der Inspiration durch den Geist. Inspiration meint, dass ein Mensch mithilfe des Heiligen Geistes Zusammenhänge wahrnimmt, die den fünf Sinnesorganen verborgen bleiben. Wörtlich meint der Begriff *inspiratio* (lat.) Einhauchung. Gott bzw. sein Geist hauchen dem Menschen ein, was er selbst nicht wahrnehmen kann. Dazu gehören die richtigen Worte bei der Formulierung und bei der Auslegung der Schrift sowie bei der Verkündigung der Wahrheit. „Richtig" ist dabei auf das bezogen, was in einer bestimmten Situation hilfreich und heilvoll ist und sich so als „wahr" erweist. Die wortwörtliche oder Verbal-Inspiration ist hier ein Spezialfall. Die Bibel kennt auch diesen (vgl. etwa die Auslegung von Ps 110,1 in Mk 12,35-37), setzt in der Regel aber einen weiten Inspirationsbegriff voraus. In diesem Sinne kann jede Form des Erfülltwerdens mit Geist Inspiration genannt werden[1] (weiter dazu Anfrage 12).

Inspiration bei der Formulierung…

Die Psalmisten und Propheten Israels gelten als inspirierte Menschen bzw. als Medien, durch die sich der Geist Gottes vernehmbar macht. In diesem Sinne wird der Geist im Neuen Testament regelmäßig als der eigentliche Autor der Heiligen Schriften und Prophetien vorgestellt (2 Tim 3,16; 2 Petr 1,21; vgl. Abschnitt 4.3). Demselben Geist wird auch die jeweilige Aktualisierung alter Weissagungen zugeschrieben. So wird das „Heute" aus Ps 95,7-11 in Hebr 3,7-19 vom Heiligen Geist auf die aktuelle Gemeindesituation bezogen.

---

[1] Mit Berger, Person 181ff. Nach Bergers Verständnis ist die Inkarnation Christi eine „Super-Inspiration"; auch Exorzismen* sind so als Inspirationsakte zu verstehen.

… und bei der Deutung von Schriftworten

Nach 2 Petr 1,21 ist Prophetie ausschließlich eine Sache von Inspiration. Es ist nur konsequent, dass das auch für die Auslegung der Schriften und Prophetien zutrifft, denn Gleiches kann nur durch Gleiches authentisch erkannt und gedeutet werden (2 Petr 1,20). Mithilfe des Geistes können die Christinnen und Christen pneumatische* Zusammenhänge deuten. Das geschieht in einer Sprache und Logik, die nur von inspirierten Menschen verstanden werden kann (1 Kor 2,13-15; vgl. Kol 1,9). Der so genannte allegorische* Schriftsinn verdankt sich dem Geist als Autor der Schrift und wird von ihm auch entschlüsselt.[1]

Die Wahrheit christologischer Schriftauslegung

Die christologische Deutung der Prophetien Israels und damit die Untermauerung der Wahrheit über Jesus Christus ist ein Kernstück theologisch-apologetischer* Argumentation im Neuen Testament. Sie geschieht unter Berufung auf die höchste denkbare Autorität – Gott und seinen Geist. Die so verbürgte Wahrheit des christlichen Glaubens ist nicht hinterfragbar.

7.1.3 Fazit: Der „Webmaster" heilvoller Wahrheit

Gott bringt mithilfe des Geistes seine Wahrheit unter die Menschen, sei es durch inspirierte Propheten und Verkündiger, die den Glauben der Menschen wecken, sei es durch inspirierte Schriftauslegung. Die christologische* Auslegung eröffnet den Blick auf den inneren Zusammenhang von prophetischer Verheißung und ihrer Erfüllung in Jesus Christus, die allegorische* Auslegung lässt die Texte der Bibel als kunstvoll gewebtes Netz erscheinen, in dem alle Fäden miteinander verknüpft sind, so dass jede Aussage durch jede andere Aussage der Bibel erhellt werden kann. Hinter alledem steht der eine Geist Gottes, der die Einheit der Wahrheit verbürgt. „Richtige" Auslegung zeigt sich in je konkreter, heilvoller Wirkung.

7.2 Durchsetzung der Wahrheit

Glaubenswahrheit und -erkennntnis sind nicht jedermann zugänglich und einsichtig. Die Frage der Weitervermittlung der christlichen Wahrheit bzw. ihre Verteidigung und Durchsetzung gegenüber Kritikern, Spöttern

---

[1] Hebr 9,8: der „pneumatische"* Sinn der Tempelarchitektur; 1 Kor 10,4: der „pneumatische" Sinn des Wüstentrunks beim Exodus Israels aus Ägypten; Offb 11,8: der „pneumatische" Name der „großen Stadt".

sowie erklärten Glaubensgegnern ist eine Hauptaufgabe der Kirche seit den ersten Tagen. Der Geist unterstützt sie dabei auf mehreren Ebenen.

7.2.1 Die Aufklärungskampagne des Parakleten

Der „Paraklet" (von gr. *paraklétos* – Tröster, Beistand, Fürsprecher, Anwalt) hat nach den Abschiedsreden des Johannes eine zentrale Funktion bei der Durchsetzung christlicher Wahrheit. Nach Joh 16,8-11 öffnet er der ungläubigen Welt die Augen über den wahren Sinn der Sendung Jesu Christi. Exemplarisch geschieht das durch die Aufklärung über die Begriffe Sünde, Gerechtigkeit und Gericht. Die Zuspitzung dieser Begriffe entlarvt die Sichtweise der Nichtchristen als fatales Fehlurteil: Sünde ist nicht ein Vergehen gegen die Tora*, sondern bedeutet Nichtanerkennung Jesu. Gerecht waren nicht die Verurteilung Jesu und sein Tod am Kreuz; Gerechtigkeit hat vielmehr mit Jesu Weggang und seiner derzeitigen Nichtsichtbarkeit zu tun. Gericht ist kein kommendes Geschehen, in dem die Sünder und Feinde Israels verurteilt würden, sondern ist mit der bereits vollzogenen Absetzung des „Fürsten dieser Welt"[1] erledigt. Mit seiner Aufklärungskampagne avanciert der Paraklet zum Anwalt der Christen und ihres Glaubens. Er stellt menschliche Beurteilungsmaßstäbe und religiöse Kategorien auf den Kopf und verhilft der Sendung Jesu, mag sie auch noch so paradox und unglaubwürdig erscheinen, zu allgemeiner Anerkennung. Diese Überzeugungsarbeit konnte Jesus selbst nicht zu Ende bringen – sein öffentliches Wirken ließ Raum zur Entscheidung für oder gegen ihn; das Wirken des Parakleten lässt am Ende keinen Raum zur Entscheidung mehr, sondern ist zwingend.[2] Den Prozess gegen Jesus hat der *kósmos* zwar in erster Instanz gewonnen, in zweiter aber verloren. Auf die Vollendung des Werkes Jesu dürfen sich die Christen deshalb freuen.

7.2.2 Der Geist als „Bekenntnis-Soufleur"

Der Auferstandene sagt den Jüngern vor seiner Himmelfahrt die Kraft des Heiligen Geistes zu und verknüpft damit ihre Aufgabe, weltweit seine Zeugen zu sein (Apg 1,8; vgl. 5,32). Das meint, sie haben die Wahrheit über Jesus Christus in Verkündigung und Mission auszurichten und gegebenenfalls mit Leib und Leben für sie einzustehen. Um die christologische Wahrheit formulieren und glaubwürdig vertreten zu können, ist Inspiration nötig. Die Wahrheit liegt nicht unverwechselbar und glasklar auf dem Tisch, sondern ist aus vielen möglichen „Wahrheiten" herauszufiltern. Auch ist es nicht gerade ein Kinderspiel, im Ernstfall zu seiner Überzeu-

---

[1] Gemeint ist Satan, in Joh 8,44 als Vater der Juden bezeichnet, die Jesus ablehnen.
[2] Das entspricht der Erwartung des kommenden Menschensohns in Mk 13,24-27parr.

gung zu stehen, dann, wenn es um Kopf und Kragen geht. Wer vor weltlichen Gerichten, und das meint bei vollem Risiko, bei der Wahrheit bleibt, zeigt schier übermenschliche Kraft. Die wird dem Heiligen Geist zugeschrieben. In diesem Sinne ist die Ankündigung Jesu in seiner Ölbergrede zu verstehen, dass man sich für den Ernstfall nicht den Kopf zu zerbrechen braucht: Der Heilige Geist wird die richtigen Worte „soufflieren" (Mk 13,11parr.).

Der Zusammenhang von Bekenntnis und Inspiration wird vom Autor des Ersten Johannesbriefs geteilt: Wer den Geist Gottes hat, findet automatisch zum richtigen Credo*, und umgekehrt: Am richtigen Credo erkennt man den Geist Gottes (1 Joh 4,2). Das heißt, ohne Inspiration gibt es keine christologische Erkenntnis. Ja, das Credo wird eigentlich nicht vom Glaubenden, sondern vom Geist gesprochen. Der Autor des Briefes liefert die richtige Bekenntnisformel gleich mit: Jesus ist der ins Fleisch gekommene Christus (gr. *Iesoús Christós en sarkí elelythós*)[1] bzw. Gottessohn und Retter der Welt (1 Joh 4,14f.; vgl. 5,1-10).

7.2.3 Parrhesie – die Gabe der mutigen Rede

Der griechische Begriff *parrhesía*, von Luther mit „Freimut" übersetzt, meint die Kunst der überzeugenden Rede. Wer *parrhesía* hat, benennt offen die Wahrheit; damit rückt der Begriff in die Nähe von „Zivilcourage". Die Verkündigung erforderte für die Apostel in der Tat Zivilcourage, da der Inhalt des Evangeliums für viele ein Ärgernis darstellte. Das wurde dadurch verstärkt, dass die Apostel als ungebildete Analphabeten galten und als solche keine Anerkennung erwarten konnten (Apg 4,13). Gleichwohl erwiesen sie sich den professionellen Rednern als ebenbürtig, wie die Wirkung der Apostelreden zeigt (vgl. Apg 2,41: Massenbekehrung; 4,13f.: Verwunderung und Sprachlosigkeit). Somit verhilft der Heilige Geist den Aposteln und ihrer Botschaft auch gegenüber Gegnern und Kritikern zum Erfolg. – Ausführlich zur Parrhesie vgl. Abschnitt 11.4.

7.2.4 Die Glaubwürdigkeit des Apostels

Die Akzeptanz des christlichen Glaubens hängt bis heute entscheidend an der Glaubwürdigkeit des kirchlichen „Bodenpersonals". So war es schon zur Zeit des Paulus. Er musste sich immer wieder gegen Vorwürfe der Gemeinden verteidigen, die seinen Apostolat* in Frage stellten. Sie betrafen vor allem Zusagen seines Kommens, die er nicht einhalten konnte. In

---

[1] Die Übersetzung der Lutherbibel hebt auf die Inkarnation* ab: „Jesus Christus ist ins Fleisch gekommen." Beide Übersetzungen sind grammatikalisch möglich. Gegen die Übersetzung der Lutherbibel sprechen 1 Joh 4,14f. und 5,1.

besonders heiklen und umstrittenen Fällen bezieht sich der Apostel auf Gott oder den Heiligen Geist als Kronzeugen seiner Aufrichtigkeit. So beteuert er in Röm 9,1-5 seine Solidarität mit Israel und beruft sich dafür auf das Zeugnis seines Gewissens (V.1). Das Gewissen ist das Organ, durch das der Heilige Geist für die Erkenntnis der Wahrheit sorgt – auf beiden Seiten. Es ist dem Apostel sehr wichtig, seine beständige Sorge um die Gemeinde zu betonen, gerade in den genannten heiklen Fällen. Für seine Glaubwürdigkeit beruft er sich auf Gott als Zeugen (Röm 1,9; 2 Kor 1,23; Phil 1,8). Auch für seine lauteren Absichten und seine moralische Integrität benennt er Gott als Zeugen (1 Thess 2,5.10).

7.2.5 Die Unterscheidung der Geister

Wo Geist gegen Geist steht, wo gegensätzliche Bekenntnisse mit dem Anspruch der Inspiriertheit im Raum stehen, stellt sich die heikle Aufgabe der Unterscheidung der Geister. Die Berufung auf den Heiligen Geist muss durch flankierende Argumente begründet bzw. widerlegt werden.
Hintergrund der Ausführungen im Ersten Johannesbrief ist ein Streit um das richtige Bekenntnis. Bestimmte Kreise im Dunstkreis der Gemeinde bestreiten die Identität Jesu als des verheißenen Christus und kündigen die Gemeinschaft auf. In dieser Situation wird der christliche Glaube auf eine Formel gebracht und durch die Autorität des Geistes untermauert. Das tun offensichtlich auch die Gegner, so dass die Frage einer Unterscheidung der Geister unausweichlich wird: Der Geist Gottes steht gegen den Geist des Antichrists (1 Joh 4,2f.). Zu vermuten ist, dass die andere Seite das genauso sah, nur mit umgekehrten Vorzeichen. Das Dilemma wird vom Autor des Briefes durch die normative Formulierung des Credos* aufgelöst, eine Trennung von der anderen Gruppe erscheint als Folge unausweichlich.

Argumente 1: Geschwisterliche Liebe, Taufe und Kreuzestod

Weitere Argumente bzw. Erkennungszeichen für den Geist Gottes sollen die Position des Autors untermauern: Wo der Gemeinde Gehör entgegengebracht wird, da ist der „Geist der Wahrheit" zu erkennen; wo nicht, da ist der „Geist des Irrtums" aktiv (1 Joh 4,6). Ebenso ist da, wo geschwisterliche Liebe geübt wird, Wahrheit, und wo nicht, ist Lüge (1 Joh 4,20). Schließlich gelten Taufe und Kreuzestod Jesu als die schlagenden, vom Geist und Gott selbst verbürgten Beweise für die Wahrheit des Credos* (1 Joh 5,6-9). Wer dagegen opponiert und damit die Spaltung der Gemeinde vorantreibt, erklärt Gott zum Lügner und begeht eine unverzeihliche Sünde (1 Joh 5,10 in Verbindung mit V.16; vgl. Abschnitte 6.2 und 7.4).

Argumente 2: Ethische und pneumatische Integrität

Paulus hat in seinen Gemeinden zum Teil massiv mit christologischer* Irrlehre so genannter „Überapostel“ zu kämpfen – ein Problem, das er mit dem Wirken eines anderen Geistes bzw. auch direkt mit Satan, der sich als „Engel des Lichts“ verstellt, in Verbindung bringt (2 Kor 11,4.13-15). Als Indiz für die Wahrheit seines Evangeliums führt er seine moralische Integrität ins Feld (2 Kor 11,6-9). Die Gegenspieler seien dagegen Geschäftemacher (2 Kor 2,17). Ethik und Wahrheit in der Lehre gehören demnach aufs Engste zusammen. Die Gabe, die Geister voneinander zu unterscheiden, ist für Paulus ein geistgewirktes Charisma* (1 Kor 12,10). Die christologische Wahrheit ist durch den Geist Gottes überhaupt erst zugänglich und durch ihn gegen alle Zweifel bezeugt. Die Berufung auf den Geist entzieht die Geistträger der intellektuellen Kritik (vgl. 1 Kor 2,15).

Keine Wahrheit ohne Ethik

Die Argumentation der Autoren steht und fällt mit der Anerkennung des Geistes Gottes als letzten, unhinterfragbaren Garantes der Wahrheit. Schriftzeugnis, Erinnerung an Jesu Geschick und Bekenntnisformulierung stützen sich gegenseitig und ergeben ein in sich geschlossenes System. Nicht zu unterschätzen ist schließlich der Zusammenhang zwischen Bekenntnis und Handeln: Nur wer moralisch integer ist und die geschwisterliche Liebe aufrecht erhält, kann Glaubwürdigkeit für sich beanspruchen.

7.2.6 Fazit: Vielfältige Unterstützung der Zeugen

Die christliche Wahrheit ist für die weltliche Logik ein Skandal und gefährdet die geltenden Wertmaßstäbe und damit angestammte Machtpositionen. Gott setzt zur Durchsetzung seiner Wahrheit vorerst auf den sanften Weg seines Sohnes und des Geistes und damit auf die Offenheit und Einsichtigkeit der Menschen. Zu den sanften Mitteln gehören die Stärkung der Glaubenszeugen und Märtyrer sowie die Ausstattung der Verkündiger mit der Kraft mutiger und überzeugender Rede. Entscheidend für die Glaubwürdigkeit Gottes ist die Integrität seiner Zeugen. Die Ethik* wird zur Nagelprobe der Glaubenswahrheit.

7.3 Konservierung der Wahrheit

Zuletzt hilft der Geist Gottes, die Wahrheit zu bewahren und unverfälscht an die folgenden Generationen weiterzugeben. Das Neue Testament bezeugt, dass das ein wichtiges Problem des frühen Christentums war. Es herrscht die Überzeugung vor, dass der Heilige Geist, als der Spender von

Erkenntnis und Wahrheit, entscheidend an dieser Aufgabe mitwirkt. Zu entfalten ist das anhand der Vorstellung vom „Geist der Wahrheit" und anhand der Instruktionen, die Paulus seinen Nachfolgern gibt.

7.3.1 Der Geist der Wahrheit: Kontinuität der Lehre

Der „Geist der Wahrheit" ist in den johanneischen Abschiedsreden der Lehrer der Gemeinde und der Zeuge Jesu Christi nach dessen Erhöhung (vgl. ausführlich dazu Abschnitt 13.4). Der Geist verbürgt die bleibende Verbindung mit Gott und Christus (Joh 14,23) und sorgt so dafür, dass die Christen nicht verloren gehen, sondern die Herrlichkeit Gottes sehen (Joh 17,24). Die bleibende Immanenz* ist zusammen mit dem beständigen Tun des Liebesgebots die wichtigste Voraussetzung für die Erhaltung der Wahrheit. Als Kronzeuge Christi stellt der Geist sicher, dass der Glaube der Gemeinde und die Erinnerung an Jesus nicht verblassen (Joh 15,26). Darüber hinaus vermittelt der Geist der Wahrheit den Christen Kenntnis über die noch bevorstehende Zeit und vollendet so die Lehre Jesu (Joh 16,13-15). Damit ist die Kontinuität der Lehre Jesu sichergestellt und das Problem, dass durch Jesu Weggang der „Faden abreißen" und die Wahrheit seiner Botschaft verfälscht werden könnte, gebannt.

7.3.2 Das anvertraute Gut

Das Problem, in Verbindung mit den Anfängen und am Kern der christlichen Wahrheit zu bleiben, ist auch ein wichtiges Thema der Pastoralbriefe; bezogen ist es hier auf die Konservierung der unverfälschten Botschaft des Apostels Paulus. Der erkennt die Gefahr, dass mit seinem Tod ein Vakuum entstehen und seine Lehre verfälscht werden könnte. Und so instruiert er seinen Schüler Timotheus, alles daran zu setzen, das zu verhindern. Diese Aufgabe kann nur mithilfe des Heiligen Geistes gelingen; er sorgt von innen heraus für die nötige Erkenntnisschärfe und die Immunität gegenüber Irrlehren (2 Tim 1,14; vgl. 1 Tim 6,20). Als „Erkenntnishilfe" gibt Paulus Timotheus noch einige Namen zur Identifizierung beider Seiten an die Hand (2 Tim 1,15-18).[1]

---

[1] Paulus steht mit dieser Aufgabe in der Tradition von 5 Mos 4,2, wo vor Verfälschungen der Tora* gewarnt wird. Ebenso warnt Offb 22,18f. vor Verfälschungen des Wortlauts der Offenbarung. Der Geist wird an diesen Stellen allerdings nicht erwähnt.

7.3.3 Fazit: Dauerhafte Sensibilisierung für die Wahrheit

Der sanfte Weg Gottes bringt es mit sich, dass seine Wahrheit immer wieder Gefährdungen ausgesetzt ist – durch Ermüdung der Glaubenden, Skepsis und Spott sowie durch massive Polemik und Irrlehre. Der Heilige Geist sorgt für die bleibende Verbindung zu den Anfängen des Glaubens, stärkt die Glaubenden in ihrer ethischen Haltung und sorgt für die notwendige Sensibilität gegenüber Verfälschungen der Wahrheit.

7.4 Sabotage der Wahrheit: Die „Sünde gegen den Geist"

Der Heilige Geist sorgt für die Publikation, Durchsetzung und Erhaltung der göttlichen Wahrheit in der Welt. Torpediert wird diese Kernaufgabe durch die „Sünde gegen den Geist". Nach Mt 12,31 wiegt sie noch schwerer als die Sünde gegen den Menschensohn und kann nicht vergeben werden. Was diese Sünde inhaltlich konkret meint, ist nicht leicht zu bestimmen; denn was könnte noch schwerer wiegen, als sich am endzeitlichen Menschensohn-Richter, als der Jesus wiederkommen soll, zu vergehen? Doch scheint selbst dessen Tötung nach Lk 23,34 eine vergebbare Handlung zu sein. Als Grund gibt Lukas die Unwissenheit an, in der sie vollzogen wird. Könnte das der Schlüssel zum Verständnis der unverzeihlichen „Sünde gegen den Geist" sein – ein Handeln wider bessere Erkenntnis?[1]

7.4.1 Bestreitung der göttlichen Vollmacht Jesu

Mt 12,31 (parr. Mk 3,29; Lk 12,10) steht im Kontext der Frage nach Jesu Vollmacht. Jesus heilt einen Besessenen und zeigt damit offenkundig seine göttliche Vollmacht (Mt 12,23). Doch die Pharisäer stellen sie in Frage und sinnieren, ob Jesus nicht vielmehr mit Beelzebul in Verbindung steht (Mt 12,24). Sie tun das gegen alle Logik, wie Jesus ihnen demonstriert.[2] Die Wundertaten sprechen für sich; wer trotzdem Jesus göttliche Vollmacht abspricht, versündigt sich an der geistgewirkten Erkenntnis und damit am Geist Gottes selbst (vgl. auch Apg 7,51: Vorwurf des Stephanus an Israel). Dem nicht zu überbietenden Wert dieser Gabe entsprechend, ist das Handeln wider bessere Erkenntnis eine unverzeihliche Sünde.

---

[1] Anders sieht Kraus, Heiliger Geist 45f., keinen Unterschied zwischen unbewusster und bewusster Schuld und schlägt eine existenzielle Deutung vor: Die „Sünde gegen den Geist" begeht derjenige, der sich von Jesus nicht beunruhigen lässt.

[2] Mt 12,25-29: Warum sollte Satan gegen seine eigenen Dämonen vorgehen?

7.4.2 Aufgeben der geschenkten Erkenntnis

Dieselbe Auffassung vertritt Hebr 6,4-6: Eine zweite Bekehrung ist für diejenigen, die erst getauft wurden und Gottes Gaben – himmlische Erkenntnis, Anteil am Heiligen Geist, das Wort Gottes und Vorgeschmack auf die zukünftige Welt – erhalten haben und dann doch wieder vom Glauben abgefallen sind, unmöglich. Mehr als die genannten Gaben kann Gott nicht geben, eine zweite Bekehrung wäre sinnlos, da sie keine Aussicht auf Erfolg hätte. Möglicherweise steckt die gleiche Sorge dahinter, wenn Paulus in Gal 3,3 die galatischen Christen davor warnt, „im Fleisch" zu vollenden, was sie „im Geist" begonnen haben; alles wäre dann vergeblich gewesen (V.4). Vergeblich wäre auch die Predigt des Apostels und verloren alle Sünder, wenn die Hoffnung auf leibliche Auferstehung der Toten ein Trugschluss wäre (1 Kor 15,12-19). Paulus selbst müsste sich in diesem Fall als falscher Zeuge verantworten (V.15). Bekennen und Verleugnen sind schließlich Thema von Lk 12. Wer Jesus im entscheidenden Moment, und das heißt vor weltlichen Gerichten verleugnet, wird seinerseits vom Menschensohn verleugnet werden (V.8f.12).

7.4.3 „Austesten" des Geistes

Das Treiben des Pärchens Ananias und Saphira wird als Belügen des Heiligen Geistes gedeutet (Apg 5,1-11): Sie unterschlagen einen Teil des Geldes, den sie bei ihrem Eintritt in die Gemeinde zu spenden gehabt hätten. Nicht die Unterschlagung an sich, sondern die Heimlichtuerei ist es, was ihnen das Genick bricht. Denn sie unterstellen damit dem Apostel, dass er nichts bemerken würde. So testen sie aber willentlich den Geist Gottes in Petrus. Sie hätten wissen müssen, dass Petrus aufgrund seines Geistbesitzes den Schwindel entdecken würde! Also haben sie wider dieses Wissen gehandelt. Die Folge ist ihr beider Tod.

7.4.4 Unwürdiger Lebenswandel

Ein unwürdiger Lebenswandel von Getauften kann Betrübung des Geistes Gottes genannt werden (Eph 4,30). Wie ein solcher Lebenswandel aussieht, wird durch einen Lasterkatalog konkretisiert (Eph 4,17-31). Lasterhaftes Tun ist eine Verachtung der Berufung und der Geistesgabe (1 Thess 4,2-8). So ist auch die pauschale Mahnung des Paulus zu verstehen, den Geist nicht niederzuhalten (1 Thess 5,19).

7.4.5 Sabotage am Glauben

Eine Sünde wider bessere Erkenntnis ist schließlich das öffentliche Verleugnen des Glaubens. Wer den Sohn Gottes mit Füßen tritt und sein Bundesblut für unrein erklärt, schmäht den Geist der Gnade und wird hart bestraft (Hebr 2,3; 10,29; vgl. 12,25, dort auf das Abweisen Christi bezogen). 1 Joh 5,16f. spricht in diesem Kontext von „Sünde zum Tode". Am Ende eines Schreibens, das sich vor allem mit dem Problem von Spaltung und Irrlehre auseinandersetzt, ist der Inhalt dieser Sünde klar: Dem, der wider bessere Erkenntnis dem Geist des Irrtums anhängt und der Gemeinde Christi die Solidarität aufkündigt, kann nicht vergeben werden.

7.4.6 Fazit: Wissentliche Behinderung der göttlichen Wahrheit

Wer den Geist Gottes empfangen hat, steht in einer besonderen Verantwortung vor Gott und seinen Mitmenschen. Wer göttliche Erkenntnis hat, die Wahrheit kennt und seiner Verantwortung, diese Erkenntnis und Wahrheit glaubwürdig nach außen zu tragen, nicht gerecht wird, sabotiert das Werk des Geistes. Diese Sünde ist unverzeihlich, da sie den im Geist erkennbaren Weg der Sanftheit Gottes ausnutzt und unkenntlich macht.

7.5 Ergebnis: Management der Wahrheit

Von der Stiftung von Erkenntnis und Glauben über die Verteidigung und Ausbreitung der Wahrheit bis hin zu ihrer beständigen Erhaltung managt der Heilige Geist die Wahrheit über Gott und seinen Sohn. Er ist das Medium, mittels dessen sich Gott unüberhörbar und eindeutig zu Wort meldet, mittels dessen er an die Herzen der Menschen appelliert und zur Klärung zwischen guten und unguten Geistern beiträgt, und mittels dessen er die Wahrheit über seine Pläne und Ziele in der Welt präsent hält. Der Geist Gottes wirkt äußerst vielgestaltig und durchweg effektiv. Menschen erleben ihn als Macht, die heilvoll ihr Schicksal wendet oder als eine, die sie zur eindeutigen Stellungnahme zwingt, in jedem Falle aber als Macht, die in den Herzen der Menschen Platz sucht und sie für die Sache Gottes gewinnen will. Neben spektakulären Aktionen wie Entrückung, Bekehrung oder Vision wirkt der Geist zumeist sanft und subtil, so dass man ihn kaum wahrnimmt. In alledem offenbart der Geist einen Gott, der sichtbar und spürbar, aber letztlich ohne Zwang seine Wahrheit durchsetzt. Es ist ein unverzeihliches Kapitalvergehen, diese deutlichste Manifestation des Heilswillens Gottes zu sabotieren, sei es durch Leugnung der Messianität Jesu, durch eine Verfälschung des Credos*, durch die Verführung zum Abfall oder durch die Zerrüttung der Gemeinde.

Anfrage 12: Ist die Bibel verbalinspiriert?

Abschnitt 7.1 könnte der in der lutherischen Orthodoxie entwickelten Lehre von der Verbalinspiration der Schrift das Wort reden. Sie besagt, dass die Heilige Schrift wörtlich vom Heiligen Geist eingegeben ist. Insofern wäre die Bibel als ganze „Gottes Wort" im wortwörtlichen Sinne: So, wie es da steht, ist es wahr und für alle Zeiten gültig. Das setzt ein zeitloses Verständnis von Wahrheit voraus; Wahrheit hat nach dieser Interpretation nichts mit historischen Zusammenhängen zu tun, sondern ist überzeitlich, situationsunabhängig gültig und formulierbar. Die Aufgabe, antike Glaubenserfahrungen über den „garstigen Graben der Geschichte" hinweg mit aktuellen Erfahrungen zu vermitteln, gegebenenfalls zu kritisieren und zu modifizieren, in jedem Falle aber neu zu formulieren, entfällt nach dieser Lehre. Biblische Aussagen werden dementsprechend „einfach angenommen" und nicht hinterfragt.

Die neutestamentlichen Texte stützen eine solche Lehre nicht, vielmehr weisen sie – in all ihrer Pluralität und Spannung – immer wieder auf ihre historischen Entstehungsbedingungen hin. Jedes der vier Evangelien traktiert eigene Schwerpunktthemen und kommt zu eigenen Formulierungen der Jesusüberlieferung. Die Briefliteratur zeugt von heftigen Spannungen zwischen verschiedenen Schulen, die Apostel erscheinen mehr als Gemeindeseelsorger und „Krisenmanager" denn als Schreibtischtheologen moderner Art. Immer wieder wird das Wechselverhältnis von biographischen Glaubenserfahrungen, aktuellen Problemstellungen und theologischer Argumentation deutlich.

Dass dennoch immer wieder vom Geist Gottes und seiner inspirierenden Kraft gesprochen wird, ist kein Widerspruch. Es besteht vielmehr aller Grund zur Annahme, dass er und sein Wirken im Neuen Testament konsequent historisch verstanden werden: Inspiriert ist das Wort, das in einer bestimmten Situation heilvoll wirkt, Irritation beseitigt und die Gemeinde weiterbringt. Je nach Situation und Kulturkreis führt inspiriertes Reden und Schreiben zu anderen Antworten und Formulierungen. Kurz gesagt: Der Geist ist da erfahrbar, wo sich Situationen heilvoll verändern. Wahrheit wird dort sichtbar, wo sich heilvolle Wendungen ereignen. So ist es die bleibende Aufgabe der Theologie, die Wahrheit des christlichen Glaubens je und je neu zu formulieren. Die neutestamentlichen Schriften dürfen dabei als authentische Modelle gelten, wie schon kurz nach dem Wirken Jesu von Nazareth dessen Wahrheit je und je übersetzt und aktualisiert wurde.[1]

---

[1] Ähnliches meint Kraus, der formuliert: „Was heute Geist ist, wird morgen wieder zum Buchstaben" (Heiliger Geist 62). Seinen auf S.63 geäußerten Einwurf, die Bibelwissenschaft sei die Geschichte geist-loser Konstruktionsversuche, teile ich indes nicht.

Anfrage 13: Kann man denn um Wahrheit streiten?

Die Ausführungen zum Ersten Johannesbrief könnten dahingehend verstanden werden, dass es in der Gemeinschaft von Christen nur eine Meinung geben dürfe, während andere Überzeugungen prinzipiell abzulehnen seien. Im Ersten Johannesbrief geht es um den *status confessionis**, um das Bekenntnis, mit dem die Kirche steht und fällt. Wo es um die Substanz des Glaubens geht, ist kein Kompromiss möglich: Jesus von Nazareth war der ins Fleisch gekommene Christus und Heiland der Welt; eine andere Christologie kann es nicht geben. Dieses Bekenntnis ist die bleibende gemeinsame Grundsubstanz der Christenheit, über die Grenzen der Konfessionen hinweg. Darüber ist auch heute nicht zu streiten. Daneben gibt es aber jede Menge an Themen dogmatischer, ethischer und organisatorischer Art, um die es immer wieder Diskussionen geben wird und geben muss. Ich denke zum Beispiel an die Frage, wie die Rede vom Endgericht heute zu verstehen oder zu predigen sei, oder an den weiten Bereich der Gentechnologie und an Fragen der Gemeindeorganisation. Die geschichtliche Entwicklung beschert uns immer wieder neue Fragen und verlangt uns neue Lösungen ab. Außerdem sind unsere theologischen Erkenntnisse grundsätzlich nur Stückwerk (1 Kor 13,9f.). Daher sind Diskussionen unumgänglich und notwendig. Sie sollten freilich in einem Geist gegenseitiger Wertschätzung und Zurückhaltung sowie im Bewusstsein geschehen, dass niemand den „Stein der Weisen" bzw. die absolute Erkenntnis für sich beanspruchen kann. Eine Streitkultur, in der beide Seiten um die richtige Lösung ringen, ohne sich gegenseitig zu verurteilen und ohne sich auf Kosten der anderen Seite und der Sache zu profilieren, ist vorbildhaft und entspricht dem Geist neutestamentlicher Ethik.

8 Der Geist und das Böse

Im Gegeneinander zwischen Gott und den widergöttlichen Mächten hat der Heilige Geist eine Schlüsselrolle. Der Kampf zwischen bösen und guten Geistern um den Menschen ist ein festes Motiv apokalyptischer* Weltanschauung. Klassisch ausformuliert findet man das Motiv in den Schriften von Qumran. Gute und ungute Geister stehen hier in einem kosmischen Konflikt und kämpfen im Menschen um die Herrschaft.[1]
Nach der Darstellung der Strategien des Bösen (8.1) wird der Geist als Aufklärer über den tieferen Sinn unumgänglichen Leidens eingeführt (8.2). Weiter ist seine Rolle bei der Immunisierung der Glaubenden gegen das Böse zu besprechen (8.3). Die Exorzismen* Jesu demonstrieren beispielhaft, wie der Geist dazu befähigt, die Mächte des Bösen zurückzudrängen (8.4). Aber auch im täglichen Kampf der Glaubenden gegen die Sünde und das Böse bietet der Geist Gottes wichtige Unterstützung (8.5). Die endgültige Vernichtung des Bösen ist Thema von Abschnitt 8.6.

8.1 Die Strategien des Bösen

Die Wirkweisen des Bösen sind nach der Bibel ähnlich vielgestaltig wie die des Geistes Gottes. Satan versucht auf unterschiedliche Art und Weise, Einfluss auf den Menschen zu nehmen und ihn von Gott abzubringen. Er plagt mittels seiner Dämonen die Menschen durch körperliche und psychische Gebrechen (vgl. Abschnitt 2.4), tritt an entscheidenden Punkten der Geschichte persönlich auf oder bedient sich menschlicher Handlanger.

8.1.1 Verführung mit allen Mitteln

Die erste und entscheidende Auseinandersetzung Jesu mit Satan findet in der Wüste statt (Mt 4,1-11parr.). Das wichtigste Mittel Satans in dieser Szene ist die Verführung. Satan versucht Jesus zur kurzfristigen Stillung von Bedürfnissen sowie zu weltlicher Macht und Ansehen zu verleiten. Auch die Vermeidung von Leiden und Tod gehört zu seinen reizvollen Versprechen; so wird die allzu menschliche Reaktion des Petrus, der Jesus von seinem Leidensweg abbringen möchte, als satanische Strategie, die dem göttlichen Plan entgegenarbeitet, gegeißelt (Mk 8,33).

---

[1] 1 QS 3,13-4,26*; CD 5,18*; vgl. Test Jud 20,1f.* Ausführlich dazu Schweizer, Heiliger Geist 50f., und Schäfer, Art. Geist 173.

8.1.2 Instrumentalisierung von Menschen

Satan wirkt in und durch Menschen, die er als Handlanger missbraucht. Beispiele kennt bereits die Hebräische Bibel, wo die unguten Geister den betroffenen Menschen keine Gegenwehr lassen. So kommt der Geist der Eifersucht über die Menschen (4 Mos 5,14), der Geist der Hurerei verführt sie bzw. sitzt in ihren Herzen (Hos 4,12; 5.4). Auch im frühen Judentum sind böse Geister, die die Menschen manipulieren, eine bekannte Kraft (Tob 6,17f.; Weish 7,20).[1] Diese Wirkweise des Bösen setzt sich im Neuen Testament fort: Um Jesus ans Messer zu liefern, bedient sich Satan des Judas Ischariot (Lk 22,3; Joh 13,2.27). Jüdische Gemeinden, die gegen die Christen operieren, gelten als „Synagoge des Satans" (Offb 2,9; 3,9), der römische Kaiser als Erfüllungsgehilfe Satans (Offb 13,18[2]). Weltliche Herren scheinen mit den bösen Geistern verbündet zu sein (Eph 6,12), Satan benutzt einen „Aufhalter", der seine wahre Identität möglichst lange verschleiert (2 Thess 2,7f.). Rom bzw. das apokalyptische* „Babylon" gelten für den Seher der Offenbarung als Behausung des Teufels (Offb 18,2), Gemeindelehrer werden als „Antichristusse" eingespannt (1 Joh).

8.1.3 Die Kunst der Verstellung

Eine besonders teuflische Strategie besteht in der Verstellung: Satan erscheint in Gestalt eines Lichtengels (2 Kor 11,14) oder eines Menschen und wird so von den Glaubenden erst einmal gar nicht erkannt. Dieses Problem steht hinter dem Gleichnis vom Unkraut unter dem Weizen (Mt 13,24-30): Den Feldarbeitern wird verboten, die Saat des Feindes zu jäten, weil sie sich vom guten Weizen (noch) nicht unterscheiden lässt. Erst zur Erntezeit ist beides klar zu unterscheiden und zu trennen. Matthäus zeigt hier gleichsam ein strukturelles Verständnis des Bösen: Das Böse und das Gute sind gegenwärtig ineinander verflochten und bilden eine Art „Schicksalsgemeinschaft". Mithilfe der Verstellungsstrategie versucht Satan weiterhin, die Christen in die Irre zu führen; in seiner Ölbergrede (Mk 13parr.) warnt Jesus vehement vor so genannten „Pseudochristussen" und „Pseudopropheten", die Lügen verbreiten und behaupten, in ihnen sei der Auferstandene auf die Erde wiedergekommen. Zeichen und Wunder gehören ebenfalls zu den Verstellungsstrategien Satans (Mt 24,24; 2 Thess 2,8f.; Offb 13,13; 16,13f.).

[1] Mit Schweizer, Heiliger Geist 30f.

[2] Die Zahl „666" stellt ein gematrisches* Rätsel dar und bedeutet dechiffriert „Kaiser Nero". Dazu Vincenzo Petracca, Zahlenmystik und Gematrie, in: K. Erlemann u.a. (Hgg.), Neues Testament und Antike Kultur Bd.3, Neukirchen-Vluyn 2005, 240-243.

8.1.4 Verhinderung des Glaubens

Satan torpediert die Bemühungen, Menschen aus seinem Einflussbereich zu befreien von der ersten Minute an – so die Deutung der Missionsarbeit in Apg 26,15-18. Die Juden, die Jesus ablehnen, werden „Kinder des Teufels" genannt (Joh 8,44). Satan verblendet die Ungläubigen, so dass sie erst gar nicht zum Glauben kommen (2 Kor 4,4). Der „Mächtige, der in der Luft herrscht", ist in den „Kindern des Ungehorsams" am Werk (Eph 2,2).

8.1.5 Irrlehre und Spaltung

Angriffe auf die Neubekehrten setzen die Strategie Satans fort (Eph 6,12; 1 Thess 3,5 u.a.). Irrlehre, Abfall vom Glauben und Spaltung zählen zu seinem Repertoire. Durch diese Mittel wird die christliche Gemeinde zersetzt und von innen heraus zerstört. Die Jünger Jesu werden von Satan, bildhaft gesprochen, „gesiebt" (Lk 22,31, vgl. Dan 11,35). Irrlehren, Unglaube und Spaltungen sind ein Hauptthema der zweiten christlichen Generation, die um die Erhaltung der unverfälschten Lehre Jesu und der Apostel ringt (Mt 24,24; 2 Thess 2,3; Eph 2,2; 1 Tim 4,1; 1 Joh 2,18 u.a.). Der Erste Johannesbrief setzt sich mit so genannten „Antichristussen" auseinander, die von innen heraus versuchen, das Credo* aufzuweichen und die Gemeinde zu spalten. Für den Autor manifestiert sich das Böse in Menschen, die gegen Christus und seine Gemeinde operieren. Verführerische Geister und satanische Lehren gehören zu den Zeichen der Endzeit, in der Satan noch einmal seine Macht ausspielt (1 Tim 4,1; Offb 20,3.7).

8.1.6 Sünde und Begierde

Paulus sieht Satan vor allem als Macht der Sünde aktiv, die den Menschen im Griff hält und sie mittels der Begierden als „Waffen der Ungerechtigkeit" benutzt (Röm 6,13). Nach seiner Auffassung ist der menschliche Leib die Angriffsfläche des Bösen schlechthin; am Verhältnis des Menschen zu seinem Körper entscheidet sich der Kampf zwischen Gottes Geist und der Sünde (weiter dazu Abschnitt 8.5). Zum Abschluss des Römerbriefs sagt Paulus das Ende des kosmischen Kampfes an: „Der Gott des Friedens wird den Satan unter eure Füße treten in Kürze" (Röm 16,20).

8.1.7 Verklagung der Menschen vor Gott

Zuletzt erhält Satan, neben anderen Mächten am himmlischen Thron Gottes, die Funktion als „Chefankläger" der Menschen im Endgericht zugesprochen (Offb 12,10; vgl. Röm 8,31-39). Damit ist mythisch ausgedrückt, was das Ziel der vielfältigen Aktivitäten Satans ist: Den Menschen im Endgericht „durchfallen“ zu lassen und damit Gottes Bemühungen um das Heil der Menschen zu torpedieren. Doch hat Satan diese Schlüsselposition durch den Tod Jesu eingebüßt (Joh 12,31; Hebr 2,14; Offb 12,10).

8.1.8 Fazit: Sabotage des göttlichen Weges mit allen Mitteln

Die so genannten „vitalen Interessen“ des Menschen – Stillung von Grundbedürfnissen, Streben nach Macht und Anerkennung, Durchsetzung der eigenen Interessen, Vermeidung von Leiden – sind das Einfallstor des Bösen. Negative Emotionen werden auf den Einfluss Satans und seiner Geister zurückgeführt. Der Mensch erscheint dabei als leicht manipulierbares Wesen. Ohne den Geist Gottes kann er das Böse nicht einmal sicher erkennen, da es oft in der Gestalt des Guten daherkommt. Das Treiben des Bösen zielt darauf ab, Gottes Heilsplan zu sabotieren und den Weg seiner Sanftmut als Sackgasse zu erweisen.

8.2 Aufklärung über den Sinn des Leidens

8.2.1 Wer ist für das Böse verantwortlich?

Nachdem in Abschnitt 2.1 die Frage nach dem Woher des Bösen angeschnitten wurde, steht hier die Frage, wer für das Leiden in der Welt verantwortlich ist – Gott oder der Mensch? – im Fokus der Überlegungen.[1]

Der Mensch schafft sich sein Unglück selbst…

Grundsätzlich gilt Gott als Urheber nicht nur des Guten, sondern auch des Bösen. So heißt es in Jes 45,6f.: „Ich bin der Herr, und sonst keiner mehr, der ich das Licht schaffe und die Finsternis, der ich Frieden gebe und schaffe Unheil. Ich bin der Herr, der dies alles tut.“ (vgl. Am 3,6; Klgl 3,37). Neben solchen Aussagen stehen andere, in denen der Mensch sich durch entsprechendes Verhalten sein Unheil selbst schafft. Klassisch formuliert wird das etwa in den Antworten der Freunde Hiobs (Hi 4-27). Beim Zusammenhang zwischen Verhalten und nachfolgendem Ergehen steht Gott als Anwalt der Gerechtigkeit Pate. Die Antwort auf die Frage nach der Gerechtigkeit Gottes angesichts von Leid und Unrecht in der Welt (die Theodizeefrage*) wird hier im Menschen selbst gesehen. Anders urteilt Jesus, der diesen Kausalzusammenhang leugnet (Joh 9,2f., Heilung des Blindgeborenen): Weder der Blinde noch seine Eltern haben gesündigt; entscheidend ist, dass der Blinde Anlass dazu gibt, Gottes Werke öffentlich

---

[1] Zum Folgenden vgl. Erlemann, Wer ist Gott 46ff.

zu machen. Der lukanische Jesus hält am Tun-Ergehen-Zusammenhang* fest, generalisiert ihn aber: Alle Menschen laufen in ihr Unglück, es sei denn, sie tun Buße (Lk 13,1-5, Der Untergang der Galiläer und der Turm von Siloah).

… oder wird von Gott auf die Probe gestellt

Krankheit, Leiden und Unglück werden in manchen Texten als Mittel zur Erziehung und Bewährung des Menschen interpretiert. So in klassischer Form im Vorspiel zum Buch Hiob, wo Satan als einer der Engel im himmlischen Thronrat das Mandat erhält, Hiobs Frömmigkeit auszutesten (Hi 1,6-12). Ähnlich wird Jesus vom Heiligen Geist in die Wüste geführt, um dort von Satan versucht zu werden (Mt 4parr.). Nach Hebr 12 ist es ein Erweis der Vaterliebe Gottes, dass er die Glaubenden durch Züchtigung zum Leben führt. Hier und jetzt eine kleine Zeit zu leiden gilt geradezu als Privileg, da hierdurch das ewige Heil regelrecht „erarbeitet" werden kann (Röm 8,18; 2 Kor 4,17f.; 1 Petr 1,6; 4,17-19). In apokalyptischen* Texten sind endzeitliche Versuchungen in Gottes Geschichtsplan eine feste, unumgängliche Hürde, durch die die Spreu vom Weizen getrennt wird (Dan 11,34f.; 12,10; Mk 13parr.; 1 Kor 10,6-13; 2 Thess 2; Offb).

8.2.2 Hoffnung und Beistand im Leiden

Der Zusammenhang zwischen scheinbar sinnlosem Leiden und dem Leben der Glaubenden als dem höheren Ziel Gottes wird nach neutestamentlicher Auffassung durch den Geist Gottes aufgedeckt. Er steht an der Stelle des Deuteengels (*angelus interpres*), der in apokalyptischen* Texten den tieferen Sinn von Träumen und Visionen entschlüsselt. Er schenkt nach Röm 8 den Glaubenden Gewissheit über ihren Status bei Gott (V.14-17) und die hoffnungsvolle Überzeugung, dass die jetzigen Leiden zur Herrlichkeit hinführen (V.18). Er hilft der Gemeinde in ihrer Schwachheit auf (V.26f.) und schenkt als „Vorschuss" (gr. *arrabón*) Paulus die Kraft, seine Leidenssituation auszuhalten (2 Kor 4,17-5,9). Er verhilft den Glaubenden zum Durchhalten vor Gericht (Mk 13,11) und ruft, zusammen mit der „Braut" Christus, die Glaubenden zum Wasser des Lebens (Offb 22,17).

8.2.3 Fazit: Der Geist schenkt Hoffnung im Leiden

Ganz gleich, ob der Mensch oder letztlich Gott selbst für das Leiden in der Welt verantwortlich zu machen ist, macht der Heilige Geist den Glaubenden Leiden als überschaubare Durchgangsstation auf dem Weg zum Leben und als Situation, die von Gott letztlich im Griff gehalten und aushaltbar gestaltet wird, durchschaubar. Diese Erkenntnis fördert die Motivation, nach vorne zu blicken und anstehende Konflikte durchzustehen. Daneben ist der Geist ein Mittel Gottes, um die Seinen vor allen möglichen Angriffen des Bösen zu schützen. Davon ist im folgenden Abschnitt die Rede.

8.3 Immunisierung der Glaubenden

Gott schützt die Seinen gegen den Zugriff des Bösen. Das ist ein Allgemeinplatz biblischer Theologie. So zieht bereits der königliche Hofmeister Obadja in Betracht, der Geist des Herrn könnte Elia an einen unbekannten Ort entführen (1 Kön 18,12; vgl. 2 Kön 2,16). Das Neue Testament beschreibt unterschiedliche Strategien, wie der fürsorgliche Gott die Seinen vor dem Zugriff des Bösen schützt. Einige Maßnahmen Gottes, wie die Zusage der Gebetserhörung (Mt 7,7-11; Lk 18,1-8; Joh 16,23f.) oder die Manipulation der Zeit zugunsten der Menschen, sind hier zu nennen.[1] Dem Heiligen Geist kommt in dem Zusammenhang wiederum eine prominente Rolle zu.[2]

8.3.1 „Heiligung"

Was meint „heilig"?

„Heilig" ist, religionsgeschichtlich gesehen, ein Bereich, der dem Religiösen zugeordnet und vom Profanen* streng unterschieden ist. „Heiligen" meint aussondern, für Gott reservieren bzw. ins Göttliche integrieren. So, wie Gott heilig ist, soll es auch Israel sein (3 Mos 19,2; vgl. 20,8). Um Gott begegnen zu können, muss sich der Mensch heiligen. Gottes Herrlichkeit heiligt bestimmte Bereiche, in denen sich Gott aufhält (2 Mos 29,45f.). Wen Gott heiligt, den bewahrt er unversehrt (1 Thess 5,23). So ist Jesu Bitte in seinem „hohenpriesterlichen Gebet" zu verstehen (Joh 17,17-19). Wer durch den Geist geheiligt ist, ist von Gott erwählt (1 Thess 4,7f.; 2 Thess 2,13; 1 Petr 1,2). Wer geheiligt ist, ist gegenüber dem Unheiligen immun. Dem entspricht, dass Paulus die Unverheirateten als „heilig an Leib und am Geist" bezeichnet (1 Kor 7,34). Der Prozess der Heiligung mündet in die ewige Gemeinschaft mit Gott.[3]

---

[1] Mk 13,20, vgl. 1 Kor 10,13: Verkürzung der Zeit; 2 Petr 3,9: Verzögerung des Endgerichts. Dazu Kurt Erlemann, Naherwartung und Parusieverzögerung. Ein Beitrag zur Frage religiöser Zeiterfahrung (TANZ 17), Tübingen / Basel 1995.

[2] Vgl. auch Erlemann, Wer ist Gott 55-58.

[3] Mit Kraus, Heiliger Geist 126.

Heiligkeit ist ansteckend

Eine Schlüsselrolle kommt dabei dem Geist Gottes zu. Er hat die Kraft, das Unheilige zu überwinden und das Unreine rein zu machen. Das heißt, die Heiligkeit des Geistes Gottes wirkt ansteckend, sie ist übertragbar. Diese offensiv wirkende Kraft ist sogar in der Lage, nichtgläubige „Heiden“ zu heiligen, so dass sie ein Gott wohlgefälliges „Opfer“ werden (Röm 15,16). Wer, wie die ehemals nichtgläubigen Korinther, durch die Taufe reingewaschen ist, ist geheiligt und gerecht durch den Namen Jesu Christi und durch den Geist Gottes (1 Kor 6,11). Die Heiligung hat zur Folge, dass der Mensch mit seinem ganzen Körper dem Göttlichen zugehört und diesen dementsprechend wertschätzen soll.[1]

Heiligung und Glaube

Die Heiligung durch den Geist geht mit dem Glauben an die Wahrheit einher (2 Thess 2,13). Die Initialgabe* des Geistes und der Glaube ergänzen einander und verstärken sich wechselseitig (Apg 10,43f.: Der Geist folgt aus dem Glauben). Dazu vgl. Abschnitt 12.3.

8.3.2 „Versiegelung mit dem Geist“

Ein anderes Bild für die Immunisierung gegen das Böse ist die „Versiegelung“ der Glaubenden (Eph 1,13f.; 4,30; Offb 7,4). Das Bild betont den Schutz, den der Inhalt des Versiegelten (ein Brief, eine Wertsache, ein wichtiges Dokument, ein Tatort) genießt. Das Aufbrechen eines Siegels ist eine strafbare Handlung. Nach dem Neuen Testament ist es Gott, der die Seinen „versiegelt“ und sie damit schützt. Wer sich an Glaubenden als den „Versiegelten“ Gottes vergreift, vergreift sich an Gott selbst. Umgekehrt gilt, ähnlich wie bei der Rede von „Heiligung“, dass der Versiegelte in exklusiver Weise Gott zugehört und dementsprechend seiner Umwelt entnommen ist (Eph 1,13f.). Seither steht er in ethischer Verantwortung vor Gott und seinem Geist (Eph 4,30).
Nach dem Epheserbrief ist der Heilige Geist selbst das Siegel und die Taufe der Akt der Versiegelung. Wer getauft ist, steht damit bis zum Tag der Erlösung unter dem besonderen Schutz Gottes. Außerdem ist er Träger der Verheißung und besitzt die Anwartschaft auf die Erlösung (Eph 1,14), denn der Geist ist die „Vorschussgabe“ Gottes auf sein „Erbe“ (weiter dazu Abschnitt 12.4). Es muss im Epheserbrief nicht ausgeführt werden, dass der Glaubende ohne Versiegelung mit dem Geist ein Machtvakuum darstellen würde – ein gefundenes Fressen für die Sünde.

---

[1] 1 Kor 6,15: Gliedmaße sind Gliedmaße Christi; 6,19: der Körper ist „Tempel des Geistes“; vgl. 1 Petr 1,2: Aus der Heiligung folgt der Aufruf zum Gehorsam.

Als besondere Schutzmaßnahme versiegelt Gott 144.000 Repräsentanten Israels, bevor die endzeitlichen Katastrophen einsetzen (Offb 7,1-8). Die Erwählten bekommen den Namen Christi auf die Stirn geschrieben und gelten als von Gott erkaufte Erstlinge unter den Menschen (Offb 14,1-5). Voraussetzung der Versiegelung ist nach Offb 14 eine untadelige Lebensführung, vor allem sexuelle Abstinenz und Wahrheitsliebe (V.4f.).

8.3.3 Fazit: Gott entzieht Satan den Boden

Gegen die Übergriffe des Bösen schützt Gott die Seinen, indem er sie in vielfältiger Weise stärkt und abschottet. Er hat ein offenes Ohr für die Hilferufe der Menschen und strapaziert niemanden über Gebühr (1 Kor 10,13). Durch Heiligung und Versiegelung markiert Gott seine Schutzzone und entzieht die Seinen dem Zugriff Satans. Die Antwort des Menschen besteht in einem Lebenswandel, der dem Geist Gottes Raum zur Entfaltung gibt und so die Sphäre des Heiligen ausweitet.

8.4 Exorzismen: Offensive gegen die Geister

Am Beispiel der Dämonenaustreibungen Jesu lässt sich das geistgewirkte Vorgehen gegen das Böse exemplarisch studieren. Jesus war dank des Heiligen Geistes gegen die Verlockungen von Macht und Selbstdarstellung immun. Das zeigt programmatisch die Versuchungsgeschichte (vgl. Abschnitt 4.2). Die altertümlich anmutenden und schwer verständlichen Exorzismen* machen den kosmischen Machtkampf sichtbar und erlebbar.

8.4.1 Formen des Exorzismus*

Dämonenaustreibungen verlaufen in den Evangelien nicht immer so spektakulär wie im Falle des besessenen Geraseners (Mk 5,1-20parr.). In einigen Fällen nimmt der Dämon schon Reißaus, wenn Jesus ihn bedroht (Mt 17,18; Mk 1,25par Lk 4,35). Oft genügt das Wort Jesu, das heißt die vollmächtige, durch den Geist autorisierte Verkündigung, um die Dämonen zu vertreiben (Mt 8,16); Verkündigung und Heilung gehen Hand in Hand. Wo die Geister vertrieben werden, kehrt Gesundheit ein (Mt 10,1). Das Johannesevangelium berichtet hingegen nicht von Exorzismen. Die Überwindung des Bösen geschieht hier durch Jesu Passion – sie ist das eigentliche Gericht über den Fürsten dieser Welt (Joh 12,31; vgl. Hebr 2,14). Mit dem gehorsamen Tod am Kreuz ist Jesu Aufgabe vollbracht (Joh 19,30). Andere Texte weisen in dieselbe Richtung: Nach Lk 10,18 sieht Jesus den Satan „wie einen Blitz" vom Himmel fallen, Kol 2,15 deutet das Wirken Christi als Entmachtung der Mächte und Gewalten, 1 Joh 3,8 sieht den

Zweck seiner Sendung in der Zerstörung der Werke des Teufels. Der Weg Jesu ans Kreuz hat, so lässt sich formulieren, eine exorzistische Wirkung.[1]

8.4.2 Expansion des Gottesreiches

Unter dem Vorzeichen der Überwindung Satans in der Wüste sind die Dämonenaustreibungen entweder als Nachhutgefechte oder als öffentliche Manifestierung jenes Sieges Jesu zu deuten. In jedem Falle greift dort, wo die Dämonen zum Rückzug gezwungen werden, das Reich Gottes Raum (Mt 12,28).[2] Seine Ausbreitung vollzieht sich dadurch, dass Menschen von bösen Geistern befreit und vom Geist Gottes erfüllt werden. Gott herrscht da, wo Menschen in seinem Geist leben und handeln, und wo es Gerechtigkeit, Frieden und Freude im Heiligen Geist gibt (Röm 14,17).

8.4.3 Die Gegenwehr der Dämonen

Die Dämonen sind der verlängerte Arm Satans (vgl. Abschnitt 2.4). Sie wirken auf die von ihnen Besessenen verunreinigend und krank machend. Als himmlische Wesen haben sie übermenschliche Erkenntnis und wissen sofort, noch vor allen Jüngern und Augenzeugen, wer Jesus ist. In einer Art Verzweiflungsakt schreien sie die Wahrheit laut heraus.[3] Doch gegen die Vollmacht Jesu und der Apostel kommen sie nicht an.

Der Befehl Jesu, die Dämonen sollen den Mund halten, greift nicht; manche Augenzeugen des Geschehens sehen daraufhin in Jesus den Herrn der bösen Geister (Mk 1,27f.; Lk 4,36f.; vgl. Mk 1,34; Lk 4,41). Und so tragen die Dämonen trotz ihrer momentanen Niederlage dazu bei, dass Jesus die Vollmachtsfrage zum Verhängnis wird und er seinen Sieg über die Dämonen am Ende mit dem Leben bezahlen muss.

8.4.4 Fazit: Machtvolle Rückgewinnung der Verlorenen

Die Exorzismen* Jesu zeigen, wie Gott seine Herrschaft ausbreitet: Durch Befreiung der Unreinen, Kranken und Besessenen und ihre Erfüllung mit Heiligem Geist. Zur Überwindung des Bösen ist Jesus deshalb in der Lage, weil er den Verlockungen der Welt widersteht und bereit ist, bis zur letzten Konsequenz den Weg der Sanftmut und des Gewaltverzichts zu gehen.

---

[1] So Berger, Teufel 163, unter Verweis auf Joh 12,31; Hebr 2,14 und Offb 12,10.

[2] Nach der Parallelstelle Lk 11,20 ist es Gottes Finger, mit dem Jesus den Kampf gegen die Dämonen ausficht. Vgl. dazu Anm.3 im Abschnitt 3.3.1.

[3] Mk 1,24; Lk 4,34: Du bist der Heilige Gottes!; Lk 4,41: Du bist der Sohn Gottes!; vgl. Apg 8,7.

8.5 Überwindung des Bösen: Eine Lebensaufgabe

Mit der Überwindung Satans und seiner Dämonen durch Jesus ist ein Anfang gesetzt, der das Ende des Bösen unwiderruflich einläutet. Freilich sind die Menschen durch Jesu Tat dem Zugriff der Sünde und der Versuchung nicht bleibend entzogen; da das Böse vorerst noch in der Welt wirkt, müssen die Menschen weiter vor ihm geschützt werden. Das geschieht zuerst im Akt der Taufe, so wie Paulus ihn versteht. Das geschieht aber auch durch den täglichen Kampf gegen das Böse im Inneren des Menschen. Der Geist bietet hierbei entscheidende Unterstützung.

8.5.1 Taufe als ein „der Sünde Absterben"

Der Mensch ist der Schauplatz des kosmischen Machtkampfes. Er kann nicht autonom über sich selbst bestimmen und auch keine Beobachterrolle in diesem Szenario einnehmen. Er untersteht vielmehr immer entweder der einen oder der anderen Seite (weiter dazu Abschnitt 2.1). Nach Auffassung des Paulus bleibt der Mensch, der nicht den Geist Gottes empfängt, zwangsläufig an die Mächte der Sünde und der Begierden gebunden. Es drängt sich das Bild einer Ehe auf: Solange Mensch und Sünde lebendig sind, ist ihre Verbindung unauflöslich. Im Akt der Taufe hat der Mensch die Gelegenheit, der Sünde symbolisch „abzusterben" und so frei zu werden für eine neue Bindung – an Gott und seinen Heiligen Geist (Röm 6,7).

8.5.2 Der tägliche Kampf im Menschen

Satan und seine Dämonen sind im Neuen Testament das negative Pendant des Erzengels Michael und seiner guten Engelgeister. Doch nur an einer einzigen Stelle, in Offb 12,7, stehen beide Gruppen frontal gegeneinander. Ansonsten bekämpfen nicht die Engel unter Michael Satan und die Dämonen, sondern Jesus, der Heilige Geist und die Geistträger. Die Überwindung des Bösen erscheint damit nicht als ein mythischer Kampf, sondern als ein vielschichtiges, komplexes Geschehen im Dreieck Gott – Satan – Menschen. Die Menschen sind hier nicht Zuschauer, sondern aktive Teilnehmer dieses Kampfes, ja sogar der Ort des Kampfgeschehens.

Die Taufe als Anfang eines lebenslänglichen Prozesses

Die Taufe bewirkt nicht automatisch das Heil, sie ist vielmehr ein Anfang. Die Umsetzung dessen, was in der Taufe symbolisch passiert, ist eine Sache alltäglicher Bewährung. Das Leben ist ein „Kampf des Glaubens" (1 Tim 6,12), eine sportliche Herausforderung mit hohem „Trainingseinsatz". Der Heilige Geist und das Wort Gottes sind der entscheidende Teil

der „Rüstung" der Christen gegen das Böse (Eph 6,17). Der „Kampfpreis" besteht im ewigen Leben (1 Kor 9,24-27).
Generell heißt der geforderte Weg „leben nach dem Geist" (Röm 8,1-13) bzw. den „Gesetzmäßigkeiten des Geistes" folgen (Röm 8,2). Trotz der Taufe besteht das Risiko, am Ende „im Fleisch zu vollbringen, was im Geist begonnen wurde" (Gal 3,3). Deshalb kommt es im täglichen Leben darauf an, sich von Gottes Geist erfüllen zu lassen; denn es darf kein Vakuum entstehen, das nur zu leicht wieder durch die Sünde bzw. die „Taten des Fleisches" (Röm 8,13; vgl. Gal 5,16) gefüllt wird. Der Mensch, der nach den Gesetzmäßigkeiten des Fleisches (gr. *katá sárka*) lebt, bleibt in der alten Bindung, die zum Tode führt. Der Mensch, der nach den Gesetzmäßigkeiten des Geistes (gr. *katá pneúma*) lebt, stirbt zwar auch irgendwann physisch, doch trägt er die Gewähr auf ein Leben nach dem Tod in sich. Zum „Leben nach dem Geist" vgl. Abschnitt 9.3.

Der Versuchung keine Chance geben

Der Versuchung keine Chance geben – das ist ein Grundtenor neutestamentlicher Ethik*. Unterschiedliche Rezepte werden dafür ausgegeben: Nach dem Lukasevangelium schützt vor Versuchung besonders das Gebet.[1] Vorbild zu sein und fürsorglich mit den „Kleinen" umzugehen ist nach dem Matthäusevangelium nötig, damit niemand auf Abwege gerät (Mt 18,6-9). Permanente Wachsamkeit ist angesagt, um im entscheidenden Moment als Christ erkannt zu werden (vgl. die „Parusie*gleichnisse" Mt 24,42-44 und 25,1-13). Nach den johanneischen Schriften hält die geschwisterliche Liebe den Kontakt zu Gott, zu Christus und zum Geist intakt (Joh 13,34f.; 15,9-17; 1 Joh 2,7-11). Paulus wird in Sachen Schutz vor Versuchung am konkretesten: Eheleute sollen regelmäßig Sex haben, damit ungute Versuchungen erst gar nicht aufkeimen (1 Kor 7,5; „Auszeiten" vom Sex sind nur erlaubt, um zu beten), Gemeindeglieder sollen sich in gegenseitiger Rücksichtnahme und gegebenenfalls Selbstzurücknahme üben, damit das schützende Miteinander in der Gemeinde erhalten bleibt (1 Kor 6,12; 10,23: „Alles ist erlaubt, aber nicht alles dient zum Guten"), Tugend- und Lasterkataloge benennen das geforderte Verhalten konkret (Gal 5,19-26, Kol 3,5-17 u.a.). Zu vermeiden sind vor allem Unzucht, Unreinheit, Maßlosigkeit, Götzendienst, Streit und Eifersucht, zu pflegen sind besonders Verzicht auf Selbstdarstellung, Friede, Güte, Geduld, Treue, Keuschheit und ähnliche Konkretionen der Liebe.

---

[1] 11,4: die Bitte gegen die Versuchung als Abschluss des Vaterunsers; 22,40.46: Jesus in Gethsemane; 21,36: Schlussermahnung der Ölbergrede; vgl. 1 Thess 5,17.25 und Jud 20: Schlussermahnung des Apostels; Kol 1,9-11: Fürbitte zur Stärkung der Gemeinde.

Ein kosmischer Kampf bis aufs Blut

Im gesamten Neuen Testament zielen die Ermahnungen darauf, den innigen Kontakt zu Gott, Christus und dem Geist nicht zu verlieren; nur die bleibende Präsenz Gottes bietet die Gewähr, das Böse dauerhaft in Schach zu halten. Der Kampf gegen das Böse wird besonders bei Paulus als kosmisches Geschehen umschrieben – als Kampf des Geistes Gottes gegen die Mächte der Sünde und der Begierde. Der Geist verkörpert das Prinzip des Lebens, die Sünde das Prinzip des Todes. Mythische Ausmaße hat der Kampf im Innern des Menschen nach dem Galaterbrief: Das Fleisch macht einen Aufstand gegen den Geist und der Geist gegen das Fleisch; und so kommt es, dass der Mensch nicht das tut, was er eigentlich will (Gal 5,17; vgl. Röm 7,15.23). Um aus diesem Zustand herauszukommen, hilft nach Paulus nur, sich vom Geist Gottes regieren zu lassen (Gal 5,18). Wieder ist deutlich, dass der Mensch nicht als autonomes Wesen gesehen wird, sondern als Schauplatz des Kampfes zwischen Gut und Böse.

Die kosmische Dimension des Kampfes wird schließlich in den Überwindersprüchen der Offenbarung offengelegt: Mit ihrer Bereitschaft, Zeugnis bis hin zum Tod zu geben, tragen die Märtyrer dazu bei Satan, den Chefankläger der Menschen vor Gottes Thron, zu überwinden (Offb 2f.; vgl. 12,11). Ihr Bekenntnis und ihr Blut besiegen, zusammen mit dem Blut Christi, den Satan.[1] Die Befähigung zum Martyrium ist wiederum vom Geist verliehen (Mk 13,11; Lk 12,12; 21,15).

8.5.3 Fazit: Ohne Wachsamkeit und Solidarität geht es nicht

Der Kampf gegen das Böse ist eine Daueraufgabe, die der permanenten Unterstützung durch stärkende Kräfte bedarf. Nur allzu leicht geht der Kampf verloren, da sich das Böse als äußerst zäh und nachhaltig erweist. Alles geht darum, den Anfängen zu wehren und dem Bösen keine Angriffsfläche zu bieten. Permanente Wachsamkeit ist gefordert, denn man kann sich niemals sicher fühlen. Zu den stärkenden Kräften gehören der Geist, die solidarische Gemeinschaft der „Mitkämpfer", das Gebet und die Hoffnung.

8.6 Endgültige Vernichtung des Bösen

Die Überwindung des Bösen, im Wirken und Sterben Jesu grundsätzlich geleistet, setzt sich im täglichen Kampf der Glaubenden gegen Sünde und Versuchlichkeit fort und findet ihren endgültigen Abschluss im eschatologischen* Kampf Gottes bzw. Christi mit den Mächten des Bösen. Kerntex-

[1] Eph 6; 1 Petr 5,8f.; vgl. Hebr 12,24: Jesu Blut redet effektiver als das Blut Abels.

te im Neuen Testament sind hierfür 1 Kor 15,23-28 (Vernichtung des Todes), 2 Thess 2 (Tötung des „Aufhalters" und Vernichtung Satans), 1 Petr 3 (Weltenbrand) sowie Offb 18-21 (kosmischer Endkampf und Neuschöpfung der Welt).[1] Es fällt auf, dass in diesen Texten der Geist keine nennenswerte Funktion hat. Die Rolle des endzeitlichen Richters wird Jesus Christus, dem *lógos* Gottes, zugeschrieben; er vernichtet die Gegner mit dem *„pneúma* seines Mundes" (2 Thess 2,8; Hebr 4,12; Offb 19,11-16). Was Jesus durch sein Wort individuell in den Exorzismen* bewirkt, bewirkt er am Ende der Zeit weltweit.[2] Der Geist hat seine Aufgabe in der Gegenwart „bis ans Ende der Welt" (Mt 28,20), danach ist die Zeit Gottes und der endgültigen Durchsetzung seiner Macht gekommen. Während jetzt Gott sein Ziel mit den Mitteln der Sanftmut und der Geduld verfolgt, zeigt er am Ende seine Macht offen und zwingend. Die Vernichtung des Bösen in all seinen Spielarten ist die Voraussetzung für die Neuschöpfung der Welt und die ewige Gemeinschaft der Glaubenden mit Gott.

8.7 Ergebnis: Wo der Geist ist, hat das Böse keine Chance

Die Kontrahenten des Heiligen Geistes sind im Neuen Testament Satan und seine Dämonen. Die Menschen erleben das Böse in der Welt in unterschiedlichsten Formen – als personhafte Macht, der sich der Mensch aus eigener Kraft nicht entziehen kann, aber auch strukturell, als Leiden, als Unrecht, als Katastrophen oder als Ausgeliefertsein an Leidenschaften, Begierden und Versuchlichkeiten sowie als Zerrüttung von Gemeinschaft, kurz: als das, was die Menschen bzw. die Gemeinde von ihrer Verbindung zu Gott abbringt. Das Böse ist ein Teil des Lebens, dessen Herkunft weniger interessant ist als die Frage seiner Überwindung.

Oft erscheint das Böse in Gestalt von Menschen, verwechselbar und damit erst recht gefährlich. Die Übermacht des Bösen lässt die kosmische Dimension des Kampfes zwischen Gott und dem Bösen erahnen, in welchem der Mensch selbst den Kampfplatz darstellt. Der Heilige Geist hilft auf verschiedenen Ebenen, das Böse zu überwinden: Er macht transparent, dass irdisches Leiden eine zwar unumgängliche, aber vorübergehende Erscheinung ist. Wer leidet, darf sich gewiss sein, dass ihn Gott durch das Leiden begleitet und ihn am Ende zum Leben führt. Das verschafft Hoffnung und Durchhaltevermögen. Weiterhin ist der Geist ein Mittel Gottes, mit dem er die Glaubenden widerstandsfähig gegen das Böse macht und es seiner Macht entzieht. Mithilfe des Geistes werden Sünde und Unreinheit offensiv überwunden und der Mensch von der Macht des Bösen befreit. Am

[1] Die „Ölbergrede" Jesu (Mk 13parr.) erwähnt den Gedanken des Gerichts nicht.
[2] „Das Wort Gottes vollstreckt definitiv, unüberholbar und sicher." (Berger, Teufel 156)

irdischen Wirken Jesu ist abzulesen, wie effizient dieser Schutz ist – er schützt selbst gegen die größten denkbaren Versuchungen und hilft dazu, das Böse erfolgreich und dauerhaft zurückzudrängen. Im Vertrauen auf die Kraft des Heiligen und „heiligenden" Geistes haben die Glaubenden die Fähigkeit, täglich neu den Kampf gegen die Versuchlichkeiten des Lebens aufzunehmen. Wachsamkeit und Solidarität der Gemeinschaft sind die probaten Mittel in diesem Kampf. Dazu ist die bewahrende und tröstende Gegenwart des Geistes den Glaubenden auf Dauer, „bis an der Welt Ende", zugesagt, bis dem Bösen endgültig seine Macht genommen wird. Mit der Präsenz des Geistes Gottes verlagert sich der kosmische Kampf in die Menschen hinein. Aus dem apokalyptischen* Geschehen wird ein Ringen Gottes um seine Menschen, gegen die subtilen Wirkmechanismen des Bösen stellt Gott seinen Geist.

Anfrage 14: Müssen wir an einen Teufel glauben?

Die Bibel spricht vom Bösen weithin in personalisierter Form. Satan, Teufel, Belial oder Antichrist sind Bezeichnungen des Bösen. Daneben wird auch die Sünde als personhafte Macht des Bösen gedacht. Konkret erscheint das Böse oft in subtilen Strukturen und einzelnen Handlungsweisen. In diesem Sinne sind wir es auch heute gewohnt, vom Bösen zu sprechen. Teufel und Satan erscheinen uns dagegen als Figuren eines überholten, mythisch-apokalyptischen* Denkens. In der Tat ist es sachgemäß, das Böse eher als Grundstruktur unseres Denkens und Handelns zu begreifen. Die Antithesen* der Bergpredigt machen anschaulich, wie subtil das Böse arbeitet. Mit dieser Auffassung wird auch die Verantwortlichkeit und Schuldfähigkeit des Menschen für sein Tun hervorgehoben. Dagegen wirkt die Rede von einem leibhaftigen Teufel Angst einflößend und dient dazu, den Menschen von seiner Schuldhaftigkeit zu entlasten.
So haben beide – personhafte und nicht-personhafte – Vorstellungen vom Bösen ihre Berechtigung und ihre „pädagogische" Funktion. Darüber hinaus findet für die Frage nach dem Bösen als „Person" das unter Anfrage 1 Gesagte Anwendung: „Person" ist der Teufel, insofern er intelligent handelt, einen Namen hat und öffentliche Wirkung zeigt. Wie bei der Rede vom Geist, so finden wir auch beim Teufel eine große Bandbreite, von ausgesprochen personhaften bis hin zu innerpsychischen Vorstellungen. Bei der Versuchung Jesu und in den Exorzismen erscheinen Satan und die Dämonen einerseits personhaft, da sie als Gesprächspartner Jesu mit einer eigenen Strategie gezeichnet werden und als „Hausbesatzer" auftreten.[1] Andererseits haben sie keinen Eigennamen (*hassatan* meint den Widersacher und ist Funktionsbezeichnung) und werden lediglich als inspirierende

[1] Berger, Person 103; ders., Teufel 87.137-140.

Kraft zum Bösen greifbar.[1] So können dem Bösen personhafte Züge attestiert werden, die ihrerseits ein pädagogisches Mittel sind. Eben darin hat die personhafte Vorstellung des Bösen m.E. eine bleibende und wichtige Funktion: Sie erinnert daran, dass das Böse eine den Menschen grundsätzlich überfordernde Angelegenheit ist; es ist gerade in seiner Subtilität bedrohlich und kann nicht aus menschlichem Vermögen heraus überwunden werden. Die Überwindung des Bösen ist eine Sache, in der der Mensch auf Gott und seinen Heiligen, immunisierenden Geist angewiesen ist.

Anfrage 15: Ist die Rede vom kosmischen Endkampf nicht überholt?

Die mythisch-apokalyptische* Vorstellung vom kosmischen Endkampf entspringt dem Bedürfnis, der Skepsis an Gottes Geschichtsmächtigkeit durch starke Bilder entgegenzuwirken. Durch das Szenario werden die Hoheit und Souveränität Gottes bzw. Christi, der die Fäden der Geschichte fest in der Hand hält und letztlich keinen Zweifel an seiner Allmacht lässt, herausgestellt. Das Neue Testament kennt die apokalyptische Tradition und setzt sie zum Teil fort (Offb 20,7-10). Allerdings wird das Grundproblem des Bösen weithin entmythisiert und in seiner strukturellen Subtilität offen gelegt – als Kraft der Skepsis und der Zersetzung, als Macht der Sünde und Begierden, als Versuchung der Macht und der Korruption. Der Kampf gegen das Böse erscheint als innermenschliche Aktion, als Aufgabe der Ethik*. Gegen die allseits präsente Macht des Bösen bietet Gott seine eigene Präsenz auf – er wirkt mit seinem Geist durch den Menschen gegen das Böse; der Mensch ist nicht in einer neutralen Zuschauerrolle, sondern bietet in seiner Körperlichkeit den Schauplatz der Auseinandersetzung und kann durch aktives ethisches Tun zum Erfolg des Guten beitragen. So betrachtet, erscheinen die apokalyptischen* Bilder ersetzbar, wenn nicht überholt. Gleichwohl halten sie unersetzbar vor Augen, dass der tägliche Kampf gegen das Böse und seine Strukturen eine kosmische, das Vermögen des Menschen weit übersteigende Dimension hat. Bei dieser Wahrnehmung bleibt nur der Weg, Gottes Gegenwart zuzulassen und sich von seinem Geist leiten zu lassen.

[1] So die Schlange in 1 Mos 3 oder Satan, der in Judas Ischariot fährt (Lk 22,3).

9 Der Geist und die guten Werke

Der Wille Gottes wird in der Hebräischen Bibel vorwiegend im Gesetz und in den Propheten erkannt. Im Neuen Testament sind das allen Menschen zugängliche Gewissen (Röm 2,14f.), für die Glaubenden jedoch primär die Lehre und das Wirken Jesu von Nazareth (9.1) sowie das „Gesetz des Geistes" bzw. das „Gesetz Christi" die maßgeblichen Erkenntnisquellen. Was die letzten beiden Ausdrücke inhaltlich meinen, wird in Abschnitt 9.2 geklärt. Der Heilige Geist spielt in der Erkenntnis des göttlichen Willens und seiner praktischen Umsetzung eine wichtige Rolle. Paulus bündelt die geforderte Ethik in der Formulierung „Leben nach dem Geist" (9.3). Die ethischen Konkretionen sind für ihn „Früchte des Geistes" (9.4).

9.1 Die Ethik des Geistträgers Jesus

Schon in der Hebräischen Bibel spielt der Geist bei der Vermittlung des göttlichen Willens eine wichtige Rolle. Propheten und apokalyptische* Visionäre richten, vom Geist inspiriert, Gottes Willen an sein Volk aus. Die Verheißung eines neuen Bundes am Ende der Zeit zielt wesentlich auf Sündenvergebung und auf eine pneumatische* Erneuerung des Menschen, bei der Gottes Wille ins Herz der Menschen geschrieben wird (vgl. Abschnitt 3.5). Das sind die traditionsgeschichtlichen* Vorgaben der Ethik Jesu und des frühen Christentums. An Jesu Leben und Wirken lässt sich ablesen, was unter einer „inspirierten Ethik" zu verstehen ist.

9.1.1 Spontane Barmherzigkeit

Wie alle Facetten des Wirkens Jesu steht auch seine Ethik unter dem Vorzeichen des Geistes. Das betrifft zuerst seine Zuwendung zu den Kranken, Sündern und Entrechteten. Die Gabe des Geistes ermöglicht es ihm, auf die „Verlorenen" zuzugehen und sie zu heilen, zu reinigen und ihnen zu ihrem Recht zu verhelfen. Kennzeichen der „inspirierten" Ethik Jesu ist das Erbarmen, das nicht nach der Ursache der Not oder nach der Schuld des Betroffenen fragt, sondern spontan eingreift und hilft.

Ein Beispiel für das Erbarmen Jesu über das Volk ist das Wunder von der Speisung der 5000 (Mk 6,30-44parr.). „Und Jesus stieg aus und sah die große Menge; und sie jammerten ihn, denn sie waren wie Schafe, die keinen Hirten haben" (V.34). Jesus kommt, sieht die Not und reagiert ohne Zögern. Er fragt nicht, weshalb die Menge so bedauernswert zusammensteht oder wer an seiner Stelle für die Not zuständig sein könnte. Er reagiert einfach, lehrt und speist. Ein weiteres Beispiel ist seine Zuwendung zum Zöllner Zachäus. Er sieht den kleingewachsenen Mann, spricht ihn an und geht mit ihm in sein Haus (Lk 19,1-10).

9.1.2 Die Ethik der Bergpredigt

Weiterhin wird die geistgelenkte Ethik Jesu in seiner Lehre deutlich, die Matthäus programmatisch in der Bergpredigt zusammengefasst hat. Die Antithesen* (Mt 5,21-48) lassen erkennen, worin der tiefere Sinn der Toragebote* zu sehen ist: Maßgeblich ist nicht die Befolgung des äußerlichen Buchstabens, sondern des Geistes, der in den Buchstaben unzureichend zur Geltung kommt. Das bedeutet eine Radikalisierung der Toragebote: Der Wille Gottes ist nicht auf einzelne, konkrete Vollzüge zu beschränken, sondern erstreckt sich auf das ganze Leben des Menschen, auch auf seine Gedanken und versteckten Absichten. Die Seligpreisungen zeigen, welche Eigenschaften nach Jesus das Heil in sich tragen: Sanftmut, Friedfertigkeit, Barmherzigkeit, Lauterkeit sowie Hunger nach Gerechtigkeit bis hin zur Bereitschaft, dafür zu leiden (Mt 5,3-12). Andere Abschnitte der Bergpredigt legen den Verzicht auf das Be- und Verurteilen anderer Menschen nahe und lenken den Blick aufs Wesentliche, d.h. auf das das Reich Gottes und auf die Vorbildfunktion der Christen.
Die Ethik der Bergpredigt kulminiert in der so genannten „Goldenen Regel" (Mt 7,12) und im Gebot der Feindesliebe (Mt 5,43-47). Die Spitzenaussage lautet „Darum sollt ihr vollkommen sein, wie euer Vater im Himmel vollkommen ist" (Mt 5,48). Ethik unter dem Vorzeichen des Geistes mutet nicht mehr und nicht weniger zu, als Gott in seinem Verhalten gleich zu werden. Wer den Geist Gottes hat und demgemäß handelt, wird zum Licht der Welt und zum Salz der Erde (Mt 5,13-16).
Praktische Beispiele für das erwartete Verhalten bieten Jesu Gleichnisse. Die Beispielerzählung vom barmherzigen Samaritaner (Lk 10,25-37) etwa führt vor Augen, wie das Gebot der Nächstenliebe umzusetzen ist – spontan, ohne Ansehen der Person und ohne Frage nach der Zuständigkeit. Der Samaritaner sieht die Not des Verletzten am Wegesrand, er leistet erste Hilfe und sorgt für seine weitere Betreuung. Hierin wird er zum Vorbild praktizierter Nächstenliebe (Lk 10,25-37). Die Parabel vom unbarmherzigen Knecht (Mt 18,23-35) stellt das geforderte Erbarmen als Handeln in der Nachahmung Gottes heraus. Die Parabel von den Arbeitern im Weinberg (Mt 20,1-16) ruft zur neidlosen Solidarität mit den „Letzten" in der Gemeinschaft auf. Das Gleichnis vom klugen Verwalter (Lk 16,1-8) zeigt, was der rechte und „zielführende" Umgang mit Macht und Geld ist.

9.1.3 Gehorsam und Leidensbereitschaft

Zur Ethik Jesu gehört schließlich die Bereitschaft, für seine Sendung bis zur letzten Konsequenz einzustehen. Das ist Ausdruck des Gehorsams und des Gottvertrauens, und der Geist gibt die Kraft dazu (Mk 13,11 u.a.). Jesus widersteht Versuchungen, das unausweichlich scheinende Leiden zu umgehen, von der Begegnung mit Satan in der Wüste an bis zur letzten Versuchung, sich selbst zu helfen und vom Kreuz herabzusteigen.

9.1.4 Fazit: Ungeteilte Liebe zu den Menschen

Die Ethik Jesu ist gekennzeichnet durch ein umfassendes Verständnis des Willens Gottes, durch die authentische Übereinstimmung von Lehre und Handeln, durch nie endendes Werben für das Evangelium von der Gottesherrschaft, durch kompromissloses Eintreten für die Verlorenen, durch konsequente Umsetzung seiner Sendung, durch nicht korrumpierbare Integrität und vor allem: durch die ungeteilte Liebe zu den Menschen, mit denen er zu tun hat und um deren Herzen er kämpft. Sie gilt nicht nur seinen Jüngerinnen und Jüngern, sondern auch seinen entschiedenen Gegnern, für die er am Ende sogar um Vergebung bittet (Lk 23,34).

9.2 Das „Gesetz des Geistes"

9.2.1 Die Wiederentdeckung des Geistes der Tora

Paulus spricht im Römerbrief provokant vom „Gesetz des Geistes", das dem „Gesetz der Sünde und des Todes" entgegensteht. Synonym kann Paulus auch vom „Gesetz Gottes" (Röm 7,25b) oder vom „Gesetz Christi" (Gal 6,2) sprechen. Dieses Gesetz macht lebendig und frei von dem anderen Gesetz. Zu fragen ist, ob Paulus hier eine neue Tora* propagiert, die die mosaische ablöst. Ja und nein! ist zu antworten. Zum einen löst hier in der Tat ein neues Gesetz ein altes ab. Zum anderen hält Paulus an der bleibenden Heiligkeit und Güte der Mosetora fest (Röm 7,12). Nicht eine neue Tora steht dem Apostel vor Augen, sondern ein neues Verständnis der Mosetora und die damit einhergehende, von den Propheten angekündigte Erneuerung des Menschen.

9.2.2 Buchstabe *versus* Geist

Diese Erneuerung besteht darin, dass Gott dem Menschen den Geist als Gabe seiner Liebe in die Herzen gibt (Röm 5,1-5); damit erfüllt sich sachlich die Ankündigung des neuen Bundes. Das Toraverständnis* ändert sich ebenfalls. Buchstäblich und ohne Geist verstanden, führt das Gesetz zu Sünde und Tod, denn es deckt die Sünde auf und reizt zugleich zu weiterem Sündigen. Mithilfe des Geistes wird es dem Menschen jedoch möglich, die Tora so zu verstehen, wie es ihrem eigentlichen, pneumatischen* Sinn entspricht: Als Mittel zur heilvollen Gestaltung des menschlichen Miteinanders sowie zur Förderung von Gerechtigkeit und *schalom**. Diesen Geist des Gesetzes kann nur derjenige erkennen, der selbst den Geist kennt und in sich hat (Röm 7). Und umgekehrt kann der Geist nicht durch Gesetzesgehorsam empfangen werden (Gal 3,2).

Der neue Bund des Geistes übertrifft den alten Bund des Buchstabens bei weitem. Zwar stammte auch der Mosebund von Gott und hatte „Herrlichkeit" (gr. *dóxa*), doch er war zeitlich begrenzt und ist im neuen Bund aufgehoben (2 Kor 3,5-13). Unter dem Vorzeichen des Geistes fördert die Tora nun das Leben, so wie es immer schon vorgesehen war.

9.2.3 Das Liebesgebot als „Summe" der Tora

Der Geist der Tora* erschöpft sich nicht in deren Buchstaben und deren möglichst getreuer Erfüllung. Der Geist geht weit über das hinaus, was 613 Einzelgebote zu fassen vermögen. Er zielt auf den ganzen Menschen, auf sein Leben, auf das Liebesgebot, das nach neutestamentlicher Auffassung die Zusammenfassung des Gesetzes ist.[1] Statt von Gesetz ist daher besser von „Gesetzmäßgkeit" oder auch von „Regelwerk" zu sprechen.
Das Doppelgebot der Liebe befreit einerseits von der Pflicht, sämtliche Einzelgebote der Tora zu erfüllen, was in der Regel nicht gelingt und allenfalls eine trügerische Zufriedenheit hervorbringt. Andererseits ist es selbst ein Fass ohne Boden, ein Fulltimejob, der kein Ende kennt. Insofern bietet es Befreiung, aber nicht hin zur Amoralität, sondern zu einem Leben, das immerzu vom Doppelgebot der Liebe bestimmt ist. Wer das Gebot missachtet, missachtet Gott und seinen Geist (1 Thess 4,8f.).

9.2.4 Fazit: Alte Tora unter neuem Vorzeichen

Die Ausrichtung auf das „Gesetz des Geistes" ist ein Paradigmenwechsel; nicht der Dienst an sich, sondern die Art des Dienstes ändert sich (Röm 7,6; 8,4 usw.). Nicht die äußerliche Erfüllung der Tora* ist entscheidend, sondern die Erfüllung des Geistes, der die Tora trägt. So kann Paulus statt der äußerlichen Beschneidung die „Beschneidung des Herzens" fordern (Röm 2,29). Wer im Geist Gottes dient und sich nicht auf das Fleisch verlässt, gehört zur „Beschneidung", sprich: zum erwählten Volk (Phil 3,3).

9.3 Leben „nach dem Geist"

Die geforderte ethische Haltung bezeichnet Paulus pauschal als „Leben nach dem Geist" (gr. *zen katá pneúma*). Die Formulierung ist das Vorzeichen vor allen konkreten Mahnungen des Apostels. Sie bündelt das, worauf es letztlich ankommt: sich im Sinne und im Geiste Gottes zu verhalten, wo immer man sich befindet und was immer an Handlungen ansteht.

---

[1] Mt 5,43f.; Mk 12,30f.; Lk 10,27; Joh 13,34f.; Röm 13,8-10; Gal 5,14; 1 Tim 1,5; 1 Joh 2,7-11.

9.3.1 Fleisch und Geist: Zwei alternative Lebenswege

Programmatisch entfaltet Paulus das „Leben nach dem Geist" in Röm 8. Zwei Wege stehen dem Menschen offen: auf der einen Seite der Weg, „nach dem Fleisch", auf der anderen Seite der Weg, „nach dem Geist" zu leben. Der Begriff „Fleisch" (gr. *sarx*) meint hier nicht die physische Beschaffenheit des Menschen, sondern sein gesamtes Denken, Handeln und Fühlen, wie es sich ohne Zutun des Heiligen Geistes entwickelt, mit der grundsätzlichen Angreifbarkeit durch Sünde und Begierde.[1]
Die Entscheidung, für welchen Weg sich der Mensch je und je neu entscheidet, fällt nach Paulus im Verhältnis zum eigenen Körper. Die Macht der Sünde greift auf den Menschen zu, verschafft sich in Form der Begierden Zugang zu ihm und „besetzt" ihn förmlich. Diesen Mechanismus hat Gott in der Sendung Jesu Christi und durch die Bewertung seines Todes als Versöhnungs- bzw. Sühneakt durchbrochen. Der Mensch kann ihn seither ebenfalls durchbrechen, indem er sich immer wieder von Gottes Geist ausfüllen lässt. Tut er es, kann die Sünde nicht zugreifen – der Glaubende stellt kein Machtvakuum dar und ist unantastbar. Der Geist im Menschen ist das probate Gegenmittel gegen die „Werke des Fleisches" (Röm 8,13; Gal 5,16-23). Noch plastischer führt der Epheserbrief den Mechanismus vor Augen: Der Mensch hat die Wahl, sich entweder vom Wein oder vom Geist füllen zu lassen (Eph 5,18).

9.3.2 Der Geist als Verpflichtung

Die Gabe des Geistes erfolgt nicht unverbindlich, sondern verpflichtet dazu, ihn in seinem Verhalten zur Geltung zu bringen. „Wer viel hat, von dem wird man viel fordern" (Lk 12,48). Der Satz gilt nicht nur für Vitalität, Talente, Reichtum und Wissen, sondern auch für die Gabe des Geistes. Die Ermahnungen der Apostelbriefe unterstreichen das. Zur Konkretion seien einzelne Beispiele genannt: In Röm 12,11 fordert Paulus seine Gemeinde auf: „Seid brennend im Geist". Die Formulierung bündelt, was Paulus im Einzelnen anmahnt. Es geht um die Intensität des geforderten Tuns – gegen alle menschliche Trägheit; und es geht darum, durch Hoffnung, Geduld und Beständigkeit im Beten das Ziel des Lebens nicht aus den Augen zu verlieren (Röm 12,12). Im weiteren Verlauf nennt Paulus die Fluchtlinie der einzelnen Ermahnungen; sie liegt im Bemühen, Wohlergehen, Frieden und Gerechtigkeit in der Gemeinde und mit den Menschen in der Umgebung zu stärken (Röm 12,13-20). Durch das Tun des Guten wird das Böse überwunden (Röm 12,21). Diese Schlussbemerkung bestätigt die Grundauffassung, dass der Heilige Geist das Böse in der Welt

---

[1] Schweizer, Heiliger Geist 112-116.

zu überwinden hilft. Das geschieht nicht automatisch, sondern durch praktische Umsetzung des Liebesgebots.
In Gal 6,1-10 spitzt Paulus das „Gesetz Christi" auf Verzicht auf gegenseitiges Richten, auf Vergebungsbereitschaft, Solidarität mit dem Nächsten sowie, ganz generell, auf „Gutes tun an jedermann, allermeist aber an den Glaubens Genossen", zu. Motiviert wird die Mahnung durch den Ausblick auf die „Ernte": Was der Mensch sät, wird er ernten, und wer auf den Geist sät, wird das ewige Leben ernten (V.7f.). Alles kommt darauf an, im Tun des Guten nicht nachzulassen (V.9).

9.3.3 Fazit: Dem Geist Gottes Raum geben

Das „Leben nach dem Geist" ist die konsequente Umsetzung der Taufe im Alltag. Die Gabe des Heiligen Geistes verpflichtet dazu, ihm Raum zu geben. Das bedeutet, immer wieder das ethische Handeln zu hinterfragen und es auf das Wohl der Gemeinschaft und auf Gottes *schalom** hin auszurichten. Wer so handelt, darf sich des ewigen Lebens gewiss sein.

9.4 Die „Früchte des Geistes"

Gute Werke sind nach Überzeugung des Paulus allesamt Wirkungen bzw. „Früchte" des Geistes. An den Früchten wird der Glaubende erkannt, an ihnen sieht man, wo der Geist Gottes wirkt. Doch welche „Früchte des Geistes" kennt Paulus? Grundsätzlich ist die Befolgung des Liebesgebots in all seinen Konkretionen eine Geistwirkung. Über diese pauschale Überlegung hinaus finden sich in den Briefen zahlreiche Tugendkataloge. Eph 5,9 nennt Güte, Gerechtigkeit und Wahrheit als „Früchte des Lichts", was gleichbedeutend mit den „Früchten des Geistes" ist. Ausdrücklich als „Früchte des Geistes" bezeichnet Paulus in Gal 5,22f. Liebe, Freude, Frieden, Geduld, Freundlichkeit, Güte, Treue, Sanftmut und Keuschheit (vgl. auch Gal 6,1; Phil 2,1; 1 Petr 3,3f. u.a.). All diese Haltungen stehen konträr den Begierden des Fleisches gegenüber (Gal 5,24) und befördern das gedeihliche Miteinander der Menschen, indem sie helfen, einander anzunehmen und zu vergeben (weiter dazu Abschnitt 10.5). Der Geist ist demnach die Instanz, die durch die aufgezählten Haltungen hindurch die Gemeinschaft der Christinen und Christen stärkt. Die Begierden hingegen zersetzen die Gemeinschaft. Konkret benennt Paulus die Begierden in Lasterkatalogen wie Gal 5,19-21.26: Neid, Unzucht, Spaltungen, Profilsucht, provozierendes Verhalten, Götzendienst und mehr. Das Verhalten des Einzelnen ist demnach immer auf die Gemeinschaft bezogen.
Die erwähnten Tugenden und Laster überschreiten die Aussagekraft einzelner Toragebote*; sie sind Leitmotive und Grundhaltungen, aus denen heraus das konkrete ethische Handeln erwächst. In ihnen spiegelt sich der

Geist der Tora wider. Nicht nur Paulus benennt solche Leitmotive. 1 Petr 3,4 etwa lobt den „verborgenen Menschen des Herzens“, der „im unvergänglichen Schmuck des sanften und stillen Geistes“ köstlich vor Gott ist.[1]

9.5 Ergebnis: Liebesgebot ohne Wenn und Aber

Schon in der Geschichte Israels entwickelt sich die Einsicht, dass ein intaktes Verhältnis zu Gott eine „Runderneuerung“ des Menschen voraussetzt. Sie betrifft vor allem das Herz als Zentrum des menschlichen Willens. Es wird nach der Verheißung des neuen Bundes verwandelt und mit dem Gesetz bzw. mit Gottes Geist erfüllt werden (Jer 31; Ez 36). Im Neuen Testament erscheint diese Verheißung erfüllt (Röm 5,1-5; 2 Kor 3; Hebr 7,22; vgl. Apg 2). Das Kernereignis des neuen Bundes ist der Heilstod Jesu Christi, mit dem der ungehinderte Zugang zu Gott grundsätzlich eröffnet wurde (Mk 14,22-24parr.; Röm 3,25; 1 Kor 11,23-25; Hebr 10,19).
Im Einzelnen bewirkt die Gabe des Geistes einen Paradigmenwechsel im Verständnis der Tora*: Entscheidend ist nicht mehr ihre äußerliche, sondern ihre geistgemäße Erfüllung. An die Stelle von Einzelgeboten treten Grundhaltungen wie Liebe und Sanftmut, die den Geist der Tora anzeigen. Die „Tora des Geistes“ bzw. Christi ist das alte Gesetz des Mose unter den Bedingungen des erneuerten, geistbegabten Menschen. Die Sünde hat auf den vom Geist erfüllten Menschen keinen Zugriff, die Tora kann endlich „im Geiste ihres Erfinders“ heilvoll wirken.
So klärt der Geist Gottes den Menschen über den Willen Gottes auf (vgl. dazu Abschnitt 6.3), macht ihm den Fluchtpunkt der Tora erkennbar und gibt ihm die Richtung vor, wie er sie erfüllen kann. Inhaltlicher Fluchtpunkt ist das radikalisierte Liebesgebot, das unentwegte Versöhnungsarbeit und grenzenlose Vergebungsbereitschaft einschließt. Durch die Befähigung, die Tora ihrem Geist nach zu erfüllen, ebnet der Heilige Geist den Weg zur Versöhnung mit Gott.

Anfrage 16: Kann man den Geist auch wieder verlieren?

Paulus spricht davon, dass der Mensch nicht aufgrund ethischer Leistungen vor Gott gerecht wird, sondern aufgrund des Glaubens und der Gnade Gottes (Röm 1,17; 3,24.28). Aber er betont im weiteren Zusammenhang genauso die Wichtigkeit der guten Werke: Der Mensch wird aufgrund seiner Werke gerichtet werden (Röm 2,6; 2 Kor 5,10; vgl. Mt 16,27). Und der Apostel wird nicht müde, seine Gemeinden zu ermahnen, um sie auf dem richtigen Weg zu halten. Auf eine kurze Formel gebracht: Paulus

[1] Zum zentralen Stellenwert der Sanftmut vgl. Berger, Art. Geist 186f.

sieht die Gefahr, dass man das, was man im Geist begonnen hat, am Ende im Fleisch vollenden könnte (Gal 3,3). Der Prozess der Gerechtwerdung vor Gott ist kein Automatismus, wenn man einmal den Geist erhalten hat, sondern eine Sache beständiger Anstrengung. Kommt es dann zu guten Werken, sind sie dem Geist als innerem Motor und nicht etwa dem eigenen Vermögen zuzuschreiben. In diesem Sinne polemisiert Paulus regelmäßig dagegen, sich der eigenen ethischen Leistungen zu rühmen (Röm 2,23; 1 Kor 1,29.31; 4,7 usw.).

Den Heiligen Geist verliert man insbesondere dann, wenn man in ein Verhalten zurückfällt, was vor der Taufe bzw. dem Geistempfang bestimmend war. Wer wieder auf äußerliche Torabefolgung setzt, die Hoffnung aufgibt oder im Nachhinein den eigenen Glauben abstreitet, fällt in die Geistlosigkeit zurück. Wer sich von der Gemeinschaft abkoppelt und ihr die Solidarität aufkündigt, steht außerhalb der heilvollen Sphäre des Geistes (1 Joh 2,11). Nur eine intakte Gemeinschaft bietet nach dem Neuen Testament die Gewähr der dauerhaften Gegenwart Gottes, Christi und des Geistes. Einzelkämpfer haben, vor dem Hintergrund des apokalyptischen* Weltbildes, keine Chance, das Heil zu erlangen. Die Pflege der Gemeinschaft, der innergemeindlichen Solidarität und die (fast magisch beschworene) Beständigkeit im Tun der Liebe (Joh 15,9; 1 Joh 2,7-11; 4,12-16; Hebr 13,1) lassen die Gemeinde als Wagenburg gegen das Böse wirken.

Anfrage 17: Darf man an himmlischen Lohn denken?

Dürfen Christinnen und Christen bei ihrem Tun an himmlischen Lohn denken? Das Neue Testament kennt beide Antworten: Ja und nein! Wer aus seinem Engagement einen „Rechtsanspruch“ auf eine privilegierte Stellung im Himmelreich ableitet, bekommt von Jesus eine Abfuhr erteilt (Lk 17,10). Gutes zu tun hat zu allererst einen „innerweltlichen“ Sinn und Zweck – die Herstellung von Gerechtigkeit, Frieden und Vergebung. Es geht darum, das Miteinander unter den Menschen heilvoll zu gestalten. Das ist die eine Seite. Die andere Seite wird im Gleichnis von den Arbeitern im Weinberg (Mt 20,1-16) erkennbar: Die Lohnarbeiter haben durchaus einen Anspruch auf Lohn, so wie es mit dem Herrn des Weinbergs vereinbart war. Das wird nicht in Frage gestellt, die Ersten bekommen den vereinbarten Lohn. Lohndenken ist also legitim. Das bestätigt auch das Gleichnis vom klugen Verwalter (Lk 16,1-8), der ganz offen auf eine gute Zukunft spekuliert und sich nutzenorientiert verhält. Sein Verhalten ist geradezu vorbildlich für die „Kinder des Lichts“ (V.8).

Auf den Punkt gebracht, heißt das: Wer Gutes tut, darf durchaus auf himmlischen Lohn hoffen. Gott ist ein verlässliches Gegenüber. Die neutestamentliche Ethik wird regelmäßig durch Aussicht auf Lohn bzw. Strafe motiviert. Nicht in Ordnung ist es hingegen, aus seinem Tun eine Vorrangstellung gegenüber anderen abzuleiten. Hier gilt der Spruch von den

Ersten, die die Letzten sein werden (Mt 19,30; 20,16): Die „Ersten" werden scharf kritisiert, weil sie auf das „Abstandsgebot" zu den „Letzten" pochen. Für sie gilt der Spruch „wer sich selbst erhöht, wird erniedrigt werden", und umgekehrt (Mt 23,12; Lk 14,11; 18,14; vgl. Jak 4,6.10). Kluge Vorsorge, Engagement für die Sache Gottes, Bescheidenheit und Großzügigkeit den Anderen gegenüber gehören zusammen.

Anfrage 18: Glaube oder Werke – was zählt letztlich?

Diese kontroverstheologische Frage ist nicht mit einem einfachen Entweder – Oder zu beantworten. Der Geist Gottes führt die Glaubenden zur Gerechtigkeit Gottes. Er lässt die Gerechtigkeit, auf die Gott hinarbeitet, die er den Menschen zusagt und die er von ihnen einfordert, zur Herzensangelegenheit werden. Damit werden Gott und Mensch zu Partnern im Schaffen von Gerechtigkeit. Die Leitbegriffe, die zur Gerechtigkeit im Vollsinn führen, heißen Liebe, Güte und Barmherzigkeit. Die Glaubenden sind aufgerufen, Gottes Geist nachzuleben, ihm zuzuarbeiten. Wer den Geist Gottes hat, weiß, worauf es ankommt und wird danach streben, es Gott gleich zu tun. Was an „guten Werken" dabei herauskommt, sind „Früchte des Geistes", nicht des Menschen. Gleichwohl werden die Glaubenden an solchen „Früchten" erkannt und nach ihnen berurteilt (Röm 2,6; 2 Kor 5,10; vgl. Eph 6,8). Ohne Werke geht es also nicht; aber auch nicht ohne den Glauben daran, dass Gott den Menschen durch seinen „Rollentausch" zu seiner Gerechtigkeit hinführt und ihn, trotz aller bleibenden Unzulänglichkeit, am Ende gerecht spricht. Dieser Glaube beinhaltet das Eingeständnis, dass es der Mensch aus eigener Kraft nicht schafft, Gottes Gerechtigkeit „gerecht" zu werden. So lässt er Gott die Ehre, die ihm bei der Versöhnungsarbeit alleine zukommt.

10 Der Geist und die Gemeinde

Besonders bei Lukas, Johannes und Paulus hat der Heilige Geist eine eminent ekklesiologische*, auf die christliche Gemeinschaft bezogene, Funktion. Er begründet sie, baut sie auf und sorgt für ihren Zusammenhalt. Die entsprechenden Aussagen fußen auf den Verheißungen der Propheten, nach denen Gott seinen Geist auf das ganze Volk ausgießen (Joel 3,1-5) bzw. in die Herzen der Menschen geben wird (Ez 36,26f.). Mit dieser Maßnahme stellt Gott das Verhältnis zu den Seinen auf eine neue Grundlage. Bereits vor Ostern erhalten die Jünger von Jesus pneumatische* Vollmacht (10.1), von Geistempfang ist aber erst an Pfingsten die Rede (10.2). Wie der Einzelne den Geist empfängt, klärt Abschnitt 10.3. Die Hauptaufgaben des Geistes werden in Abschnitt 10.4 betrachtet. Die Gemeinde als der Ort, an dem Gott und sein Geist in der Welt repräsentiert und erkannt werden, ist Gegenstand von Abschnitt 10.5. Den Geistesgaben kommt in diesem Zusammenhang ein hoher Stellenwert zu (10.6).

10.1 Vorösterliche Vollmacht…

10.1.1 Weitergabe des Geistes erst nach Ostern

Jesus ist der Geistträger vor Ostern schlechthin. Das Johannesevangelium und die Apostelgeschichte verweisen ausdrücklich darauf, dass die Weitergabe des Geistes erst nach Ostern stattfindet (Joh 7,39; 20,22; Apg 1f.). Der Geist wird hier als Gabe Gottes bzw. Christi verstanden, die die Zeit bis zur Wiederkunft (Parusie*) Christi ausfüllt und zu überdauern hilft. Nach der zeitlich befristeten Wirksamkeit Jesu auf Erden stellt der Heilige Geist die bleibende Kontinuität zu ihm sicher und ermöglicht es, die Zwischenzeit bis zur Parusie für die weltweite Mission zu nutzen (weiter dazu Abschnitt 11.3). Nach Joh 7,39 und 16,7 scheint es sogar so zu sein, dass vor dem Weggang Jesu der Geist nicht kommen kann; seine Abwesenheit wird hier geradezu als Glücksfall für die Gemeinde dargestellt.

10.1.2 Pneumatische Vollmacht schon vor Ostern

Abgesehen von der grundsätzlichen Einordnung des Geistes in die nachösterliche Zeit, erhalten die Jünger Jesu offensichtlich schon vorab pneumatische* Vollmacht, und zwar bei der Beauftragung zur Mission. Die Missionsrede Mt 10 beginnt mit der Notiz, dass die ausgesandten Jünger Macht über die unreinen Geister haben (Mt 10,1; vgl. Mk 6,7; Lk 10,17.20).[1] Das setzt die Ausstattung mit geistgewirkter Vollmacht voraus (vgl. Mt 12,28). Auch haben die „unmündigen" Jünger göttliche Erkenntnis, die nicht einmal Propheten und Königen zugänglich ist (Lk 10,21-24; Mt 11,25); das ist ebenfalls eine Geistwirkung (vgl. dazu Abschnitt 4.2).

10.1.3 Die „Taufe mit dem Geist" als Lernprozess

Es fällt auf, dass die Evangelisten nicht von einer Verleihung des Geistes vor Ostern reden. Die Aufgabe und Vollmacht der Jünger ist in dieser Zeit noch eng eingegrenzt, von Jesu Vollmacht abgeleitet und an sie gebunden. Die Jünger erscheinen als Lernende, die erst allmählich in diese Vollmacht hineinwachsen und noch oft genug an ihr scheitern. So muss die Heilung des epileptischen Knaben von Jesus selbst vollzogen werden, weil die Jünger dazu nicht in der Lage sind (Mk 9,14-29). Matthäus führt das auf den Kleinglauben der Jünger zurück (Mt 17,20); diese zeigen sich lediglich ansatzweise und punktuell geistbegabt; sie können das volle Potenzial ihrer Vollmacht noch nicht ausschöpfen. So erkennen sie auch noch nicht umfassend und dauerhaft, wer Jesus ist. Neben einzelnen Bekenntnissen steht immer wieder Unverständnis.[2] Das ändert sich erst nach Ostern. Die „Taufe mit Geist" (vgl. Abschnitt 4.2) vollzieht sich sukzessive und kommt erst nach Ostern zur Vollendung (Joh 20,22; Apg 1f.).

10.1.4 Fazit: Charismatische Schulung vor Ostern

Vor Ostern sind die Jüngerinnen und Jünger Schüler ihres Meisters, die in ihre spätere Rolle als Geistträger hineinwachsen. Schlaglichtartig lässt sich das Wirken des Geistes an ihnen beobachten, insbesondere an ihrer Fähigkeit, Dämonen auszutreiben und die Identität Jesu zu erkennen.

10.2 ... und Geistausgießung an Pfingsten

10.2.1 Zeit der Erfüllung

Pfingsten bedeutet nach der lukanischen Apostelgeschichte eine entscheidende Zäsur im Leben der ersten Christen. Hier erfüllen sich gleich zwei

[1] Zur Vollmacht der Jünger und Apostel zu erxorzieren vgl. weiter Apg 8,7 (Philippus); 19,12-17 (Paulus); auch manchen Pharisäern wird sie attestiert (Mt 12,27).

[2] Mk 8,29parr.: Christusbekenntnis des Petrus; 6,52: Nichtverstehen des Brotwunders; Mt 16,22: Fehlreaktion des Petrus auf die Leidensansage Jesu; 17,4: Nichtverstehen des Verklärungsvorgangs; Lk 9,30-32: Nichtverstehen der Leidensankündigung etc.

Verheißungen: Die des Geistes für das ganze Volk (Joel 3,1-5) und die Jesu aus Apg 1,5 (vgl. 11,16): „Ihr sollt mit heiligem Geist getauft werden nicht lange nach diesen Tagen" bzw. aus Apg 1,8: „Ihr werdet die Kraft des Heiligen Geistes empfangen, der auf euch kommen wird". Außerdem ist ein enger Bezug zu den Gotteserscheinungen der Hebräischen Bibel erkennbar, wie zu der am brennenden Dornbusch (2 Mos 3,2), in Feuer und Feuersäule (2 Mos 13,21; 19,18), in Feuer und Wetter (Jes 66,15) sowie in Feuer und Säuseln des Windes (1 Kön 19,11f.).[1] So erscheint die Geistausgießung an Pfingsten als letztes Glied einer langen Kette von Gotteserscheinungen und als Erfüllung alter Verheißungen.

10.2.2 Zeit des Wartens und der Mission

Pfingsten hat nach Überzeugung des Lukas die Endzeit eingeläutet; das belegt der gegenüber Joel eingefügte Zusatz „in den letzten Tagen" (Apg 2,17). Die Zeit der Kirche ist so als eschatologische* Zeit, als Zeit unmittelbar vor der Wiederkunft Christi, qualifiziert. Ihre Bedeutung besteht darin, dass in ihr das Evangelium in alle Welt getragen wird (Apg 1,8); das ist mit der freien Verkündigung des Paulus in der Hauptstadt Rom symbolisch erreicht (Apg 28,31). Die Zeit der christlichen Gemeinschaft ist durchweg vom Heiligen Geist bestimmt; er sorgt für ihr Wachstum und gibt ihr die Richtung der Mission vor (Apg 2,41; 10,44; 16,5-7).

10.2.3 Erste Geistwirkungen

Die erste Pfingstgabe ist die Fähigkeit, für alle Nationen verständlich und überzeugend zu predigen (Apg 2,4; vgl. 19,6). Damit ist die Grundausstattung für die Mission unter Nichtjuden gegeben. Die zweite Geistwirkung ist die erfolgreiche Verkündigung auch unter Juden (Apg 2,14-36: Pfingstpredigt des Petrus, mit der Folge einer Massentaufe, V.37-41). Weitere Wirkungen bestehen in sichtbaren Zeichen und Wundern der Apostel (Apg 2,43; vgl. Hebr 2,4) sowie, auch wenn es nicht ausdrücklich auf den Geist zurückgeführt wird, in der spontan einsetzenden sozialen Solidarität innerhalb der christlichen Gemeinde (Apg 2,44-47).

10.2.4 Gründung der Kirche

Für Lukas beginnt mit Pfingsten die Zeit der christlichen Gemeinde, die mit der Parusie* Christi endet und maßgeblich durch den Heiligen Geist bestimmt wird. Auch Paulus bringt den Heiligen Geist mit der Gründung

---

[1] Gerber, Pneuma 43.

christlicher Gemeinschaft in Verbindung; für ihn ist der Geist neben Christus die Grundlage der Gemeinde (1 Kor 12,13; vgl. Gal 3,28). Die Neubekehrten werden auf den Namen Christi getauft (Apg 2,38; 10,48; 19,5; vgl. Mt 28,19) und durch den Geist in den „Leib" der Gemeinde eingegliedert (1 Kor 12,13). Sie ist der Ort, an dem der Geist sichtbar wirkt (weiter dazu Abschnitt 10.5).

10.2.5 Fazit: Pneumatische Vollendung des Weges Gottes

Mit Pfingsten beginnt nach Lukas und Paulus die Phase der Kirche und des Geistes, deren Ziel die Verkündigung des Evangeliums bis an die Enden der Welt ist. Die Apostel werden in Dienst gestellt, um den christlichen Glauben zu verbreiten und die Menschen in die Gemeinschaft Christi einzugliedern. Der Heilige Geist ist das Mittel der Wahl, mit dem Gott seine Geschichte mit den Menschen zu Ende führt.

10.3 Individueller Geistempfang

Die Angaben darüber, wie der Einzelne zum Glauben kommt und den Geist empfängt, sind uneinheitlich. Selbst innerhalb der Apostelgeschichte gibt es eine große Bandbreite. Der Geistempfang erfolgt weithin frei und spontan, ohne Bindung an die Wassertaufe. Auch wird zwischen einem erstmaligen Geistempfang und einer aktuellen Geistverleihung für besondere Aufgaben unterschieden.[1]

10.3.1 Voraussetzungen des Geistempfangs

Glaube

Die erste und allgemein akzeptierte Voraussetzung des Geistempfangs ist der Glaube. Viele Hörerinnen und Hörer apostolischer Predigten kommen zum Glauben, was den Geistempfang nach sich zieht (vgl. Apg 19,2-6; Gal 3,14 u.a.). Der Glaube ist seinerseits bereits eine Wirkung des Geistes: Er sorgt für die Überzeugungskraft der Prediger (gr. *parrhesía*) und ergreift die Herzen der Hörenden (Apg 2,37; vgl. Gal 3,2.5). Der neue Glaube führt zu spontanem Geistempfang und zur Taufe.

---

[1] Schneider, Geist 57f.

Buße und Sündenvergebung

Eine weitere Voraussetzung wird in Apg 2,38 (vgl. 3,17-19) genannt: Die Vergebung der Sünden, hier verbunden mit dem äußerlichen Taufakt. Die Sündenvergebung ist ein wesentliches Element prophetischer Zukunftshoffnung (Jes 43,25; Jer 31,34; 33,8; vgl. Röm 11,27). Sündenvergebung, kultische Reinigung und Geistverleihung stehen schon in der Bundesverheißung Ez 36,25-27 in direktem Zusammenhang: Nach der umfassenden Reinigung des Volkes von allem Götzendienst erfolgt die Verleihung eines neuen Herzens und eines neuen Geistes. Auch nach Eph 5,26, 1 Petr 3,21 und Hebr 10,22 zielt die Taufe auf kultische Reinigung.
Die Vergebung der Sünden setzt auf Seiten der Menschen die Bereitschaft zum Umdenken, zum Kurswechsel (gr. *metánoia*) voraus. Diese „Buße" zu markieren, ist Sinn und Zweck der Johannestaufe wie auch der christlichen Verkündigung und Taufe (Mk 1,4parr.; Lk 24,47; Apg 19,4). Umdenken und Sündenvergebung stellen das Verhältnis zu Gott auf eine neue Grundlage. Der Geist sorgt für deren dauerhaften Bestand.

Fasten und Beten

Jesus bereitet sich in der Wüste durch langes Fasten auf die Versuchung und den Beistand des Geistes vor (Mt 4,2 par Lk 4,2). Fasten und Beten sind auch für Lukas Mittel, mit denen man das Kommen des Geistes forcieren kann (Lk 11,13; Apg 6,6; 8,15; 13,2-4 u.a.).

10.3.2 Geistempfang mit und ohne Taufe

Viele Texte verbinden den Geistempfang unmittelbar mit der Taufe. Das gilt für die Taufe Jesu (Mk 1,9-11parr.), aber auch für viele Anekdoten der Apostelgeschichte: Zuerst ist das bei der Pfingstpredigt des Petrus so (2,38), dann bei der Taufe der Samaritaner (8,14-17), bei der Bekehrung des Paulus (9,17f.) und bei den ephesinischen Christen (19,5f.). Tit 3,5 nennt die Wassertaufe ausdrücklich ein „Bad der Wiedergeburt", Joh 3,3-5 spielt ebenfalls auf den Geistempfang bei der Taufe an. In der späteren christlichen Tradition ist der Geistempfang fest an den Taufakt gebunden.
Eine Anekdote berichtet indes von einem spontanen Geistempfang ohne Taufe: Die Bekehrung der Nichtjuden um den Hauptmann Kornelius auf die Predigt des Petrus hin (Apg 10,44f.). Der Bericht hat eine Schlüsselstellung, denn sie begründet die Mission unter Nichtjuden (Apg 10,47f.).

10.3.3 Geistempfang durch Salbung und Handauflegung

Jenseits der Taufe kennt das Neue Testament andere Riten, die zum Geistempfang führen. Der Erste Johannesbrief spricht von der Salbung (gr.

chrísma), die zur (geistgewirkten) Erkenntnis der Wahrheit führt (2,20.27; vgl. Joh 16,13; 2 Kor 1,21). Noch bekannter und wirkungsgeschichtlich bedeutsamer ist die Handauflegung als Ritus der Geistübertragung. Sie ist in der Apostelgeschichte und in den Pastoralbriefen bezeugt.[1] Die Handauflegung erfolgt in den Pastoralbriefen sowie in Apg 6,6 und 13,3 unabhängig von der Taufe und dient der Vermittlung des Geistes zu einem besonderen Dienst. Zugleich ist die Handauflegung eine Segensgeste, mit der der Beauftragte unter den besonderen Schutz Gottes gestellt wird.

10.3.4 Soziale Folgen des Geistempfangs

Wer sich Jesus anschloss oder nach Ostern zur christlichen Gemeinde fand, vollzog damit einen radikalen sozialen Bruch: Trennung von der Familie, Aufgabe gesellschaftlichen Renommées, Verzicht auf Besitz und ein festes Einkommen sowie auf andere Sicherheiten. Die Ausstattung mit göttlicher Vollmacht und mit Heiligem Geist bedeutet, aus seinem bisherigen Leben herausgerufen und, bildhaft gesprochen, „in die Wüste" geschickt zu werden (Mt 4parr.). Die Beauftragung durch Gott zieht Verzicht, Anfechtung und Leiden nach sich, da Gottes Geist ein Geist des Verzichts auf Machtgebaren sowie ein Geist der Sanftmut, der Liebe und der Vergebungsbereitschaft ist. An die Stelle der bisherigen Familie tritt die Gemeinschaft der „Herausgerufenen" (gr. *ekklesía*), die sich im Konflikt mit den Mächten dieser Welt vorfindet. Die früheren sozialen Unterschiede sind in der Gemeinde ungültig, die sozialen Maßstäbe der Welt verlieren dort ihre Geltung (1 Kor 12,13; Gal 3,28; Phlm).

10.3.5 Fazit: Der Geist kommt spontan und lässt sich erbitten

Es entspricht der grundsätzlichen Vorstellung von der Freiheit des Geistes, dass er weht, wo er will, und spontan auf Menschen fällt, die zum Glauben kommen. Wo und wie Gemeinde zustande kommt, liegt im freien Wirken des Geistes – von der inspirierten Verkündigung angefangen bis zur besonderen charismatischen* Ausstattung der Amtsträger. Der Geist lässt sich durch Gebet und durch Fasten bitten, doch er lässt sich nicht zwingen, auch nicht ins Korsett der Wassertaufe. Das Zustandekommen von Gemeinde ist ein souveräner Akt des Geistes. Wer den Geist empfangen hat, ist in die Gemeinschaft der „Herausgerufenen" gestellt und steht in einem besonderen Auftrag den Mitchristen und der Welt gegenüber.

---

[1] Apg 8,17; 9,17; 19,6; 1 Tim 4,14; 2 Tim 1,6; vgl. Apg 6,6; 1 Tim 5,22.

10.4 Mittler zwischen den Welten und Zeiten

War Jesus von Nazareth zeit seiner irdischen Tätigkeit der Mittler und Offenbarer Gottes schlechthin, so wird diese Aufgabe nach Ostern auf den Heiligen Geist überschrieben. An die Stelle des vorübergehend Mensch gewordenen Gottessohnes tritt der Geist Gottes, der jenseits aller zeitlichen und räumlichen Beschränkung bis ans Ende der Zeit wirkt. Als jemand, der der himmlischen Sphäre angehört und zugleich unter den Menschen wirkt, ist er der gegebene Mittler zwischen Himmel und Erde. Außerdem vermittelt er zwischen den Anfängen der Christenheit und deren Gegenwart. Diese Mittlerschaften werden im Neuen Testament in unterschiedlichen Facetten beleuchtet, die im Folgenden dargestellt werden.

10.4.1 Der Geist als Sprachrohr der Glaubenden

Der Geist sorgt für den bleibenden Kontakt zwischen Himmel und Erde. Das betrifft nicht nur die Gottes- und Christuserkenntnis, sondern auch die Verständigung zwischen oben und unten. Der Geist ist Sprachrohr Gottes (vgl. die Prophetie) und, umgekehrt, Sprachrohr der Gemeinde.

Glossolalie

Die himmlische Sprache ist für Menschen grundsätzlich fremd und unverständlich. Es ist eine besondere Geistesgabe, in der Sprache des Himmels sprechen zu können; bei Paulus heißt sie Glossolalie* – Zungenrede (1 Kor 12,28; 14,2ff.). Wer in Zungen spricht, spricht in erster Linie zu Gott, für Menschen aber geheimnisvoll (1 Kor 14,2). Die Glossolalie muss für menschliche Ohren übersetzt werden; auch die Übersetzung ist für Paulus ein Charisma* (1 Kor 14,27; weiter dazu Abschnitt 6.3).

Übersetzung von Gebeten

Der Geist verleiht die Gabe, in der Sprache des Himmels sprechen zu können, und steht den Menschen als Dolmetscher zur Verfügung. Er übersetzt die menschlichen Gebete in für Gott verständliche Worte (Röm 8,26: der Geist vertritt die Menschen mit „unaussprechlichem Seufzen"; auch 1 Kor 14,14-16: Der Zungenredner betet und lobt Gott im Geist).[1]

[1] Die Mahnungen Eph 6,18 und Jud 20, im Heiligen Geist zu bitten und zu flehen, sind ebenfalls in diesem Sinne zu verstehen.

10.4.2 Kontinuität zur Lehre Jesu

Neben dem vertikalen sorgt der Geist für den horizontalen Brückenschlag. Die Christengenerationen, die nicht mehr zu den Augenzeugen des irdischen Jesus gehören, sind auf die Kontinuität zu den Anfängen besonders angewiesen. Diese Aufgabe, die vor allem vom Johannesevangelium, aber auch von anderen Schriften thematisiert wird, wird regelmäßig dem Heiligen Geist zugeschrieben: Er ist der, der an die Lehre Jesu erinnert und sie weiterführt (Joh 15,26; 16,12-15). Er steht hinter den Missionspredigten der Apostel und sorgt für den Glauben (Apg). Er verbürgt das authentische Evangelium (2 Kor 4,13; 11,4). Er wird den künftigen Gemeindeleitern zugesprochen, damit sie das „anvertraute Gut" unverfälscht bewahren können (1 Tim 6,20; 2 Tim 1,14). Er verhilft dazu, die Geister zu unterscheiden und das richtige Bekenntnis zu finden (1 Joh 4,1-3).

10.4.3 Fazit: Der Heilige Geist als „Pontifex Maximus"

Der Geist ist nicht nur der Übersetzer der menschlichen Gebete, sondern überhaupt der Interessenvertreter der Glaubenden vor Gott (weiter dazu Abschnitt 12.3). In diesen Kontext gehört auch die Verheißung, dass der Geist den Menschen in kritischer Situation die richtigen Worte eingibt, (Mt 10,20; Mk 13,11; Joh 14-16; 1 Joh 4,2; weiter dazu Abschnitt 7.2). In allen Fällen agiert der Heilige Geist als Sprachrohr des Menschen, sei es vor Gott, sei es vor Menschen. Als der große „Brückenbauer" (lat. *pontifex maximus*) sorgt er dafür, dass die Anliegen des Menschen vor Gott Gehör finden, dass die Wahrheit vor Menschen vernehmbar wird und der Draht zur Lehre Jesu nicht abreißt.

10.5 Die Gemeinde als Repräsentantin des Geistes

So wie der Geist die Glaubenden vor Gott und der Welt vertritt, so gibt die Gemeinde dem Geist Raum und macht ihn in der Welt sichtbar. Das Neue Testament umschreibt das in mehreren Bildern.

10.5.1 Die Gemeinde als „Leib Christi"

Gegenseitige Bereicherung

Paulus verwendet, um die Einheit der Gemeinde auszudrücken, die Metapher* vom „Leib Christi" (Röm 12,5; 1 Kor 12,13; vgl. Eph 4,4). Die Taufgabe des Heiligen Geistes bedeutet, dass alle Christinnen und Christen ein und dasselbe „Organ" in sich tragen und dadurch zu einem geradezu physischen Organismus verbunden sind. In den Charismen* und in der

Gleichbehandlung aller Gemeindeglieder wird die Gleichartigkeit des Geistes offenkundig (1 Kor 12,7). Der eine Geist sorgt dafür, dass alle Glieder an diesem Leib einander zuarbeiten, sich gegenseitig stärken und bereichern, wie es in einem menschlichen Leib der Fall ist (Röm 12,5; 1 Kor 12,27; Eph 4,25). Dass nicht alle Gemeindeglieder dieselben Talente haben, hat seinen tieferen Sinn: Nur als Teil einer funktionierenden Gemeinschaft kommt der Einzelne weiter. Streitigkeiten oder gar Spaltungen gehen für Paulus an die Substanz; denn nur eine Gemeinde, die äußerlich und innerlich als geschlossene Größe in Erscheinung tritt, dokumentiert die Gegenwart des Geistes. Wo sie in sich uneins ist, fehlt der Geist und verliert christliche Gemeinde ihr unverwechselbares Profil. Der Autor des Judabriefes teilt diese Auffassung: Leute, die den Glauben der Gemeinde verspotten und damit für Spaltungen sorgen, sind sarkische* (fleischorientierte) Menschen, die den Geist nicht haben (Jud 19).

Einigkeit macht stark

Einigkeit im Geist setzt Vergebungsbereitschaft voraus. Die wiederum wird maßgeblich vom „Geist der Sanftmut" ermöglicht. Sanftmut, Barmherzigkeit sowie Verzicht auf gegenseitiges Be- und Verurteilen sind Ausdruck christlicher Solidarität und stärken die Gemeinschaft (Gal 6,1f.). Die Einigkeit im Geist hat auch eine wichtige Schutzfunktion nach außen: Sie hilft, den gemeinsamen Glauben zu verteidigen und lässt sich durch äußere Bedrängnisse nicht aus der Bahn werfen (Phil 1,27-30). „Uniti siamo forti" – gemeinsam sind wir stark! Dieser Slogan passt auf die christliche Gemeinde in besonderer Weise: Eine Gemeinschaft, die zusammensteht, erscheint als „Wagenburg" gegen alle schädlichen Einflüsse des Bösen. Daher hebt die triadische* Segensformel 2 Kor 13,13 die „Gemeinschaft des Heiligen Geistes" in den gleichen Rang wie die Gnade Jesu Christi und die Liebe Gottes – an alledem hängt der Bestand der Gemeinde.

10.5.2 Die Gemeinde als „Tempel des Geistes"

Die Vorstellung einer Einwohnung Gottes im Menschen ist in der Hebräischen Bibel nicht belegt. Wohl aber pflegt die Gemeinschaft von Qumran das Selbstverständnis als „Tempel" in Absetzung vom Jerusalemer Tempelkult. Der jüdische Religionsphilosoph Philo von Alexandrien kennt die Redeweise vom „Einwohnen" des Geistes, der die Menschen zu besonderen Dingen inspiriert* und befähigt.[1] Im Neuen Testament ist der Geist nicht nur Vermittler zwischen Gott bzw. Christus und der Gemeinde,

[1] Sobr 64; Her 46; Somn II 251 u.a.; Inspiration* und Prophetie Gig 23.27 u.ö.; Erkenntnis Immut 143 (Textbelege bei Horn, Angeld 47).

sondern die Gemeinde ist umgekehrt auch der exklusive Wohnsitz, der „Tempel des Geistes". Bei Paulus und seinen Schülern hat diese kultische Metapher* mehrere Bedeutungsfacetten.

Vom Umzug des Geistes in die Herzen der Menschen

Ausgangspunkt ist, dass die Gemeinde und jeder einzelne Glaubende in ihr „Wohnung des Geistes Gottes" genannt werden kann.[1] Damit ist ein wichtiger Unterschied zum jüdischen Kultverständnis markiert: Gott „wohnt" nicht im Jerusalemer Tempel, sondern in den Herzen der Menschen. Gott ist überall da präsent, wo Menschen sich zu ihm bekennen; der Jerusalemer Tempel hat keinen exklusiven Anspruch mehr, die Gegenwart Gottes zu repräsentieren. Eph 2,21f. bezeichnet folgerichtig die Gemeinde als „heiligen Tempel im Herrn", durch den die einzelnen Glaubenden zu einer Wohnung Gottes im Geist miterbaut werden.

Gottes Umzug in die Herzen markiert außerdem die Erfüllung einer endzeitlichen Verheißung: In 2 Kor 6,16 spielt Paulus auf 3 Mos 26,11f. und Ez 37,27 an, wo Gott sein Wohnen bei seinem Volk ankündigt. In Offb 21,3 ist ebenfalls vom neuen Wohnen Gottes unter den Seinen die Rede. Nicht zuletzt impliziert die Auffassung vom Umzug Gottes in die Herzen der Menschen ein besonderes Vertrauensverhältnis: Indem Gott seinen Geist in die Herzen der Menschen einziehen lässt, gibt er sich selbst zu einem wesentlichen Teil in deren Obhut.

Von neuem Kult und Körperlichkeit

Der Rede vom „Tempel des Geistes" entspricht, wenn Jesus die Anbetung Gottes „im Geist und in der Wahrheit", jenseits aller Tempelbauten, ankündigt (Joh 4,23f.). Die Anbetung Gottes geschieht in den Herzen der Menschen, und das hat Konsequenzen für den Umgang mit der Leiblichkeit: Wer seinen Körper dem Geist als „Wohnung" zur Verfügung stellt, gehört dem Einflussbereich Gottes an und lässt dem Bösen keinen Raum. Er ist in diesem Sinne „heilig", abgeschottet vom Weltlichen, gehört nicht sich selbst und steht in einer besonderen Verantwortung dem eigenen Körper gegenüber (1 Kor 6,19). Es passt nicht zusammen, dem Geist Wohnung zu geben und zugleich diese Wohnung den Begierden zu überlassen (1 Kor 3,17). Ehebruch und Hurerei sind aus diesem Grund für Paulus besonders problematisch (1 Kor 6,12-20). – Der Hebräerbrief thematisiert ebenfalls einen neuen, vom Tempel unabhängigen Kult (Hebr 13,15f.: das

---

[1] Röm 8,9.11; 1 Kor 3,16; 6,19; vgl. Eph 2,22 (Wohnung Gottes im Geist); 2 Tim 1,14; Jak 4,5 (Gottes Geist wohnt in euch); 1 Petr 4,14 (der Geist der Herrlichkeit und der Geist Gottes ruht auf euch).

Bekenntnis als Ersatz für Lobopfer). Deutlich erkennbar ist dieser Redeweise die frühchristliche Kritik am jüdischen Tempelkult.[1]

Untervermietung an den Geist – ein Modell mit Zukunft

Zuletzt hat die Rede von der „Wohnung des Geistes" eine soteriologische*, auf das Heil bezogene, Funktion. Wer Gottes Geist in sich trägt, hat gleichsam einen „Garantieschein" auf die Auferstehung, denn der Geist ist als Leben stiftende Kraft Gottes für die Auferstehung von den Toten zuständig (Röm 1,3f.; 8,11). Allerdings wirkt die Garantie nur dann, wenn die ethische Ausrichtung stimmt (Röm 8,13; weiter dazu Abschnitt 12.2).

10.5.3 Fazit: Die Gemeinde als Ort der Gotteserkenntnis

Der Heilige Geist ist die Art und Weise, in der Gott sichtbar und spürbar bei und in den Seinen gegenwärtig ist.[2] Wo er ist, da ist Gott; beide werden in der theologischen Reflexion synonym verwendet und gegenseitig ausgetauscht (Joh 4,24: Gott ist Geist; vgl. auch Eph 2,22 mit 1 Kor 6,19). Die Präsenz Gottes bzw. Christi zeigt sich in vielfältigen Geistwirkungen und Geistesgaben, angefangen vom Bewusstsein der Glaubenden, als Kinder Gottes den direkten Zugang zum Vater-Gott zu haben, über die permanente Stärkung des Glaubens und der Hoffnung bis hin zu einem gemeinschaftlichen Miteinander, das geprägt ist von gegenseitiger Rücksichtnahme, liebevollem Respekt und Vergebungsbereitschaft. Eine Gemeinde, in der in solcher Weise der Geist bzw. Gott selbst sichtbar ist, wird von Paulus als „Brief Christi, geschrieben mit dem Geist" bezeichnet (2 Kor 3,3). Die christliche Gemeinde ist damit als der Ort gekennzeichnet, an dem der Geist Gottes bzw. Christi für alle Welt sichtbar wird. Anders ausgedrückt: Die funktionierende Gemeinde ist das Aushängeschild Gottes und Christi in der Welt.

10.6 Die Bedeutung der Charismen

10.6.1 Sichtbare Belege für die neue Heilswirklichkeit

Paulus spricht ausführlich von Geistes- bzw. Gnadengaben (gr. *charísmata* bzw. *pneumatiká*; besonders Röm 12; 1 Kor 12+14). Die Geistesgaben sind für den Heidenapostel der sichtbare und spürbare Beweis für die Gegen-

---

[1] Mit Horn, Angeld 68-73.

[2] 1 Joh 3,24; 4,13: Wo der Geist ist, ist Gott bleibend da; Röm 8,9: In welchem der Geist Christi wohnt, der gehört zu Christus.

wart Gottes in den Gemeinden. Sie belegen eindrücklich, dass eine neue Zeit angebrochen ist, auch wenn, rein äußerlich betrachtet, alles beim Alten geblieben ist. Die Wirkungen des Geistes Gottes haben das zwischenmenschliche Miteinander bereits nachhaltig verändert, wie am funktionierenden Gemeinschaftsleben zu erkennen ist. Die geistgewirkten Veränderungen wirken sich heilvoll auf das Miteinander der Glaubenden aus und bilden einen Kontrapunkt zum Miteinander in weltlichen Gesellschaften. In diesem Sinne sind die Gemeinden ein „Empfehlungsbrief" für den Apostel (2 Kor 3,2); sein Evangelium wird durch die offenkundige Präsenz des Geistes eindrucksvoll bestätigt.

10.6.2 Bausteine für den Gemeindeaufbau

Die Charismen, die Paulus benennt, sind sämtlich auf den Aufbau der Gemeinde bezogen (1 Kor 12,7; 14,26; vgl. Eph 4,12; 1 Petr 4,10). Spektakuläre Gaben stehen da neben unscheinbaren. Unter anderem nennt er als Gaben die Prophetie (Röm 12,6; 1 Kor 12,28; 1 Thess 5,20), Diakonie (Röm 12,7; 1 Petr 4,11), Lehre (Röm 12,7; 1 Kor 12,28; Eph 4,11), Ermutigung und Ermahnung (Röm 12,8), Gemeindeleitung (Röm 12,8; 1 Kor 12,28), Weisheit und Erkenntnis (1 Kor 12,28), Heilung und Wundertun (1 Kor 12,9.28) sowie Zungenrede (1 Kor 12,10.28). Darüber hinaus werden weitere Charismen erwähnt, wie freiwillige Armut (Apg 4,32-37; 2 Kor 6,10), Gastfreundschaft (Röm 12,9-13; vgl. Hebr 13,2), Leidensbereitschaft (Apg 7,54-60; 2 Kor 11,21-33) und Ehelosigkeit (1 Kor 7,40). Sie alle tragen zum Aufbau und zur Sicherung der Gemeinschaft bei. Wer gegen die Zielsetzung der Gaben arbeitet, „dämpft" den Geist (1 Thess 5,19).

10.6.3 Die Liebe als Leitkriterium

Die Charismenkataloge* des Paulus lassen durchaus unterschiedliche Wertigkeiten erkennen. Als besonders wichtig wird die Gabe der Prophetie eingestuft, also die Fähigkeit, die Zeichen der Zeit richtig zu deuten und für die Gemeinde „inspirierte*", heilvolle Entscheidungen zu treffen. Demgegenüber hält Paulus die Zungenrede, da sie übersetzungsbedürftig ist, für problematisch (1 Kor 14,1-5).[1] Der eigentliche Wert eines Charismas* entscheidet sich nach Paulus an der Liebe. Sie ist die „Summe des Gesetzes" (Röm 13,8-10; Gal 6,2), und so soll jeglicher Dienst an der Ge-

---

[1] Rothermundt, Geist und Rhetorik 46, sieht im Charisma* der Verkündigung ein Sammelcharisma für sieben Einzelcharismen: Prophetie, Lehre, Wort der Weisheit, Wort der Erkenntnis, Wort des Geheimnisses, Offenbarung, Ermahnung. Prophetie bedeute zum einen in Rechenschaft ziehende und überführende Rede (1 Kor 14,24f.), zum anderen erbauende, ermahnende und tröstende Rede (1 Kor 14,3).

meinschaft in Liebe geschehen, da sonst die Gemeinde zu einer Gruppe von Egomanen verkommt. Lieblos eingesetzte Charismen sind unnütz (1 Kor 13,1-3). Während die Geistesgaben nur zeitlich begrenzt wirken, überdauert die Liebe die Zeit (1 Kor 13,8). Das Praktizieren der Liebe trägt hindurch zum „Vollkommenen" (1 Kor 13,10).

10.6.4 Gleichrangigkeit der Geistträger

Jeder Christ hat mindestens eine Geistesgabe (1 Kor 12,7; 1 Petr 4,10). Alle Geistträger sind gleichrangig, denn es ist derselbe Geist Gottes, der hinter den Charismen steht (1 Kor 12,4.7.11). Sie können daher nicht gegeneinander ausgespielt werden; eine Konkurrenz oder ein „ranking" unter den Geistträgern ist nicht vorstellbar. Der Geist als Grundlage der funktionierenden Gemeinschaft stellt alle Glieder auf ein und dieselbe Stufe, auch wenn sie, nach profan*-gesellschaftlichen Kriterien und jenseits des Gemeindelebens, unterschiedlichen sozialen Schichten angehören mögen (vgl. die Armen und Reichen beim Abendmahlsstreit 1 Kor 11 oder Herr und Sklave im Philemonbrief). Diese die sozialen und ethnischen Grenzen sprengende Kraft des Geistes begründet die Ausbreitung des Christentums über die Grenzen des Judentums hinaus.[1]

10.6.5 Fazit: Zeichen der Gegenwirklichkeit Gottes

Charismen sind sichtbare Zeichen der neuen, unmittelbaren Gegenwart Gottes bei den Seinen. Sie dienen dem Gemeindeaufbau und finden in der Liebe ihren gemeinsamen Fluchtpunkt. Unter Geistträgern gibt es keine Konkurrenz, alle Glieder der christlichen Gemeinde sind gleichrangig, unabhängig von ihrer sozialen Herkunft; alle arbeiten einander zu. Wo das der Fall ist, wird Gottes Herrschaft in der Welt sichtbar.

10.7 Ergebnis: Das einigende Band der Gemeinde

Der Geist ist die Größe, die von den ersten Jüngerberufungen an christliche Gemeinschaft begründet. Das Charisma* Jesu von Nazareth schafft durch die Predigt des Evangeliums den Jüngerkreis und zielt auf die Wiedereingliederung Kranker und Sünder in die Gemeinschaft. Nach ihrer Schulung zu Geistträgern durch Jesus erhalten die Jüngerinnen und Jünger an Pfingsten den Heiligen Geist, um mit seiner Hilfe eine neue Form der Gemeinschaft aufzubauen und zu pflegen. Damit ist die letzte Etappe

---

[1] Vgl. Apg 10; 15,9; Röm 10,12; 1 Kor 12,13; Gal 3,28.

des Weges Gottes mit den Menschen eingeläutet. In ihr wirkt der Geist als „Brückenbauer" zwischen Himmel und Erde sowie zwischen Jesus und den späteren Generationen.

Zu den Merkmalen der charismatisch geprägten, frühchristlichen Gemeinschaften gehören Solidarität und gegenseitige Wertschätzung, eine spezifische Streitkultur, eine Ethik* der freiwilligen Selbstzurücknahme um der Gemeinschaft willen sowie – wenn auch nicht in allen Gemeinden gleichermaßen erkennbar – eine Kultur der Geistesgaben. Außerdem ist der Geist die Instanz, die die Gemeinschaft durch ihr glaubwürdiges Erscheinungsbild und durch die Steuerung der Mission nach außen hin ständig erweitert. Wo Gemeinde sich so präsentiert, macht sie die Herrschaft Gottes sichtbar.

In den Gemeinden setzt sich nach frühchristlicher Auffassung der Jerusalemer Tempelkult fort. Die Glaubenden selbst sind der „Tempel des Geistes", sie geben dem Geist und damit Gott selbst Wohnung. Sofern das geschieht, repräsentieren sie Gott, Christus und seinen Geist vor der Welt und machen sie glaubwürdig. In der Bekanntmachung und Verherrlichung Gottes liegt die Zweckbestimmung der Gemeinde (vgl. schon das Bild von Licht und Salz, Mt 5,13-17). Als „Leib Christi" sind die Gemeinden außerdem der Ort der neuartigen Anbetung Gottes. Das zieht zumindest für Paulus eine Ethik nach sich, die auf unversehrte Körperlichkeit großen Wert legt. Hierin sieht er den Schlüssel zur Abwehr des Bösen und zum Erreichen des gemeinsamen Ziels.

Und schließlich gilt: Es gibt zwar vielfältige Gaben und die unterschiedlichsten Talente in der Gemeinde, aber hinter allem steht der eine, die Gemeinde einigende Geist Gottes (1 Kor 12,4). Er sorgt für Einigkeit im Glauben (2 Kor 4,13); gegensätzliche Grundauffassungen über Christus und sein Evangelium lassen sich nicht auf ein und denselben Geist zurückführen (2 Kor 11,4; 1 Joh 4,1-3). Der eine Geist sorgt auch für eine einheitliche ethische Ausrichtung – für ein Handeln im Geist Gottes bzw. Christi (Röm 8,2ff.; 2 Kor 12,18). Und umgekehrt muss durch ein entsprechendes Verhalten um die „Einigkeit im Geist" gekämpft werden (Eph 4,3: Frieden halten).

Anfrage 19: Was rechtfertigt die Säuglingstaufe?

Diese Frage wurde und wird in christlichen Kirchen immer wieder gestellt und unterschiedlich beantwortet. Zur Zeit des frühen Christentums herrschte die Praxis der Erwachsenentaufe vor, die im Anschluss an Predigt und Katechese stattfand.[1] Ausnahmen könnten Kinder gewesen sein,

[1] So noch beim Kirchenvater Hippolyt von Rom (ca. 170-235), Kirchenodnung 46. Bei Irenäus von Lyon (ca. 135-202) findet sich der erste Nachweis der Kindertaufe. Bei

die im Rahmen von „Haustaufen“ mit den Erwachsenen mitgetauft wurden (vgl. Apg 16,15). Erst sehr viel später, im Zusammenhang mit Augustins Erbsündenlehre, wurde die Kindertaufe als Ausdruck der zuvorkommenden Gnade Gottes theologisch bedeutsam. Die Kirchen der Reformation halten am augustinischen Konzept fest. Die Baptisten favorisieren die Erwachsenentaufe und verstehen sie im frühchristlichen Sinne als Abschluss christlicher Unterweisung und als Bekenntniszeichen. Beide Formen lassen sich theologisch rechtfertigen.

Anfrage 20: Naturtalent und Geistesgabe – dasselbe?

Jeder Mensch hat natürliche Begabungen, die christlicherseits auch als Geistesgaben angesehen werden können. In der Substanz sind keine wesentlichen Unterschiede wahrzunehmen. Auch Menschen, die sich nicht zur Kirche zählen, können prophetische Gaben besitzen oder ein Talent zum Führen von Menschen haben, um nur zwei Beispiele zu nennen. Derselbe Geist kann innerhalb und außerhalb der Kirchenmauern erfahren werden – er weht, wo er will. Als Unterscheidungskriterium bleiben die Zielbestimmung und die Wirkung, die der Einsatz der Talente hat. Gaben, die zum Aufbau von Gemeinschaft dienen, und solche, die eine für Menschen heilende, heilvolle Wirkung zeigen, sind als Charismen im ursprünglichen Sinne zu bezeichnen. Gaben, die dem Personenkult dienen oder fragwürdige Wirkungen auf Mensch und Gemeinschaft haben, sind allenfalls eine Zweckentfremdung von Charisma* und bezeugen einen anderen Geist.

Anfrage 21: Geist nur für Kirchenfunktionäre?

Das Dilemma

Es ist ein kontroverstheologischer Dauerbrenner, ob der Heilige Geist in allen Gemeindegliedern gleichermaßen wirkt oder exklusiv an Leitungsfunktionen in der Kirche gebunden ist. Hinter der Diskussion steht ein Dilemma: Sobald sich mehrere Parteien mit gegensätzlicher Meinung auf den Geist Gottes und seine Inspiration* berufen, wird die Frage nach einer schlichtenden oder klärenden Instanz unabweisbar. Wer soll entscheiden, wer im Zweifelsfall die Wahrheit vertritt und wer nicht? Das Dilemma wird im Ersten Johannesbrief paradigmatisch entfaltet und gelöst: Wahr-

---

Cyprian von Karthago (ca. 200-258) und Origenes (ca. 185-254) wird sie bereits als kirchliche Sitte beschrieben, von Tertullian (ca. 150-230) jedoch noch entschieden bekämpft (Kraus, Heiliger Geist 97f.). Zur Regel wurde die Kindertaufe aufgrund eines Beschlusses der 4. Synode von Karthago im Jahre 418 n.Chr.

heit ist dort, wo die geschwisterliche Liebe praktiziert und das entscheidende Bekenntnis (Jesus ist der inkarnierte Christus!) formuliert wird.

Der Geist als Geschenk an alle...

Die Gedanken zu den Charismen* lassen deutlich werden, dass in der neutestamentlichen Zeit (Mitte des ersten bis Anfang des zweiten Jahrhunderts), wenn auch nicht zwingend überall, so doch zumindest in den Gemeinden des Paulus der Geist Gottes als das Gemeinde bildende und strukturierende Element angesehen wurde. Alle Gemeindeglieder haben demnach den Geist und seine Gaben empfangen. Die Ausführungen von Röm 12 und 1 Kor 12 arbeiten einer Hierarchisierung des Geistes ausdrücklich entgegen. Auch nach der Apostelgeschichte ist der Geist eine Gabe an alle Glaubenden – an die ersten Jünger ebenso wie an die Nichtjuden, die sich von der Predigt der Apostel überzeugen lassen und zum Glauben kommen (Apg 2 und 10 u.a.).

In der weiteren Entwicklung des Christentums und mit zunehmendem Wachstum der Gemeinden sind freilich hierarchische Strukturen zur Organisation des Gemeindelebens nicht mehr zu umgehen. Die Anfänge dazu sind im Neuen Testament erkennbar, auch wenn bei „Diakonen", „Presbytern" und „Bischöfen" noch nicht an „Ämter" im späteren Sinne, sondern eher an Funktionsbereiche zu denken ist.

...und als besondere Leitungsgabe

Das Auswahlkriterium für die ersten Diakone um Stephanus ist deren offenkundige Geistbegabung (Apg 6,3-5). Apg 20,28 spricht davon, dass der Heilige Geist „höchstpersönlich" Aufseher (gr. *epískopoi,* wovon das deutsche Wort Bischof abgeleitet ist) einsetzt. Sinn der Formulierung ist es, die Position der Episkopen zu legitimieren und zu stärken. Die Pastoralbriefe beschreiben die frühchristliche Praxis, den Funktionsträgern bei ihrer Einführung den Heiligen Geist per Handauflegung zuzusprechen (1 Tim 4,14; 2 Tim 1,6; vgl. Apg 8,18). Zu den herausragenden Aufgaben der Funktionsträger gehört hier die Bewahrung des „anvertrauten Gutes", d.h. der ursprünglichen, unverfälschten Glaubensinhalte (1 Tim 6,20; 2 Tim 1,14). Diese besondere Verantwortung erfordert eine besondere Zuwendung des Heiligen Geistes.

Fazit: Absicherung besonderer Aufgaben

Besondere Aufgaben werden schon früh durch eine ausdrückliche Geistvermittlung abgesichert und legitimiert. Das bedeutet nicht, dass die Geistbegabung als etwas Exklusives, nur bestimmten Funktionsträgern Zustehendes, angesehen wurde. Eine wichtige Instanz gegen charismatische* Alleingänge von Gemeindeleitern sind die frühchristlichen Gemeindeversammlungen, die in „Einigkeit im Geiste" wichtige Entscheidungen zu treffen hatten.[1]

Anfrage 22: Verschiedene Konfessionen – ein Geist?

Gegensätzliche Grundauffassungen über Jesus Christus sind nach dem Ersten Johannesbrief ein Zeichen für ein Fehlen des Geistes. Das könnte so aufgefasst werden, dass die heutige Existenz verschiedener Konfessionen und Denominationen* ebenfalls ein Zeichen von Geistlosigkeit ist. Eine solch strikte Auslegung, wie sie von Kirchenvätern oder von katholischer Seite bekannt ist[2], ist damit nicht gemeint. Eine bunte Vielfalt in den Konfessionen und Gemeinschaften spiegelt zu allererst die Varietät wider, die dem Geist Gottes selbst zueigen ist. Das Problem entsteht dort, wo sich verschiedene Gruppen gegenseitig den Glauben und die Zugehörigkeit zur Familie der christlichen Kirchen absprechen. Grundsätzlich muss christlichen Gemeinschaften daran gelegen sein, im Wissen um die eigene unzulängliche Erkenntnis das Gespräch mit den anderen Gruppen zu führen, um so zu einem friedlichen und bereichernden Miteinander zu kommen. Es kann allerdings auch geschehen, dass die Differenzen so sehr ins Grundsätzliche gehen – etwa was die Exklusivität Jesu Christi als des entscheidenden Offenbarungswortes Gottes angeht –, dass eine Abgrenzung angezeigt ist. Das gemeinsame christliche Bekenntnis zum dreieinen Gott, wie es etwa im Apostolischen Glaubensbekenntnis gebündelt ist, ist die kritische Marke, an der der Wahrheitsanspruch von Gruppen nach wie vor zu messen ist. Unterhalb dieser „Reizschwelle" ist Vielfalt sogar im Sinne des Geistes; geistlos ist indes die Verweigerung eines geschwisterlichen Dialogs und der Bereitschaft, aufeinander zuzugehen.

Anfrage 23: Gibt es Heil auch außerhalb der Kirche?

Auch die Frage, ob es jenseits der Kirche Heil geben könne, ist ein kontroverstheologisches Thema. Die Formel „nulla salus extra ecclesiam" (es gibt kein Heil außerhalb der Kirche) wurde vom Kirchenvater Cyprian von Karthago (ep. 73.21) im dritten Jahrhundert geprägt. Demnach war die

[1] 1 Kor 5,4; vgl. Mt 18,15-17: Gemeindeausschluss; vgl. das „Apostelkonzil" Apg 15: Zusammenleben zwischen Christen jüdischer und nichtjüdischer Herkunft.

[2] Vgl. dazu die Erklärung „Dominus Iesus" über die Einzigkeit und die Heilsuniversalität Jesu Christi und der Kirche aus dem Jahre 2000: „Die Verheißungen des Herrn, seine Kirche nie zu verlassen [...]und sie mit seinem Geist zu führen [...], beinhalten [...] nach katholischem Glauben, dass die Einzigkeit und die Einheit der Kirche sowie alles, was zu ihrer Integrität gehört, niemals zerstört werden" (IV, 16).

Kirche die allein seligmachende Institution; Ungetaufte konnten kein Heil erwarten. Das Neue Testament scheint die bis heute gültige katholische Sichtweise zu bestätigen. Kirche (gr. *ekklesía*) meint bei Paulus die christliche Gemeinschaft als „Gruppe der Herausgerufenen", die in einer besonderen Verantwortung und in einer exponierten, gefährdeten Position steht. Nur die Gemeinschaft bietet hinreichenden Schutz vor dem Bösen, nur sie vermag auf Dauer im Glauben zu stärken und zu stützen. Die Sphäre der christlichen Gemeinschaft wird mythisch als Sphäre des Lichts, die vor dem Bereich der Finsternis schützt, umschrieben (1 Joh 2,7-11). Einzelkämpfertum ist zum Scheitern verurteilt.
Im katholischen Bereich wurde das apokalyptisch* geprägte Gemeindeverständnis von einem sakramentalistischen Begriff von Kirche abgelöst. Der Zugang zum Heil ist hier an die Institution der Katholischen Kirche als mystischen Leibes Christi und an den Empfang der Sakramente gebunden. Im protestantischen Bereich kommt dem Gedanken der Gemeinschaft zwar auch ein sehr hoher Stellenwert zu, jedoch nicht in einem exklusiven Sinne. Der protestantische Theologe Friedrich Schleiermacher (1768-1834) gesteht dem Diktum Cyprians Wahrheit zu, versteht aber „Kirche" im protestantischen Sinne nicht als äußerliche Institution, sondern (eher im neutestamentlichen Sinne) als Gemeinschaft der zu Christus gehörenden und Erlösung suchenden Menschen.[1]

[1] F. Schleiermacher, Erläuterungen zur IV. Rede, herausgegeben von B. Pünjer, Friedrich Schleiermacher's Reden Über die Religion. Kritische Ausgabe, Braunschweig 1879 222. – Hinweis von Martin Ohst.

11 Der Geist und die Verkündigung

Propheten wie Elia, Elisa und Ezechiel gelten in der Hebräischen Bibel als vom Geist Gottes inspiriert*. Der Geist richtet durch sie die göttliche Botschaft aus und gewährt ihnen visionären Einblick hinter die Kulissen der göttlichen Planungsküche (weiter dazu Abschnitt 3.3). Das Neue Testament, insbesondere die Evangelien und die Apostelgeschichte, bauen diese Facette der Geistvorstellungen aus und generalisieren sie: Es gibt grundsätzlich keine Prophetie ohne den Geist (2 Petr 1,21). Wo Jesus und die Apostel das Evangelium verkündigen, geht es um Wahrheit, Glaubwürdigkeit, Vollmacht und Überzeugungskraft. Der Heilige Geist spielt bei alledem eine zentrale Rolle: Er bezeugt die Wahrheit, sorgt für Glaubwürdigkeit, begründet Vollmacht und steht für Überzeugungskraft. Nach der Apostelgeschichte gibt er der Weltmission die Richtung vor.
Das Kapitel wendet sich zunächst dem Charisma* und der Überzeugungskraft Jesu zu (11.1) und fragt dann nach der „Grundausstattung" der Verkündiger (11.2). Die Steuerung der Weltmission ist der Dreh- und Angelpunkt des Nachdenkens über den Geist in der Apostelgeschichte (11.3). Eine besondere Geistesgabe in diesem Zusammenhang ist der Mut zum freien Reden (gr. *parrhesía*, Abschnitt 11.4).

11.1 Charisma und Überzeugungskraft Jesu

Zur charismatischen Ausstrahlung Jesu von Nazareth wurde schon einiges gesagt (Abschnitt 4.1). „Charisma"* meint hier nicht eine bestimmte Geistesgabe, sondern die durch den Geist gewirkte Anziehungs- und Ausstrahlungskraft, den „Esprit" Jesu. Charisma umschließt Überzeugungskraft, Integrität, Glaubwürdigkeit und Begeisterungsfähigkeit für eine visionäre Schau, die die oft triste Wirklichkeit zu verwandeln vermag. Seine Geistbegabung ermöglicht es Jesus, auf besondere Art und Weise auf Menschen zuzugehen, sie zu belehren, zu heilen und zu führen. Sein gesamtes öffentliches Wirken steht unter dem Vorzeichen der Geistbegabung. So ist sein Charisma der Auslöser für den Glauben der Jünger – sie lassen sich von Jesus faszinieren und folgen ihm ohne langes Zögern. Mit seinem Charisma befreit Jesus die Menschen von den sie knebelnden Dämonen und begeistert sie für das Evangelium von der Gottesherrschaft. Sein Charisma erlaubt es ihm, bis zur letzten Minute zu seiner Mission zu stehen und sie nicht um persönlicher Vorteile willen aufs Spiel zu setzen.
Der Heilige Geist bedient sich der Person Jesu, um die frohe Botschaft zu den Menschen zu bringen. Er statuiert an Jesus, wozu die Begabung mit dem Geist befähigt. Und er erreicht, dass Menschen auch nach Jesu Tod an seinen Überzeugungen und Visionen festhalten. Damit ist der Grundstein für die weitere Ausbreitung des Evangeliums gelegt.

11.2 Die Grundausstattung der Verkündiger

Nach Jesu Tod und Auferstehung wird sein Charisma* auf die Jüngerinnen und Jünger übertragen. Das ist nach Lukas kein Selbstzweck, sondern auf die Bezeugung des neuen Glaubens und der frohen Botschaft gerichtet (Apg 1,8). Der Heilige Geist ist das Medium, mit dem der Auferstandene den Auftrag zur Verkündigung weitergibt (Apg 1,2).
Die Wirkungen, die dem Geist Gottes zugesprochen werden, sind äußerst vielgestaltig. Sie alle stehen im Zusammenhang mit der Verkündigung des Evangeliums und sorgen für ihren Erfolg. Ganz allgemein wird gesagt, dass der Geist „Zeichen und Wunder" bewirkt (Apg 2,19; 6,8; Röm 15,19; Hebr 2,4 u.a.). Wo der Geist Gottes aktiv ist, geschehen wunderbare und unerklärliche Dinge, die auf die Präsenz Gottes hinweisen.
Die Träger des Geistes sind mit Weisheit (gr. *sophía*) ausgestattet[1] und befähigt, Gott zu erkennen (Eph 1,17). Die Geistträger haben Glauben in besonderem Maße.[2] Ausstattung mit Geist und göttlicher Kraft gehören zusammen.[3] Auf wem der Geist Gottes ruht, ist erfüllt von Freude trotz äußerer Bedrängnisse (Apg 13,50-52: Jünger; 1 Thess 1,6: Gemeinde). Wer den Geist Gottes hat, ist zur pneumatischen* Schriftauslegung befähigt und hat ein besonderes Beurteilungsvermögen (1 Kor 2,13.15). Diese Fähigkeiten und Eigenschaften heben den Geistträger über das normal übliche Maß hinaus und verleihen ihm ein besonderes Charisma als Verkündiger und Vorbild für andere. Die Gaben des Geistes bezeugen die Gegenwart Gottes in den Geistträgern und bilden die Grundlage für eine glaubwürdige, vollmächtige und Glauben weckende Verkündigung. Damit das Zeugnis auch nach den Maßstäben der Tora* glaubwürdig ist, wird die Mission von jeweils zwei Aposteln zugleich betrieben (Apg 15,39f. u.a.).[4]

11.3 Die Steuerung der Weltmission

Schon der Verkündigungsweg Jesu ist nach Lukas vom Geist Gottes vorgegeben (Lk 4,14: Jesus kam in der Kraft des Geistes nach Galiläa). Die Apostelgeschichte stellt den Weg der Ausbreitung des frühen Christentums als vom Geist Gottes gesteuertes Unternehmen dar. Andere Schrif-

---

[1] Apg 6,3.10: die Diakonsanwärter; 1 Kor 12,8: christliche Weisheitslehrer; vgl. Mt 11,19: Gottes Weisheit handelte in Johannes dem Täufer und in Jesus, und Lk 2,40: Jesus wurde voller Weisheit und Gottes Gnade war bei ihm.

[2] Allgemein: 1 Kor 12,9, vgl. Gal 5,5; auf besondere Personen bezogen Apg 6,5 (Stephanus) und Apg 11,24 (Barnabas).

[3] Apg 10,38: Jesus; Apg 9,22; 1 Thess 1,5: Paulus, Silvanus und Timotheus; Eph 3,16: starke innere Kraft der Glaubenden; 2 Tim 1,7: Kraft, Liebe und Besonnenheit.

[4] Rothermundt, Geist und Rhetorik 47, unter Hinweis auf das in 5 Mos 19,15 niedergelegte jüdische Zeugenrecht.

ten bestätigen den Zusammenhang von (gelingender) Verkündigung und Geistwirkung (1 Kor 2,4; 1 Petr 1,12). In der Apostelgeschichte wird nicht immer, aber an wichtigen Knotenpunkten der Mission die Aktivität des Geistes betont. Die Knotenpunkte werden im Folgenden vorgestellt. Auffallend ist, dass die Weltmission, die ihren Ausgang in Jerusalem nimmt, später nach Jerusalem zurückgelenkt wird, bevor Paulus Rom erreicht.[1]

11.3.1 Pfingsten: Verleihung von Sprachkompetenz

Der Anfangspunkt der Weltmission ist das Pfingstereignis in Jerusalem. Die Ausgießung des Geistes dient einzig und allein dem Zweck, das Evangelium in die Welt zu tragen (Apg 1,8: „ihr werdet meine Zeugen sein bis ans Ende der Erde"). Zuerst werden die neuen Geistträger befähigt, sich den Völkern in deren Sprachen verständlich zu machen (Apg 2,4). Ein mühsames Erlernen der Fremdsprachen wird so übersprungen, die fehlende Kenntnis wird durch den Geist kompensiert (vgl. auch Abschnitt 10.2).

11.3.2 Jerusalem: Opposition gegen den Geist

Die Apostelpredigten in Jerusalem (Apg 2,14-36; 3,12-26; 4-8-12: Petrus; 7,1-53: Stephanus) stoßen auf ein geteiltes Echo: Viele Menschen finden zum Glauben und zur christlichen Gemeinschaft, viele verweigern sich der Botschaft (Apg 2,37-47 *versus* 4,1-22; 5,17-33; 7,54-60). In dieser ersten, kritischen Phase der Verkündigung schenkt der Geist seinen Zeugen neben Weisheit, Gnade und Kraft (Apg 6,3.8) den Mut zur offenen, freien und überzeugenden Rede (gr. *parrhesía*, Apg 4,13.31; 6,10). Mit diesen Gaben gelingt es, so viele Menschen zu überzeugen, dass die Gegner davor zurückschrecken, den Aposteln den Prozess zu machen (Apg 4,21; 5,26.34-42; weiter zur Gabe der *parrhesía* vgl. Abschnitt 11.4).

11.3.3 Samaria: Charisma *versus* käufliche Magie

Die erste Station der Weltmission außerhalb Jerusalems und Judäas ist Samaria. Dass die Mission überhaupt über die Grenzen Judäas hinausgetragen wird, ist nach Lukas ein Nebeneffekt der ersten Christenverfolgung in Jerusalem: Philippus, ein griechisch sprechender Diasporajude aus dem Umfeld des Stephanus[2], kommt auf seiner Flucht nach Samaria. Dieser Landstrich stellt ethnisch und kultisch die Brücke zwischen Juden und

[1] Darauf macht Schneider, Geist 61, aufmerksam.
[2] Axel von Dobbeler, Der Evangelist Philippus in der Geschichte des Urchristentums. Eine prosopographische Skizze (TANZ 30), Tübingen / Basel 2000.

Nichtjuden dar.[1] Der geistbegabte Philippus (Apg 6,3-5) weckt den Glauben der Samaritaner, indem er predigt, Dämonen austreibt und heilt (Apg 8,4-8). Die Neugetauften erhalten den Heiligen Geist jedoch erst durch die aus Jerusalem nachgereisten „Urapostel" Petrus und Johannes (Apg 8,14-17). Die Gleichrangigkeit der Samaritaner mit den Juden wird durch die beiden zentralen Figuren aus dem unmittelbaren Umkreis Jesu bestätigt. Ganz nebenbei erweist sich der Geist Gottes dem Simon Magus, einem professionellen Magier in Samaria, überlegen. Die Szene (Apg 8,18-25) hebt hervor, dass der Heilige Geist nicht käuflich, sondern unverfügbar ist. Anstelle kostenpflichtiger magischer Praktiken sind Gebet und Handauflegung durch autorisierte Apostel die adäquate Form der Geistübertragung.

11.3.4 Der äthiopische Finanzminister: Ein göttlich arrangiertes Rendezvous

Im Anschluss an die Vorgänge in Samaria wird Philippus durch einen Engel und später durch Gottes Geist auf die Straße nach Gaza geschickt, um den Schatzmeister der äthiopischen Königin Kandake abzufangen (Apg 8,26-29). Das göttlich arrangierte Zusammentreffen dient dem Zweck, den hochrangigen Vertreter Äthiopiens zum christlichen Glauben zu bringen. Nach vollzogener Taufe wird Philippus vom Geist nach Aschdod entrückt, um die Küstenregion entlang des heutigen Gazastreifens zu missionieren (Apg 8,39f.).

11.3.5 Die Bekehrung des Saulus: „Chefsache"

Die Bekehrung des einstigen Pharisäers und Christenverfolgers Saulus Paulus, eines gelernten Zeltmachers aus Tarsus, wird von Lukas als „Chefsache" dargestellt (Apg 9,1-18). Der erhöhte Christus fängt ihn auf dem Weg nach Damaskus ab und gibt sich ihm zu erkennen. Weiter arrangiert Christus ein Treffen des damaszenischen Christen Hananias mit Paulus. Dieser heilt Paulus von seiner Blindheit und überträgt ihm den Heiligen Geist durch Handauflegung. Die Taufe erfolgt in diesem Fall danach.

Christus selbst sorgt nach dem Bericht dafür, dass die 180-Grad-Wende des Paulus zustande kommt. Die Geistausstattung des Heidenapostels erfolgt durch einen Christen, der selbst bereits Geistträger ist. Mit seiner Geistbegabung erzielt der Neubekehrte mindestens einen ebenso hohen Wirkungsgrad wie zuvor als fanatischer Christenverfolger (Apg 9,20-22). Am Ende steht die Notiz von der geistgewirkten, gelungenen Mission in Judäa, Galiläa und Samaria (Apg 9,31).

---

[1] Jürgen Zangenberg, Die Samaritaner, in: K. Erlemann u.a. (Hgg.), Neues Testament und Antike Kultur Bd.3, Neukirchen-Vluyn 2005, 47-50.

11.3.6 Petrus und Kornelius: Auftakt der Mission unter Nichtjuden

Während bislang nur Juden und Samaritaner in den Genuss des Geistempfangs kamen, werden mit der Episode um den römischen Hauptmann Kornelius (Apg 10) ausdrücklich auch Nichtjuden zu Geistträgern.
Kornelius, ein in Cäsarea am Meer stationierter römischer Centurio, ist ein dem Judentum gegenüber aufgeschlossener Gottesfürchtiger[1]. Von ihm heißt es, dass er die Juden nach Kräften förderte (V.22). Seine Begegnung mit Petrus ist von schicksalhafter Bedeutung für den weiteren Weg der frühchristlichen Mission. Arrangiert wird sie durch Visionen, die durch einen Engel und durch Christus selbst vermittelt werden (V.3-7.10-16) sowie durch das abermalige Wirken des Heiligen Geistes (V.19f.). Die höchsten Autoritäten werden aufgeboten, um die jüdischen Speise- und Reinheitsgebote, die für Judenchristen wie Petrus bis dato noch galten, als überholt zu erweisen (V.12-15: Speisegebote; V.28f.: Reinheitsgebote). Petrus wird durch den Geist zur Einsicht gebracht, dass Gott keine Unterschiede zwischen Juden und Nichtjuden macht, und predigt daraufhin das Evangelium vor den römischen Soldaten (V.34-43) – und das mit vollem Erfolg: Der Heilige Geist fällt spontan auf die Zuhörer und befähigt sie zum Lobpreis in Zungenreden (V.44-46). Angesichts dieser Geistwirkung ist den Nichtjuden die Taufe nicht mehr zu verwehren (V.47f.).
Die Episode ist die Grundlage für die Beschlüsse des so genannten Apostelkonzils (Apg 15,1-29). Der Heilige Geist selbst steht letztlich hinter der uneingeschränkten und beschneidungsfreien Mission unter Nichtjuden (Aposteldekret, V.28f.). Als die vom Geist Gottes inspirierte* Richtung der Mission ist sie, gegen alle Widerstände skeptischer Kreise, von höchster Stelle legitimiert.[2]

11.3.7 Antiochien: Beauftragung von Paulus und Barnabas

Den Startschuss für die erste Missionsreise (ca. 47 n.Chr.) gibt der Heilige Geist in Antiochia „persönlich" (Apg 13,1-3). Barnabas und Paulus sind die dafür designierten Apostel. Der Weg der Mission erscheint hier als Teil eines lange feststehenden, göttlichen und durch den Geist vermittelten Plans. Die Anweisungen des Geistes werden nicht diskutiert, sondern ohne Zögern befolgt. Der besonderen Verantwortung der beiden tragen die Antiochener durch Fasten, Beten und Handauflegung Rechnung (dazu vgl. Abschnitt 10.3 und Anfrage 21).

---

[1] Dazu Bernd Wander, Gottesfürchtige und Proselyten, in: K.Erlemann u.a. (Hgg.), Neues Testament und Antike Kultur Bd.3, Neukirchen-Vluyn 2005, 50-52.
[2] Vgl. Apg 11,12-18: Rechtfertigung des Petrus vor den Jerusalemer Judenchristen.

Die Widerstände, die Paulus und Barnabas auf ihren ersten Stationen erfahren, können sie mithilfe des göttlichen Geistes überwinden: Auf Zypern wird der Zauberer Elymas entlarvt und bestraft, der dortige Statthalter kommt als Augenzeuge des Vorgangs zum Glauben (Apg 13,4-12). Die Opposition von Juden in Pisidien kann den Aposteln die göttlich geschenkte, pneumatische* Freude über die Missionserfolge nicht nehmen (Apg 13,52). Nach einer Steinigung steht Paulus wieder auf – eine Wirkung des Geistes, auch wenn sie nicht ausdrücklich so genannt wird (Apg 14,19f.).

11.3.8 Die Lenkung der Mission nach Europa

Die zweite Missionsreise (ca. 49-52 n.Chr.) verläuft für Paulus und Silas deutlich anders als ursprünglich geplant. Gleich mehrfach ändert sich durch Intervention des Geistes die Route (Apg 16,6: Phrygien und Galatien statt Provinz Asien; V.7f.: Mysien und Troas statt Bithynien). Schließlich gibt eine nächtliche Vision den Weg nach Europa vor (16,9f.). Widerstände in Philippi werden durch göttliches Eingreifen überwunden (16,23-40).

Der Heilige Geist begleitet Paulus auch auf der dritten Missionsreise (ca. 52-55 n.Chr.). In Ephesus fällt er auf Neugetaufte und schenkt ihnen die Gaben des Zungenredens und der Prophetie (Apg 19,6). Paulus vollbringt nicht geringe Wunder, unter anderem Heilungen und Exorzismen* (Apg 19,11f.; vgl. 14,3). Dass böse Geister nur durch autorisierte Geistträger zu bezwingen sind, bezeugt die Anekdote der sieben Söhne des Skeuas (Apg 19,13-20). Die Söhne des jüdischen Hohenpriesters von Ephesus versuchen, den Namen Jesu für Exorzismen zu missbrauchen. Der Dämon durchschaut das Spiel und richtet die Skeuassöhne übel zu. Der Vorfall führt bei den Augenzeugen – Juden wie Nichtjuden – zum Glauben.

Anschließend nimmt sich Paulus „in seinem Geist" vor, durch Mazedonien und Achaja zu ziehen und nach Jerusalem zurückzukehren (Apg 19,21). Es bleibt offen, inwiefern er hierin vom Geist Gottes gesteuert ist.

11.3.9 Die Regelung der Nachfolge des Paulus

Auch die letzte Etappe der paulinischen Reisetätigkeit wird vom Geist gesteuert. Paulus muss, ob er will oder nicht, nach Jerusalem, wo ihn die Inhaftierung erwartet. Dieses Wissen vermittelt ihm der Heilige Geist auf seiner Reise mehrfach. Es bleibt Paulus keine andere Wahl, als dieses als sein Schicksal zu akzeptieren (Apg 20,22-24: vgl. 19,21). Für seine Nachfolge sorgt der Heilige Geist selbst: Er setzt in Ephesus Aufseher (gr. *epískopoi*) ein, die die dortige Gemeinde weiterführen sollen (Apg 20,28).

11.3.10 Beistand auf dem Weg nach Rom

Der Rückweg des Paulus nach Jerusalem wird kontinuierlich vom Heiligen Geist begleitet. In Tyrus wollen Christen Paulus von seinem Weg abbringen; in Cäsarea sagt der Prophet Agabus Paulus die kommende Inhaftierung voraus (Apg 21,10-14). Paulus lässt sich aber nicht davon abbringen, dem göttlichen Plan zu folgen. Die Stärke, mit der Paulus der Versuchung widersteht, aus dem prophetischen Wissen persönliches Kapital zu schlagen, darf ihrerseits als Geistwirkung gelten, die der Immunität Jesu gegen die Versuchungen Satans vergleichbar ist.
Für die letzte Etappe seiner Zeugenschaft wird Paulus von Christus gestärkt (Apg 23,11 als Erfüllung von Apg 1,8!). Den Schiffbruch vor Malta vor Augen, kann Paulus aufgrund einer nächtlichen Traumvision der Schiffsmannschaft sogar den Weg zur Rettung vorgeben (Apg 27,21-26). Einen Schlangenbiss auf Malta überlebt Paulus unversehrt und heilt auch noch den Vater eines angesehenen Inselbewohners (Apg 28,3-10). In der Rückschau sieht Paulus seine Mission unter Nichtjuden noch einmal durch den Geist vorhergesagt und legitimiert (Apg 28,25-28).

11.3.11 Fazit: Viele Mittel führen zum Missionserfolg

Der Heilige Geist arrangiert von langer Hand den Weg der Verkündigung von Jerusalem bis Rom. Er stattet die Apostel mit den nötigen Charismen* aus, nutzt viele Mittel der Lenkung und bringt das Evangelium gegen alle Widerstände in aller Welt, auch unter Nichtjuden, zum Ziel. Die Geistträger können sich der Steuerung durch den Geist nicht entziehen, werden von ihm immer wieder bewahrt und gegen die Versuchung, eigene Wege zu gehen, gestärkt. Lediglich bei der Berufung des Paulus und am Ende seines Weges greift der erhöhte Christus selbst ins Geschehen ein.

11.4 Die Lizenz zum Reden

Das Schlusswort der Apostelgeschichte führt über zu einer wichtigen Geistesgabe, die in unmittelbarem Zusammenhang mit der Verkündigung steht. In Apg 28,31 heißt es: Paulus verkündigte „mit allem Freimut ungehindert". Das griechische Wort, das Luther mit Freimut übersetzt, heißt *parrhesía* (lat. *licentia*).[1]

[1] Zum Folgenden vgl. Erlemann, Lizenz zum Reden.

11.4.1 Der Begriff *parrhesía*

Parrhesía (gr.) bzw. *licentia* (lat.) meint in der antiken Philosophie und Rhetorik[1] eine überzeugende Art der Rede. Ihr Kennzeichen ist das offene Benennen der Wahrheit, gepaart mit persönlicher Integrität und Zivilcourage. Der negative Gegenbegriff ist Schmeichelei (gr. *kolakeía,* lat. *adulatio*). Die Reaktion auf eine mit *parrhesía* vorgetragene Rede ist überwältigend, die Angesprochenen können sich der Wirkung nicht entziehen.
Im frühen Judentum ist *parrhesía* eine Eigenschaft Gottes, des Weisen und des Gerechten (Spr 1,20LXX; Weish 5,1; Philo, Her 14). Der Bekennermut von Märtyrern wird ebenfalls *parrhesía* genannt (4 Makk 10,5).
Im Neuen Testament bezeichnet der Begriff den von Gott geschenkten (Frei-)Mut, unpopuläre Wahrheiten auszusprechen (Apg; 1 Thess 2,2), die Zuversicht des Glaubenden im Endgericht (1 Joh 2,28; 4,17) und den freien Zugang zu Gott (Hebr 10).
Die Apostelgeschichte verwendet den Begriff im griechisch-rhetorischen Sinne als freimütige, besser: mutige, offene und überzeugende Rede.[2] Mutig sind die Apostelreden in Apg 2 und 4 deshalb, weil sie die Schuld der jüdischen Führungsschicht, an die die Reden gerichtet sind, am Tod Jesu beim Wort nennen. Außerdem war es überaus mutig, wenn nicht gar waghalsig, sich vor versammeltem Volk zu Jesus zu bekennen. Die Wirkung der Reden spricht für sich: Eine Massenbekehrung (Apg 2,41) sowie Verwunderung und Sprachlosigkeit angesichts der offensichtlichen Wahrheit des Gesagten (Apg 4,13f.). In Reden an Nichtjuden fehlt der Begriff indes weitestgehend.[3]

11.4.2 Das Bildungsideal der Zeit: Weisheit und Rhetorik

Die Erziehung der hellenistischen* Bildungsschicht[4] umfasste neben dem Elementar- und Grammatikunterricht auch eine fundierte Ausbildung in Philosophie und Rhetorik. Gerade die rhetorische Bildung war für eine Karriere im öffentlichen Leben unerlässlich. Das Philosophiestudium sollte zur richtigen Lebensführung anleiten und umfasste den Unterricht im

---

[1] Cicero, Orat 3, 205: Parrhesie ist ein Mittel zur Steigerung der rhetorischen Wirkung. Konkret meint Cicero das etwas unbeherrschte, aber rhetorisch kontrollierte Wort (*vox quaedam libera atque etiam effrenatio augendi causa*). Quintilian, Rhetorica ad Herennium IV 36,48 (1. Jh. v. oder n. Chr.) beschreibt *licentia* als freimütige Rede vor denen, vor denen man sich scheuen oder fürchten müsste, „wodurch wir den Eindruck erwecken, wir würden sie oder diejenigen, die sie lieben, für irgendeinen Irrtum zu Recht tadeln."

[2] Apg 2,29: Petrus; 4,13: Petrus und Johannes; 4,29-31: die versammelte Gemeinde; 9,27f.: Paulus; 13,46: Paulus und Barnabas: 18,26: Apollos; 28,31: Paulus.

[3] Apg 28,31 ist ohne Adressatenangabe, aber Paulus steht beim Predigen unter Arrest!

[4] Dazu Ralph Brucker, Rhetorische und philosophische Bildung, in: K. Erlemann u.a. (Hgg.), Neues Testament und Antike Kultur Bd.2, Neukirchen-Vluyn 2005, 241-244.

gesamten Wissensspektrum der Zeit. Weisheit zu besitzen galt als das höchste Bildungsgut (u.a. Quintilian, Inst. Orat. I, Vorrede, 13-20). Spuren der neutestamentlichen Auseinandersetzung mit dem zeitgenössischen Bildungsideal finden sich besonders bei Lukas und bei Paulus.

11.4.3 Das Vorurteil: Christen sind ungebildete Analphabeten

Der Evangelist Lukas, der selbst die Bildungseinrichtungen seiner Zeit durchlaufen hat, sieht in geistgewirkten Erkenntnissen und Fähigkeiten gerade so genannter Ungebildeter ein Gegenmodell zur etablierten Weisheit und Rhetorik. Der zwölfjährige und rhetorisch ungebildete Jesus erzeugt mit seiner Predigt im Jerusalemer Tempel große Verwunderung (Lk 2,47). Nach dem bereits zitierten „Jubelruf Jesu" (Lk 10,21-24) haben die Unmündigen den Weisen und Klugen der Welt das entscheidende Wissen voraus. Gottes Offenbarungen sind ungleich wertvoller als das angehäufte Wissen der Philosophen, Propheten und Machthaber. Dieses Element sozialer Umkehrung (vgl. Abschnitt 4.2) setzt sich in der Apostelgeschichte fort. Hier werden die Apostel von ihren Zeitgenossen als ungebildete Analphabeten, zumindest als Laien in Sachen Rhetorik, angesehen (Apg 4,13: gr. *agrámmatoi idiótai*). Sie sind befremdet darüber, dass solche Menschen überhaupt öffentlich reden und auch noch überzeugen können.
Paulus äußert sich mehrfach zum Thema Weisheit und Philosophie. Er geht deutlich offensiver als Lukas vor, polemisiert gegen menschliche Weisheit und weist das Ideal rhetorisch ausgefeilter Redeweise zurück (besonders in 1 Kor 1,17ff.; 2,4 und 1 Thess 2,4-6). Das Gegenmodell sind für ihn die Weisheit Gottes, die vor den Menschen Torheit ist (1 Kor 1,18; 2,13), sowie der Geist und die Kraft Gottes, deren Wirkung nicht auf Bildungsarbeit zurückzuführen, sondern in den Schwachen mächtig ist (1 Kor 2,4; 2 Kor 12,9). In 2 Kor 10,10 leugnet der Apostel, ein großer Rhetor zu sein, kurz darauf nennt er sich sogar einen „Laien in der Redekunst" (gr. *idiótes tou lógou,* 2 Kor 11,6). Seine geistgewirkte Erkenntnis ist entscheidender als jede Rhetorik. Gleichwohl ist nicht abzustreiten, dass Paulus die Regeln der Rhetorik kennt und mit ihrer Hilfe auch erfolgreich argumentiert. Nach lukanischer Darstellung sind Paulus und Apollos, anders als die Jerusalemer „Urapostel", durchaus gebildet und erfüllen die formalen Bildungsstandards (Apg 18,24: Apollos; 22,3: Paulus). Beide verbinden demnach göttliches Charisma* mit hellenistischer* Bildung.

11.4.4 Der charismatische Ausgleich: Göttliche Weisheit, Überzeugungskraft und Gnade

Die Alternative zum etablierten Bildungsweg heißt bei Lukas und Paulus: Gnade (gr. *cháris,* lat. *gratia*), Überzeugungskraft (gr. *parrhesía*) und gött-

liche Weisheit (gr. *sophía*, lat. *sapientia*). Schon im frühen Judentum wird nicht derjenige weise genannt, der eine Philosophenschule durchlaufen hat, sondern der, der sich von der Weisheit Gottes leiten lässt (so Esra nach Flavius Josephus, Ant XI 129). Für den jüdischen Geschichtsschreiber sind Joseph und Salomo Prototypen der Weisheit (Ant II 87; Ant VIII 49); nach Philo von Alexandrien sind es Abraham und Mose. Sie werden, erfüllt vom Geist und der Gnade Gottes, von weltlichen Belangen frei und gelangen so zu höchster Erkenntnis und größter Gottesnähe (Abraham: Migr 32, Mose: Immut 109f.). Wahre Weisheit kommt aus den Offenbarungen Gottes. Für Philo hängen Weisheit, Gnade und Vollkommenheit zusammen. Noah und Mose sind Prototypen von Menschen, die die Gnade bzw. Gunst Gottes erfahren (Noah: LegAll III, 77f.; Mose: LegAll III, 134f.). Nach der Rede des Stephanus waren Josef und Mose mit Gnade und Weisheit ausgestattet (Apg 7,10.22).
Weisheit, Geist und Gnade gehören auch nach Lukas unmittelbar zusammen. Der aus dem Geist gezeugte Jesus ist schon als Kind voller Weisheit, und Gottes Gnade begleitet ihn (Lk 2,40.52; vgl. 4,22). Nach seiner Auferstehung erinnern sich die Jünger an ihn als einen Propheten, „mächtig in Taten und Worten" (Lk 24,19; vgl. Mose nach Apg 7,22). Die Apostel bekommen von Jesus als Grundausstattung für ihren Dienst „Mund (also: Befähigung zu reden, *parrhesía*) und Weisheit" verheißen, und zwar in einem Maße, dass die Gegner nicht widerstehen noch widersprechen können (Lk 21,15).
Die Verheißung erfüllt sich in den oben erwähnten Apostelreden Apg 2 und 4. Neben Petrus und Johannes wird auch den sieben Diakonen attestiert, sie seien voll Heiligen Geistes und Weisheit (Apg 6,3). Stephanus hält seine große Rede in Weisheit und Geist (Apg 6,10) und tut dazu Zeichen und Wunder. Die Glaubwürdigkeit der Apostel speist sich nicht aus einer gesellschaftlich anerkannten Ausbildung, sondern einzig und allein aus dem Geist Gottes und seinen Gaben. Die Apostel, so Lukas, sind hierin, wie auch in ihrem Schicksal, Jesus vergleichbar. Und sie sind den zeitgenössischen Rhetoren und Schriftgelehrten durchaus ebenbürtig, ja überlegen. Die überzeugende Wirkung, vom Geist Gottes bewirkt, legitimiert den Inhalt ihrer Rede. Die Rede ist wahr, daran kann nicht gezweifelt werden, selbst wenn die Redner noch so sehr ungebildete Analphabeten sind. *Parrhesía, sophía* und *cháris* befähigen die Apostel, die Wahrheit ihrer Botschaft überzeugend und unwiderstehlich auszurichten.

11.4.5 Das Ziel: (Selbst-)Vermittlung des Geistes

Ziel und Zweck der Reden Jesu und der Apostel ist der Glaube an die frohe Botschaft bzw. an die Wahrheit über Jesus von Nazareth. Die Zielgruppe, mit der es besonders Lukas und Paulus zu tun haben, besteht nicht nur aus bereits bekehrten Christen, sondern auch aus gebildeten Nichtchristen.

Um intellektuell punkten zu können, gibt es zu jener Zeit zwei Möglichkeiten: Entweder der Redner und seine Lehre sind gesellschaftlich anerkannt oder die Wahrheit seiner Lehre ist evident und unangreifbar. Im Falle von Jesus und den Aposteln ist Letzteres der Fall – so die Darstellung des Lukas und des Paulus. Der Heilige Geist vermittelt sich in ihren Reden selbst. Denen gegenüber, die den Geist nicht erkennen können, weil sie keinen Sensus für ihn haben (Joh 14-16; Apg 19,2; 1 Kor 2,14), drängt er sich über das Medium der rhetorisch überzeugenden Rede förmlich auf. Der Geist macht gleichsam Werbung für sich selbst, indem er das Charisma der Geistträger öffentlich wirksam sprühen lässt. Das Wunder besteht darin, dass dieses Charisma* offensichtlich keine Frucht der Bildung ist.

11.4.6 Fazit: Spontanes Charisma statt erlernte Rhetorik

So wie der Geist Gottes den Weg der Mission steuert, so prägt er auch das Wie? der Missionspredigt. In der Situation der Anfeindung, gerade zu Beginn der nachösterlichen Verkündigung, verhilft er den Aposteln zu überraschender Ausstrahlung und Überzeugungskraft. Das junge Christentum vermochte es, dank der vom Geist verliehenen *parrhesía,* auch die intellektuellen Schichten seiner Zeit zu überzeugen. Mit dem Siegeszug des Christentums wird die etablierte Bildung mit christlichen Charismatikern* konfrontiert, die ihm auf Dauer den Schneid abkaufen. An die Stelle einer langjährigen Bildungskarriere tritt die spontane Qualifizierung durch Gott bzw. seinen Geist. Die Wahrheit des christlichen Glaubens setzt sich durch, gegen alle Vorbehalte und Wertmaßstäbe. Das Ziel des lukanischen Apostelbildes ist es, Vorbehalte gebildeter Juden und Nichtjuden gegen eine neue Lehre provinzieller Herkunft auszuräumen.

11.5 Ergebnis: Selbstdurchsetzung des Geistes

Ohne Heiligen Geist keine effektive Verkündigung, ohne Geist keine Kirche – so könnte man den Stellenwert auf den Punkt bringen, den nach neutestamentlichem Zeugnis der Geist bei der Ausbreitung der frohen Botschaft hat. Die vom Geist gelenkte und unterstützte Verkündigung ist, neben Exorzismen* und Heilungen, ein wichtiger Weg, der Wahrheit über Gott und seinen Heilsplan in der geist-losen Welt Gehör zu verschaffen. Nicht mit den Mitteln philosophischer Logik und Rhetorik, sondern mit dem Mittel unmittelbarer Einsichtigkeit erreicht die Botschaft ihre Zuhörer. Das entspricht der Wahrheit Gottes, die nicht mit menschlicher Weisheit, wohl aber mit der Erfahrung von Heil und Heilung zu erfassen ist. Heil und Heilung sind das Vermächtnis Gottes und werden durch den Heiligen Geist den Menschen vermittelt. Das, was Gottes Geist ausmacht, setzt sich selbst durch – in Zeichen, Wundern und in geisterfüllter, überzeugender Predigt.

Anfrage 24: Weshalb ist persönliche Glaubwürdigkeit so wichtig?

Die Wahrheit des christlichen Glaubens entzieht sich der intellektuellen Kritik. Sie ist nur dem inspirierten* Glaubenden, und zwar im Zirkel von pneumatischer* Autorschaft und inspirierter Schriftauslegung zugänglich. Diese Wahrheit, deren Spitze die Deutung des Kreuzestodes Christi als Heils- und Versöhnungstat Gottes ist, stellt die menschliche Logik auf den Kopf. Während der „dogmatische" Teil des christlichen Glaubens dem intellektuellen Zugriff entzogen bleibt und schlichtweg „Glaubenssache" ist, bildet das ethische Verhalten der Christinnen und Christen die Brücke, um diesen Glauben vor der Welt glaub-würdig zu machen. Die Ethik ist die Nagelprobe der Glaubenswahrheit. Damit tragen die Vertreter des Glaubens eine enorme Verantwortung: Christliche Verkündigung erreicht die Menschen nur dann, wenn das „Bodenpersonal Gottes" zeigen kann, was es heißt, „geistgemäß" (gr. *katá pneúma*) zu leben.

Anfrage 25: Worin zeigt sich heute inspirierte Rede?

Ein wesentlicher Faktor dafür, dass in Predigt oder Unterricht der Funke überspringt, ist die Glaubwürdigkeit des Sprechers bzw. der Sprecherin. Und die hängt wesentlich davon ab, ob der Inhalt der Predigt durch die Lebenserfahrung der beteiligten Seiten abgedeckt ist. Eine hochintellektuelle Predigt, sei sie theologisch noch so treffend und geschliffen, geht an den Herzen der Zuhörerschaft vorbei, wenn sie nicht an der Lebenserfahrung anknüpfen kann. Die Adressaten einer Predigt und eines Unterrichts haben ein genaues Sensorium dafür, ob die gesagten Worte authentisch sind oder nicht. Daher ist es m.E. notwendig, theologische Grundbegriffe wie Sünde, Gnade, Vergebung oder Reich Gottes zu übersetzen und mit Leben zu füllen, wenn sie nicht als leere Phrasen ankommen sollen. Und es ist auch ein persönlicher Gewinn, die Grundbegriffe der Theologie immer wieder neu durchzubuchstabieren!

Anfrage 26: Können auch Kinder inspiriert sein?

Der „Jubelruf Jesu" (Lk 10,21-24) stellt den Vorzug der Unmündigen gegenüber den Weisen dieser Welt heraus, denn sie begreifen Dinge, die „Profis" verschlossen bleiben. In der Tat ist es oft so, dass wir „Profitheologen“ für einfache Zusammenhänge betriebsblind sind. Die scheinbar „einfachen“ Fragen der Kinder in den Schulen oder im Kindergottesdienst sind oft die allerschwersten und legen den Finger auf die blinden Flecken unseres abstrakt-logischen Erwachsenenverstehens. Zugleich können Kinder auf frappierende Weise Zusammenhänge deutlich machen, die uns Erwachsenen verborgen bleiben, weil wir zu sehr in eingefahrenen Bahnen und Schablonen denken.

Ein Beispiel für „inspirierte*“ theologische Überlegungen von Kindern ist die Äußerung eines Grundschülers: „Ich glaub eigentlich nicht, dass die Toten alle bei Gott sind. Weil, denk mal, das sind doch bestimmt fast eine Million oder so. Wenn die alle bei Gott wären, würden ja die ganzen Wolken runterfallen. Ich denk mir eher, die Toten sind bei Gott im Herzen.“ (Äußerung eines Grundschülers). Diese und ähnliche Äußerungen zeigen, dass *„(Vor-) Schüler/innen nicht nur theologisch relevante Fragen stellen, sondern sie eigenständig und ernsthaft durchdenken und beantworten (können).“*[1] Die Diskussion um eine „Kindertheologie“ hat in den vergangenen Jahren den Sinn dafür geschärft, dass Kinder oft zu theologischen Einsichten kommen, die auf ihre Art „inspiriert“ genannt werden dürfen, da sie helfen, eine drängende Frage auf wohltuende und befreiende Weise zu beantworten. Gegen die traditionelle Abwertung kindlichen Denkens zeigen Kinder oftmals eine ganz eigene „Logik“ und Kompetenz, mit theologischen Fragen umzugehen, anders als Erwachsene es vermögen. Das oben genannte Beispiel lenkt den Blick auf das kindlich-naive Weltbildschema von oben und unten und löst das Problem des Aufenthaltsorts der Toten auf eine originelle Art und Weise. Erstaunlich mag dabei erscheinen, dass der Grundschüler unbefangen vom Herzen Gottes spricht und damit offensichtlich positive Aspekte wie Wärme, Liebe und Geborgenheit assoziiert.

Das Beispiel ermutigt, das inspiriert-kreative Potenzial von Kindern und damit die „Geistesgegenwart“ in ihnen neu zu entdecken. Jesus selbst stellt die Kinder nicht nur in seinem „Jubelruf“ in die Mitte (vgl. nur die Kindersegnung Mk 10,13-16 und die Jüngerrede Mt 18).

Anfrage 27: Absage an Bildung und Rhetorik?

Das Kapitel stellt die Bedeutung des Geistes für eine gelingende Verkündigung heraus. Predigt und „geistliche“ Ansprache erreichen die Herzen der Menschen nur, wenn sie inspiriert* sind, das heißt, so treffend formu-

---

[1] Beispiel und Zitat aus: Christhard Lück: Kindertheologie bzw. Theologisieren mit Kindern, in: Christian Grethlein / Ders.: Religion in der Grundschule. Ein Kompendium, Göttingen 2006, 49-57:50. Hier sind noch zahlreiche weitere Beispiele sowie eine theoretische Grundlegung zu finden.

liert und vorgebracht werden, dass sie für die Menschen als Heil und Orientierung stiftendes Wort ankommen. Ohne Geist funktioniert Verkündigung nicht, da hilft die beste Rhetorik nichts. Das ist die Erfahrung des Lukas. Diese Erfahrung lässt sich auch heute noch machen. Die Konsequenz könnte lauten: Ich verlasse mich auf die Inspiration des Geistes in der entscheidenden Stunde mehr als auf die gute exegetische* und homiletische* Vorbereitung meiner Predigt oder meines Unterrichts. Diese Konsequenz ist m.E. unangebracht und verantwortungslos. Eine Predigt wird zwar ohne Geist nicht ankommen, eine Predigt ohne sorgfältige fachliche Vorbereitung aber auch nicht. Die exegetische und hermeneutische* Arbeit, dazu der rhetorische Feinschliff sind in der Vorbereitung nötig, um zum einen nicht konfus zu wirken und zum anderen nicht die eigene Vormeinung über den Predigttext wiederzukäuen. Die exegetische Vorbereitung wirkt dem entgegen, indem sie überraschende Aspekte des Predigt- oder Unterrichtstextes zum Vorschein bringt. Die hermeneutische Reflexion ist notwendig, da sie den Blick auf die Hörersituation und auf das „Lernziel" bzw. auf den Kontaktpunkt zwischen Bibeltext und Verkündigungsort lenkt. Nur im Zusammenspiel von intensiver Vorbereitung und Wirken des Geistes wird der, der predigt oder unterrichtet, seiner Verantwortung gerecht. Weiter zugespitzt: Eine solide Vorbereitung ist die Voraussetzung dafür, dass die Inspiration dazukommen kann und der Funke überspringt. Schon die Alte Kirche hat in diesem Sinne die Spannung zwischen Geist und Rhetorik zu überbrücken gewusst.

12 Der Geist und die Erlösung

Eine letzte Facette neutestamentlicher Geistauffassung betrifft die Zukunft des Menschen. Bereits in der Hebräischen Bibel ist die eschatologische* Hoffnung mit der Erwartung neuer Geisterfahrungen unlösbar verbunden – sei es, dass ein charismatischer* Messias, sei es, dass eine charismatische Erneuerung des Menschen, sei es, dass die Wiederherstellung Israels durch den Geist Gottes verheißen wird (vgl. Abschnitt 3.5). Das Neue Testament setzt diese Linien fort; der Heilige Geist begründet hier entscheidend die Hoffnung auf Erlösung und Auferstehung. Er räumt die Hindernisse zwischen Gott und Menschen aus dem Weg, verbürgt als sichtbares Zeichen die noch ausstehenden Verheißungen, begleitet den Weg der Heilsaneignung und „ratifiziert" gleichsam so das Versöhnungshandeln Gottes. Das Kapitel wendet sich zuerst den geistgewirkten Zeichen der Endzeit zu (12.1), wirft anschließend einen Blick auf die Hoffnung gebenden Taufgaben (12.2) und analysiert dann, wie der Geist auf Versöhnung zwischen Gott und Menschen hinarbeitet (12.3). Die Betrachtung der paulinischen Metapher* des Geistes als „Angeld" beschließt das Kapitel (12.4).

12.1 Die sichtbaren Vorzeichen der Vollendung

Der Heilige Geist und seine Wirkungen stärken die christliche Hoffnung auf das Ende von Vergänglichkeit, Krankheit und Tod. Der göttliche Mittler des Lebens in Fülle, so die Überzeugung der Bibel, setzt schon hier und heute sichtbare Anfänge eines neuen, erfüllten, ewigen Lebens. Die Geistwirkungen in ihrer vielfachen Form sind Zeichen des Neuen und sorgen für Stärkung, Trost und Freude mitten in einer Zeit, die so gar nicht den biblischen Verheißungen zu entsprechen scheint. Paulus bringt diese Erfahrung in 2 Kor 5,1-10 auf den Punkt: Eigentlich hat er Angst vor dem Tod und gleichfalls vor dem Leben davor; doch durch den Geist erhält er täglich neuen Lebensmut. Die Kraft des Heiligen Geistes erfüllt die Christinnen und Christen mit Freude und Frieden, so dass die Hoffnung immer stärker wird (Röm 15,13). Wer den Geist hat, wird innerlich gefestigt (Eph 3,16). Weshalb gerade der Blick auf den Geist die christliche Hoffnung stärken kann, sollen die folgenden Abschnitte zeigen.

12.1.1 Die Rückgewinnung der Verlorenen

Die Sendung Jesu

Die Evangelien umschreiben übereinstimmend die Sendung Jesu als Aktion zur Rettung der Verlorenen (pointiert in Lk 5,32; 19,10; vgl. 1 Tim 1,15). Bereits in seiner „Antrittspredigt" in der Synagoge von Nazareth wird dieser Auftrag verdeutlicht: Mit Jesus sind die Ankündigungen Jesajas, wonach die Kranken geheilt und die Gefangenen befreit werden, erfüllt (Lk 4,18-21, unter Verweis auf Jes 61,1f.). Ausdrücklich wird das auf die Salbung mit dem Geist bezogen (V.18). Die nachfolgende Zuwendung Jesu zu den Randständigen der Gesellschaft unterstreicht diesen Auftrag. Er trägt damit dem Anspruch Gottes auf ganz Israel, ja auf die gesamte Menschheit Rechnung. Die Gleichnisse vom Verlorenen in Lk 15 bringen das auf den Punkt. Auffällig ist hier, dass auch Menschen, die den Geist noch nicht kennen, den Weg zu Gott finden und von ihm freudig aufgenommen werden (Gleichnis vom verlorenen Sohn, Lk 15,11-32). Selbst der Schächer am Kreuz wird von Jesus noch gewonnen (Lk 23,42f.), während er für seine Henker um Vergebung bittet (Lk 23,34).

Nicht nur das Lukasevangelium, sondern auch die anderen Evangelien beschreiben die Mission Jesu als Rückgewinnung der Verlorenen. So dienen die vom Geist gewirkten Exorzismen* Jesu diesem Zweck und machen zugleich Hoffnung auf die sich immer weiter ausbreitende Präsenz Gottes und seiner Herrschaft (Mt 12,28: „wenn ich mit dem Geist Gottes die bösen Geister austreibe, so ist das Reich Gottes zu euch gekommen"). Wo die Dämonen zurückweichen, ist der Weg für Gott frei, und der Mensch wird frei für Gottes Geist. Dasselbe gilt für die sonstigen Wundertaten und Gleichnisse Jesu: Überall geht es um die Zuwendung Gottes zu denen, die für verloren erklärt werden oder sich selbst für verloren erachten.

Vom Geist gesteuerte Begegnungen

Das Neue Testament kennt viele Beispiele, wie der Geist Gottes in das Leben von Menschen eingreift und es in eine unerwartete Richtung lenkt – angefangen von Menschen, die durch Engel oder den Geist zur Begegnung mit dem ersehnten Messias gebracht werden (Lk 2,8: die Hirten auf dem Feld; Lk 2,27: Simeon) über Jesus selbst, der vom Geist in die Wüste (Mt 4parr) bzw. nach Galiläa geführt wird (Lk 4,14) bis hin zu den Aposteln, die vom Geist Gottes an wichtige Stationen ihrer Mission gelenkt werden (dazu vgl. Abschnitt 11.3). Auch wenn die Menschen den Weg, den sie gehen, selbst nicht verstehen, stellt er sich im Nachhinein als wichtiger und heilvoller (Um-)Weg heraus. Der Geist und zuweilen auch Engel sind die Mittler, mit deren Hilfe Gott seine Pläne vorwärts treibt.

Bekehrung und Taufe

Manchmal führt der Ruck, den Menschen erfahren, zu einer Kehrtwendung um 180 Grad. Bestes Beispiel ist Paulus, der durch seine Christusvision vor Damaskus vom Christenverfolger zum Apostel wird. Dem kommt es gleich, wenn die Nichtjuden, vermittelt durch den Apostel und bestätigt bzw. geheiligt durch den Heiligen Geist, ein „wohlgefälliges Opfer" Gottes werden (Röm 15,16). Weithin wird dieser radikale Richtungswechsel im Leben von Menschen mit dem Wirken des Taufgeistes in Verbindung gebracht. Joh 3,3-8 spricht von der Neugeburt aus Wasser und Geist, ohne die niemand ins Reich Gottes kommen kann. Nach Röm 6-8 findet mit der Taufe die Befreiung von der Sünde hin zu einem Leben „nach dem Geist" statt. Tit 3,5 nennt die Taufe ein Bad der Wiedergeburt und der Erneuerung im Heiligen Geist. Die Wirkungen der Taufe sind nach der letztgenannten Stelle Hoffnung, Gerechtigkeit und ewiges Leben (Tit 3,7; weiter zum Thema Taufe vgl. Abschnitte 8.5 und 10.3).

12.1.2 Die Auferstehung Jesu

Die Auferstehung Jesu ist nach Paulus ebenfalls eine Wirkung des Geistes (Röm 1,3f.). Außerdem ist sie der Beginn einer irreversiblen Entwicklung, die zur allgemeinen Totenauferstehung hinführen wird. Das drücken die Metaphern* vom „Erstgeborenen von den Toten" (1 Kor 15,20; Kol 1,18) und vom „Erstgeborenen unter vielen Brüdern" (Röm 8,29; vgl. Hebr 1,6) aus. Die Hoffnung auf eine allgemeine Totenauferstehung steht und fällt mit dem Glauben an die Auferstehung Jesu (1 Kor 15,14). Darüber hinaus hat auch Jesu Tod eine endzeitliche Dimension, auch wenn sie nicht mit dem Geist verknüpft scheint: In seiner Todesstunde bebt die Erde und viele Tote erstehen aus ihren Gräbern zu neuem Leben (Mt 27,52f.).

12.1.3 Pfingsten und andere Zeichen

Pfingsten als Fanal des nahen Endes

Über das Pfingstereignis wurde in diesem Buch schon einiges geschrieben (vgl. Abschnitte 10.2 und 11.3). Im Folgenden geht es um Pfingsten als Grund der christlichen Hoffnung. Neben den Pfingstgaben, die zur Weltmission hinführen, interessiert hier vor allem die lukanische Wiedergabe des Zitats aus Joel 3,1 in Apg 2,17. In Abweichung von Joel heißt es da: „In diesen letzten Tagen" soll die allgemeine Ausgießung des Geistes erfolgen, und zwar auf alle Menschen, nicht nur auf das Volk Israel. Lukas sieht sich demnach nicht in irgendeinem beliebigen Abschnitt in der Geschichte, sondern in der Endzeit. Die Ausschüttung des Geistes ist das Fanal der letzten Phase der Geschichte, in der das Ende mit der Wiederkunft Jesu Christi, der allgemeinen Totenauferstehung, dem Endgericht und der allgemeinen Durchsetzung des Himmelreichs absehbar geworden ist. Die spürbare Gegenwart des Geistes nährt schon an sich die Gewissheit, dass das ersehnte Ende nahe ist und die Leiden der Gegenwart von überschaubarer Dauer sind. Die gesamte Apostelgeschichte zeigt, wie der Geist auf das Ziel dieser letzten Zeit hinsteuert, indem er die Mission unter den Nichtjuden auf alle erdenkliche Weise vorantreibt. Mithilfe des Geistes werden so die Voraussetzungen für die Wiederkunft Christi erfüllt (Apg 1,6-8). Die „Zeiten der Heiden", wie die Zeit der Weltmission in Abwandlung einer früheren Metapher* für die endzeitliche Schreckenszeit genannt wird[1], werden ihrem Ende zugeführt. Mit der vom Geist bewirkten öffentlichen und freien Verkündigung des Paulus in Rom (Apg 28,31) steht der Parusie* Christi nichts mehr entgegen.

Zeichen und Wunder

Auch wunderbare Heilungen gehört zum Repertoire des Geistes. Durch Exorzismen* oder andere Wundertaten werden Menschen zu einem neuen Leben befreit, zum Aufstehen gebracht.[2] Mithilfe des Geistes kann Jesus Menschen sogar aus dem Tod zurückholen.[3] Diese Wundertaten begründen die Hoffnung, dass mit dem Wirken Jesu der unumkehrbare Anfang der Erlösung gesetzt ist. Zeichen und Wunder wirken weiter durch die apostolische Zeit, wie viele Anekdoten und Texthinweise belegen.[4]

Charismen

Wer den Geist Gottes empfängt, empfängt damit bestimmte, auf ihn zugeschnittene Geistesgaben und Talente. Diese Gaben sind mit menschlichen Mitteln nicht zu erwerben (Apg 8,18-25). Ja, sie werden gerade solchen Menschen zuteil, denen man solche Fähigkeiten überhaupt nicht zutraut, wie z.B. die Gabe der mutigen, freien Rede (gr. *parrhesía*; vgl. Abschnitt 11.4). Die damit verbundene Umkehrung weltlicher Wertmaßstäbe ist ebenfalls ein Zeichen der Hoffnung. Für Paulus gelten die Charismen* als sichtbare und spürbare Hinweise darauf, dass der Geist tatsächlich wirkt und in den Gemeinden eine neue Wirklichkeit aufbaut (1 Kor 12).

12.1.4 Versiegelung und Erneuerung des Einzelnen

Leiden als Endzeitzeichen

Leiden, Verfolgungen, Naturkatastrophen und Kriege gehören nach dem Neuen Testament zu den Endzeitzeichen (Mk 13parr.; 1 Petr 4,12-19; Offb; vgl. Hebr 10,32-34). Die Leiden der Gerechten gelten als Beginn des allgemeinen Endgerichts, so dass sie geradezu Anlass zur Freude sind

---

1 Vgl. Dan 7,25; 9,24-27 und Offb 11,2 mit Lk 21,24.

2 Das Motiv des Aufstehens begegnet regelmäßig in Heilungsgeschichten, vgl. Mt 8,15; Mk 2,1-12; 10,49; Lk 7,14; Joh 5,8.

3 Lk 7,11-17: Jüngling zu Nain; Mt 9,18-26: Tochter des Jairus; Joh 11,1-45: Lazarus.

4 Mk 16,17.20; Röm 15,19; 2 Kor 12,12. – Apg 9,36-43: Auferweckung der Tabita; Apg 12: Befreiung des Petrus; summarisch: Mk 16,20; 2 Kor 12,12; Hebr 2,4.

(Röm 5,3-5; 1 Petr 4,13; Jak 1,2; vgl. Apg 5,41). Mk 13,8 verwendet das Bild vom „Anfang der Geburtswehen", um den historischen Stellenwert der Leiden zu bezeichnen. Die frühchristliche Leidensparänese* charakterisiert irdisches Leiden als notwendiges und zeitlich überschaubares Durchgangsstadium zur ewigen Herrlichkeit (Röm 8,18; 1 Petr 4,12-19). Leiden gehören zur Nachfolge Jesu und dienen dazu, sich die Auferstehung zu „erarbeiten" (2 Kor 4,17).

Tägliche Regeneration

Der Trost in Leiden und Entbehrung besteht nicht nur in der Aussicht auf überproportionalen Lohn, sondern vor allem in der Gabe des Geistes, der für die richtige Lebenseinstellung sorgt. Paulus fühlt sich, trotz äußerlicher Zerfallserscheinungen, durch den Geist inwendig täglich erneuert (2 Kor 4,16; vgl. Eph 3,16). Ohne ihn hätte er Angst vor dem Tod; dank seiner Hilfe kann er aber ermutigt und voller Hoffnung seine irdische Mission zu Ende bringen (2 Kor 5,5-9). Paulus bringt diese Erfahrung mit der Aussage auf den Punkt, „wer in Christus ist, ist eine neue Kreatur" (gr. *kainé ktísis*, 2 Kor 5,17; Gal 6,15).

Versiegelung mit dem Geist

Eine Schutzmaßnahme Gottes für die Seinen besteht in der Versiegelung mit dem Geist (Eph 1,13f.; 2 Kor 1,21f.; vgl. Offb 7). Wer versiegelt ist, ist gegen den Zugriff des Bösen immun und wird fähig, Durststrecken des Glaubens zu überdauern. Der Geist ist somit auch im Leiden ein Zeichen der nahen Erlösung. Selbst die heftigsten Anfechtungen kurz vor dem ersehnten Ziel werden durch den Geist abgefedert. Neben der Rückgewinnung der Verlorenen werden diejenigen, die verloren zu gehen drohen, für das Heil aufbewahrt (weiter zum Thema Versiegelung Abschnitt 8.3).

12.1.5 Fazit: Spürbare Durchsetzung des Lebens

Die Auferweckung Jesu wird im Neuen Testament als vom Geist gewirkter Beginn der nahen und allgemeinen Totenauferstehung gedeutet. Weiterhin sind die oftmals nicht durchschaubaren und schwer verständlichen Richtungswechsel im Leben der Menschen, seien sie subtil und schleichend, seien sie spektakulär und ruckartig, Grund zur Hoffnung, ebenso wie die befreiende Umkehrung sozialer Maßstäbe oder das gelingende, auf göttliche Begabungen gründende Gemeindeleben. Schließlich gehört auch die Bewahrung in Zeiten heftiger Bedrängnisse zum Geschäft des Geistes. Die Beispiele zeigen, dass sich mit dem Geist das Leben durchsetzt, selbst aus dem Tod heraus. Die Verheißungen des biblischen Gottes gewinnen in all diesen Geistwirkungen konkrete Gestalt – schon hier und jetzt. Gott tut alles, um mithilfe des Geistes in der Endzeit hoffnungsvolle Zeichen zu setzen, die Seinen zu sammeln und zu bewahren. Somit ist der Geist ein wichtiger, wenn nicht sogar der entscheidende Hoffnungsträger.

12.2 Die Taufgaben als Anfang der Erlösung

Zwar gilt die Taufe im Neuen Testament noch nicht als Sakrament im späteren Sinne, doch ist nach einhelliger Überzeugung mit ihr ein Anfang gesetzt, der den Weg zum Heil eröffnet. Das zeigen die Metapher* von der Wieder- bzw. Neugeburt (Joh 3,3-8; Tit 3,5) und die regelmäßige, enge Verbindung des äußerlichen Taufakts mit der Verleihung des göttlichen Geistes und seiner Gaben (vgl. Abschnitt 10.3). Inwiefern die Taufe die Hoffnung auf das ewige Leben begründen kann und welche Geistvorstellungen damit verbunden sind, ist Thema der nächsten Abschnitte.

12.2.1 Unterschiedliche Gaben…

Mit der Verleihung des Geistes bei der Taufe oder auch unabhängig davon werden dem Glaubenden verschiedene Initialgaben* zuteil. Zuerst nennt die Apostelgeschichte regelmäßig die Gabe der Prophetie (Apg 2,17f.; 8,17; 10,46; 19,6). Weiterhin ist die Erkenntnis Gottes und der Wahrheit eine wesentliche Initialgabe an die Bekehrten (1 Joh 2,20.27; vgl. 1 Thess 1,9). Der Geist gibt einen Vorgeschmack auf die zukünftige Welt (Hebr 6,5). Nach Paulus ist vor allem die Befreiung von der Macht der Sünde eine unmittelbare Folge der Taufe (Röm 6,6f.). Wer mit dem Geist „versiegelt" ist, ist gegen den Zugriff des Bösen immun (2 Kor 1,21f.; Eph 1,13f.). Mit diesen Gaben und Möglichkeiten sind die Grundlagen dafür geschaffen, das verheißene Heil auch tatsächlich zu erlangen. Höhere Gaben als diese sind nicht vorstellbar, so dass Hebr 6,4-6 eine erneute Buße nach erfolgtem Abfall vom Glauben ausschließt.

12.2.2 … und die Freiheit der Kinder Gottes

Die Christen als „neue Schöpfung"

Mit den genannten Geistesgaben ist der Getaufte in besonderer Weise privilegiert: Er weiß mehr als seine nichtgläubigen Zeitgenossen, er hat Einsicht in die Geheimnisse Gottes (1 Kor 2,15; Eph 1,9), er kennt die wahre Bedeutung Jesu und seines Todes, er hat den Geist der Tora* in sich und versteht es, sie geistgemäß zu erfüllen, und er beherbergt in sich den Geist, der für die Auferstehung und das ewige Leben zuständig ist. Diese privilegierte Stellung bringt Paulus in 2 Kor 5,17 und Gal 6,15 mit der Metapher* der „neuen Schöpfung" (gr. *kainé ktísis*) sowie in Röm 8,14ff.

mit dem Bild von der Gotteskindschaft auf den Punkt. Wer vom Geist angetrieben wird, ist Gottes Kind (V.14). Wer den Geist hat, hat ein neues Selbstbewusstsein als Kind Gottes (Röm 8,16). Der Epheserbrief beschreibt den Statuswechsel so: Aus Gästen und Fremdlingen werden Mitbürger der Heiligen und Gottes Mitbewohner (Eph 2,19f.). Die Grundlage dafür ist der Geist, der für den freien Zugang zu Gott sorgt (Eph 2,18).

Freiheit von Sünde und freier Zugang zu Gott

Freiheit (gr. *parrhesía*) ist ein Begriff, der zur Beschreibung des neuen Status´ der Glaubenden häufig verwendet wird: Wo der Geist Christi ist, da ist Freiheit (2 Kor 5,17; vgl. Gal 2,4). Und so sind die Glaubenden nicht mehr Sklaven, sondern freie Kinder Gottes (Röm 8,15; Gal 4,7; 5,1), haben freien Zugang zu Gott (Eph 3,12; vgl. Hebr 10,19f.), sind vom Diktat der Tora* erlöst (Gal 4,5) bzw. teuer losgekauft von der Sünde (1 Kor 6,20; 1 Petr 1,18f.). Vermittelt ist die neue Freiheit durch Christi Tod und durch das Werk des Geistes.

Nachfolge als Konsequenz der Freiheit

Der Status freier Gotteskinder stellt die Glaubenden mit Christus auf eine Stufe: Sie dürfen wie er Gott als liebenden Vater anrufen („Abba", Röm 8,15, Gal 4,6). Das besagen auch die Metaphern* von Christus als dem „Erstgeborenen unter vielen Brüdern" (Röm 8,29) und vom „(Haupt-) Erben". Demnach winkt den Glaubenden die Auferstehung nach dem Vorbild Jesu und die Teilhaberschaft an der göttlichen Herrlichkeit. Ja, sie sind durch ihre Zugehörigkeit zu Christus bereits Teil der neuen Schöpfung (2 Kor 5,17). Freilich schließt das die Bereitschaft zum Mitleiden mit Christus ein (Röm 8,17). Der aktive Nachvollzug des Weges Jesu ist die Voraussetzung für die physische Auferstehung und Erhöhung zur Herrlichkeit. Geist und Taufe sind kein Freifahrschein zum Heil, sondern bieten die Gewissheit, dass das Mitleiden und Mitsterben mit Christus zur Auferstehung führt. Mit Geist und Taufe erwirbt man sich demnach eine Anwartschaft aufs ewige Leben, nicht aber die sofortige Erhöhung unter Umgehung von Leiden und Tod. Dass der Tod sein muss, begründet Paulus in 1 Kor 15,36f. mit dem Bild vom Samenkorn: Nur wenn es in die Erde fällt und „stirbt", kann es in die Ähre verwandelt werden.[1] Bis dahin hilft die vom Geist gestärkte Hoffnung, im Glauben zu überdauern (2 Kor 5,5-9; Tit 3,5-7).

Aber nicht nur der physische Tod muss durchgestanden werden, sondern auch der Kampf gegen die Sünde ist jeden Tag neu zu führen. Wer „der

[1] In Joh 12,24 wird das gleiche Bild auf den „Frucht bringenden" Tod Jesu bezogen.

Sünde abstirbt", vollzieht das Leiden und Sterben Christi im eigentlichen Sinne nach und eignet sich dessen Heilswirkung an.

12.2.3 Fazit: Startimpuls und permanenter Antrieb

Der Geist ist zum einen der Startimpuls, der den Menschen in Bewegung setzt, zum anderen ist er der Antrieb, der ihn permanent in die richtige Richtung treibt – wenn er sich denn treiben lässt. Ohne aktive Bereitschaft des Menschen ist der Geist wirkungslos.

12.3 Die Versöhnungsarbeit des Geistes

Gerechtigkeit Gottes und Versöhnung sind zwei Zentralbegriffe paulinischer Theologie. Dass Gott gerecht ist und Gerechtigkeit fordert, ist eine allgemein biblische Überzeugung. Auch die Rede von Gnade, Güte und Vergebung kann die Vorstellung vom gerechten Gott nicht aushebeln. Als solcher ist Gott der Anwalt der Entrechteten in der Welt. Die Hoffnung auf ihn gehört zu den zentralen Glaubensinhalten des Judentums und des Christentums. Die Herstellung von Gerechtigkeit ist eine wesentliche Aufgabe des Heiligen Geistes.
Die Antithesen* der Bergpredigt und der Römerbrief des Paulus zeigen exemplarisch, dass der Mensch dem Anspruch der Gerechtigkeit Gottes nicht genügen kann. Sie ist eine Messlatte, an der der Mensch immer wieder scheitert. So gesehen, kann Paulus die Zukunftsaussichten des Menschen – egal ob Juden oder Nichtjuden – nur in den Farben des Gerichts ausmalen (Röm 2). Da das so ist, muss die Auflösung des Dilemmas von Gott selbst kommen. Er führt sie herbei, indem er den Tod seines Sohnes als Akt der Reinigung, Sühne bzw. Versöhnung gelten lässt (Röm 3,25; Hebr 9). Gott führt selbst herbei, was eigentlich die Bringschuld des Menschen wäre; er wird den Menschen gerecht, damit sie vor ihm gerecht werden können. Er versöhnt die Welt mit sich selbst, und die Menschen müssen sich nur noch versöhnen lassen (2 Kor 5,19).

12.3.1 Tod und Auferstehung Jesu

Der Kreuzestod Jesu ist die erste und entscheidende Tat Gottes in diesem Prozess. In ihm ist die Versöhnung grundsätzlich zustande gekommen, er ist ein einmaliger Opferakt, der keiner Wiederholung bedarf (Hebr 9,26: „ein für allemal"). Gott hat mit diesem Opfer freilich nicht seinen Anspruch auf Gerechtigkeit geopfert, sondern den Rahmen dafür geschaffen, dass die Menschen diesem Anspruch gerecht werden können. Der Versöhnungsakt wirkt nicht automatisch, er muss vielmehr von jedem Menschen aktiv angeeignet werden. In diesem Zusammenhang kommt dem Heiligen Geist eine entscheidende Aufgabe zu. Sie wird im Folgenden umrissen.

12.3.2 Ein „Serum" gegen Gottes Zorn

Die Erfahrung, dass Gott seinen Geist schenkt, wird im Römerbrief auf das Gottesbild hin reflektiert. Er sieht in dem Geschenk den Beweis für Gottes Liebe zu den Menschen (5,5). Die Gabe des Geistes ist demnach im Kontext von Zorn und Liebe Gottes zu verstehen. Alle Menschen stehen nach Paulus vor Gott grundsätzlich in der Schuld; den Juden nützt ihre Tora* nichts, da sie sie nicht erfüllen (2,17-25), den Nichtjuden droht das Gericht ebenfalls, da sie wider besseres Wissen Gott nicht ehren (1,18-32). Die Möglichkeit, Gottes Willen ohne Geist zu erfüllen, ist für Paulus rein theoretischer Art (2,13-15.26-29). Das heißt aber, dass niemand vor Gott „gerecht" zu nennen ist; vielmehr haben alle den Tod und das Zorngericht Gottes zu fürchten (1,18; 2,1-16).
Der Ausweg aus dem Dilemma besteht für Paulus in der Liebe Gottes. Sie ist das Gegenmittel zu Gottes Zorn, der uns eigentlich anklagen und verurteilen müsste (5,9). Sie hat sich zum einen in der Versöhnungstat am Kreuz erwiesen (5,6-11; vgl. Joh 3,16), zum anderen zeigt sie sich in der Gabe des Geistes: „Die Liebe Gottes ist ausgegossen in unsere Herzen durch den Heiligen Geist, der uns gegeben ist" (5,5). Mit dem Geist hat Gott also dem Menschen ein wirksames „Serum" geschenkt, das ihn vor seinem Zorn schützt. Die Gabe des Geistes vergewissert die Glaubenden, dass ihre Hoffnung nicht vergebens ist.
So begründet die Liebe die christliche Hoffnung auf endzeitliche Rettung (5,5a; 15,13). In kurzen Sätzen skizziert Paulus die soteriologische*, aufs Heil gerichtete Funktion des Geistes Gottes: Weil Gott die Menschen liebt, gibt er ihnen seinen Geist in die Herzen, der dafür sorgt, dass wir seinen Willen erfüllen können und so am Ende vor ihm gerecht dastehen. Der Geist verkörpert also einen Rollentausch, der die Versöhnung mit Gott ermöglicht: Nicht der Mensch geht in Vorleistung, sondern Gott selbst. Gott schafft von sich aus die Rahmenbedingungen dafür, dass es möglichst nicht zu seinem Zorn kommen muss. Wie der Geist den Zorn abwenden kann, ist Thema der nächsten Abschnitte.

12.3.3 Der Geist führt zur Gerechtigkeit

Gott ist gerecht und fordert Gerechtigkeit

Die Gerechtigkeit Gottes ist ein theologisches Axiom, eine unhinterfragbare und feststehende Komponente im gesamtbiblischen Gottesbild. Gerechtigkeit Gottes ist in der Hebräischen Bibel unmittelbar mit Gottes Verlässlichkeit und Treue (Ps 7,18; 22,32) sowie mit seiner Barmherzigkeit

(Ps 111,3), Güte und Wahrheit (Ps 36,6-8) verbunden. Gott ist gerecht, und deshalb steht er zu den Seinen auch in Gefahr (Jes 41,10). Die Gerechtigkeit Gottes zielt auf Frieden, Wohlstand, Glück und Segen, kurz: auf *schalom*. Gerechtigkeit kann sogar zum Inbegriff der eschatologischen* Hoffnung werden (Jes 61,11; vgl. Röm 3,28). Im Neuen Testament steht Gottes Gerechtigkeit direkt neben seiner Güte (Mt 20,1-16) und seinem Erbarmen (Mt 18,23-35; Röm 9,14-18; 11,30-32).

Die Kriterien der Gerechtigkeit Gottes stehen jenseits aller Kritik (Mt 20,1-16; Röm 9,20). Gott verlangt vom Menschen nichts weniger, als seine Vorstellungen von Gerechtigkeit zu akzeptieren und ihnen zu entsprechen. Die Bergpredigt formuliert es so: „Seid vollkommen, wie euer Vater im Himmel vollkommen ist." (Mt 5,48; vgl. 3 Mos 19,2). Wie das aussehen kann, zeigen unter anderem die matthäischen Gleichnisse. Gerechtigkeit heißt: Verzicht auf Be- und Verurteilen anderer[1], Übereinstimmung von Reden und Handeln[2], Weitergeben des göttlichen Erbarmens an die Mitmenschen[3], Verzicht auf Selbstprofilierung auf Kosten der „Kleinen" und „Letzten"[4], Bereitschaft zum Dienst bzw. Selbsterniedrigung (gr. *tapeínosis*, Mt 18,4; 20,26f.; Lk 14,11; Jak 4,10). Doch zugleich machen die Antithesen* der Bergpredigt deutlich, dass letztlich niemand dem Geist der Tora* gerecht wird (Mt 5,21-48).

Gerechtigkeit als Herzensangelegenheit des Menschen

Auch für Paulus ist die Rede von der Gerechtigkeit Gottes (gr. *dikaiosýne tou theoú*) im doppelten Wortsinn – Gott ist gerecht und: die Gerechtigkeit, die vor Gott gilt – unverzichtbar. Die Gabe des Geistes ist keine Befreiung von ethischem Handeln, sondern die Befähigung dazu. Der Geist vermittelt dem Menschen den Sensus dafür, worauf die Tora* letztlich zielt: auf das Heil der Menschen. Und weil das so ist, findet es im Liebesgebot seine eigentliche Erfüllung – eine Überzeugung, die das gesamte Neue Testament teilt (Röm 13,8-10; vgl. Mk 12,30f.; Joh 13,34f.; 1 Joh 2,7-11 u.a.). Das Liebesgebot „ohne Wenn und Aber" zu erfüllen ist ein Fulltimejob, ein Fass ohne Boden.

Der Geist macht also für den tieferen Sinn der Tora sensibel und ermöglicht den Glaubenden, sie in diesem Sinne, gleichsam von innen heraus, zu erfüllen und vor Gott gerecht zu werden. Mit dem Geist ist den Menschen das Gesetz ins Herz geschrieben. Sie erfüllen es seither nicht geist-los, rein äußerlich und dem Buchstaben nach, sondern von Herzen und geistge-

[1] Mt 7,1: Richtet nicht! Mt 13,24-30, Gleichnis vom Unkraut unter dem Weizen.
[2] Mt 5,20: Aufforderung zur besseren Gerechtigkeit; 7,24-27: Gleichnis vom Hausbau; Mt 23: Scheltrede gegen die Schriftgelehrten und Pharisäer.
[3] Mt 18,21-35: Gleichnis vom unbarmherzigen Knecht.
[4] Mt 18,1-9; vgl. 20,1-16: Gleichnis von den Arbeitern im Weinberg.

mäß.[1] Und wer den Geist Gottes in sich trägt, richtet sein Leben grundsätzlich nach ihm aus. Hierin erfüllt sich die Verheißung des neuen Bundes nach Jer 31,33 und Ez 36,26f.

Gerechtigkeit qua Gerechtmachung

Wer mithilfe des Geistes die Tora* zu erfüllen und so Gottes Willen gerecht zu werden versucht, den spricht Gott gerecht und schenkt ihm das Leben (Röm 8,10).[2] Gerechtigkeit kommt nicht aus einzelnen Gesetzeswerken, sondern aus dem Glauben daran, dass sie nur von Gott zugesprochen werden kann. Wer glaubt, dass Gott sich mit ihm versöhnt und ihn von seiner Bringschuld befreit hat, dem wird dieser Glaube als Gerechtigkeit angerechnet (Röm 3,22-24; vgl. Gal 5,5). Das gilt für Juden wie für Nichtjuden. Die Gabe des Geistes stellt alle Menschen vor Gott gleich.[3]

12.3.4 Glaube und Hoffnung als Selbstläufer

Gerecht wird der Mensch durch seinen Glauben (Röm 1,17; 3,22). Er ist die erste und wichtigste Wirkung des Geistes, denn inspirierte* Verkündigung führt zum Glauben (Apg 2 u.a.). Wer aber zum Glauben kommt, der erhält den Geist Gottes persönlich (Apg 10,44); und wer ihn in sich trägt, der wächst in ihm und in der Hoffnung kontinuierlich weiter (2 Kor 4,16; Eph 3,16). Inhaltlich bezieht sich der Glaube auf den Heilswillen Gottes und auf die Bedeutung des Christusgeschehens (vgl. in Kurzform: 1 Tim 3,16). Der Geist wirkt somit wie ein rückgekoppelter, sich selbst verstärkender Regelkreis. Der Eingangsimpuls wird immer stärker bei denen, die den Geist in sich wirken lassen und „geistgemäß“ leben. Die Kraft zum Durchhalten ist besonders in Zeiten äußerer Not und Verfolgung ein wesentliches Motiv der Geisttheologie.

12.3.5 Der Geist als Fürsprecher, Zeuge und Anwalt

Der Geist sorgt für die entscheidende Erkenntnis, den richtigen Glauben und die adäquate Umsetzung des göttlichen Willens. All diese „Einzelmaßnahmen“ zielen darauf, dass der Mensch nicht dem Zorngericht verfällt, sondern vor Gott gerecht dasteht und das ewige Leben erhält.
Neben Erkenntnis, Ethik und Glauben ist das Gebet eine weitere Dimension des Gesamtgeschehens, das den Zugang zu Gott eröffnet. Der Geist sorgt sozusagen für den „direkten Draht“ zu Gott. Er macht seinen Trä-

---

[1] Vgl. Röm 2,29: Beschneidung des Herzens; 8,1f.: Gesetz des Geistes; vgl. Gal 5,1-3.
[2] Vgl. 1 Kor 6,11: „Ihr seid gerecht geworden durch den Geist unseres Gottes“.
[3] Apg 10,34; Röm 2,11; Kol 3,25; 1 Petr 1,17: Es ist kein Ansehen der Person vor Gott.

gern bewusst, dass sie Kinder Gottes sind und Gott als liebenden Vater ansprechen können (Röm 8,14-16). Weiter macht er das gestammelte Gebet vor Gott verständlich (Röm 8,26). Zuletzt fungiert er als Zeuge und Anwalt der Menschen vor Gott, indem er das, was die Menschen von Herzen wollen und im Guten beabsichtigen, Gott kundtut (Röm 8,27). Hierin bildet er mit dem erhöhten Christus, der zur Rechten des Thrones Gottes sitzt, ein wirkungsvolles Gespann (Röm 8,34; vgl. 1 Joh 2,1; Hebr 7,25). Mit diesen beiden Anwälten an der Seite haben die den Menschen bedrohenden Mächte – Paulus nennt unter anderem äußerliche Gefährdungen, Tod und Engelmächte – keine Chance (Röm 8,31-39).[1]

12.3.6 Fazit: Mit dem Geist wird der Weg zu Gott frei

Von seiner Ausgießung in die Herzen bis hin zur Anwaltsfunktion vor Gottes Gericht arbeitet der Heilige Geist auf die Versöhnung mit Gott hin. Er vermittelt den Glaubenden ein neues Selbstbewusstsein als Kinder Gottes, offenbart den tieferen Sinn des Gesetzes und macht bereit und fähig dazu, Gottes Heilswillen entsprechend zu leben und zu handeln. Schließlich stärkt er die Einsicht, den Glauben und die Hoffnung, dass es letztlich an Gott selbst liegt, den Menschen gerecht zu sprechen, und dass er das bereits durch die Gabe des Geistes vorbereitet hat. Die Rechtfertigung des Menschen ist die Gott eigene und freie Antwort auf das menschliche Unvermögen, seinem bleibenden Anspruch auf Gerechtigkeit zu entsprechen. Der Rollentausch, den Gott hiermit vollzieht, ist das eigentliche Wunder der Versöhnung. Gott schenkt seinen Geist, befreit so den Menschen von seiner Bringschuld und macht dadurch den Weg zu sich frei.

12.4 Der Vorschuss auf die Erlösung

Es gibt eine von Paulus geprägte Metapher*, die die eschatologische* Bedeutung des Geistes Gottes bündelt wie keine andere: Der Geist als „Angeld", „Vorschuss" oder „Unterpfand" der Erlösung (gr. *arrabón*, 2 Kor 1,22; 5,5; Eph 1,13f.).[2] Die Metapher vom Geist als „Erstlingsgabe" (gr. *aparché*, Röm 8,23) ist ihr vergleichbar. Der erste Begriff stammt aus der hellenistischen* Geschäftssprache und meint eine Vorabzahlung, die der Käufer dem Verkäufer leistet, um das verbindliche Interesse an der Ware zu dokumentieren. Der zweite Begriff ist aus dem Bereich des jüdischen

[1] Die Doppelung der Zeugen trägt dem jüdischen Zeugenrecht Rechnung, nach dem die Aussage zweier oder dreier Zeugen als wahr zu gelten hat (5 Mos 17,6). Indirekt kann der Geist seine Fürsprecherrolle auch durch die Gemeinde ausüben (Röm 15,30).

[2] Zum Folgenden vgl. Erlemann, Der Geist als *arrabón*.

Kultlebens genommen und bezeichnet den Gott zustehenden Anteil von der ersten Ernte und der Erstgeburt des Viehs (vgl. 2 Mos 23,19; 34,19f.).

12.4.1 Das Problem der Unsichtbarkeit des Neuen

Im Hintergrund der Metapher* vom „Unterpfand", steht ein Kernproblem des frühen Christentums, nämlich das der Unsichtbarkeit des Neuen. Die Botschaft von der neuen Wirklichkeit, in der Gottes Herrschaft sich durchsetzt und in der das Böse, das Leiden und der Tod keine Rolle mehr spielen, wurde von der äußeren Wirklichkeit nicht gedeckt. Alles lief äußerlich weiter wie zuvor – es wurde gehasst, gelitten und gestorben. Dass mit dem gekreuzigten Nazarener eine neue Zeit angebrochen sein soll, davon war kaum etwas zu sehen. Und so musste sich die christliche Hoffnung auf das noch Unsichtbare gründen (Röm 8,24). Christliche Existenz vollzog sich, damals wie heute, „im Glauben und nicht im Schauen" (2 Kor 5,7; vgl. 1 Petr 1,8). Die Gemeinden sahen sich Spott und Polemik ausgesetzt, möglicherweise sogar aus den eigenen Reihen heraus (2 Petr 3,4: „Wo bleibt die Verheißung seines Kommens?"; weiter 1 Tim 4,1; Jud 18).

12.4.2 Ein erstaunlicher Rollentausch

Nach 2 Kor 1,22 und Eph 1,13f. gehört der Geist zusammen mit der „Salbung" (1 Joh 2,20.27) zu den Schutz- und Stärkungsmaßnahmen, die Gott für seine Glaubenden ergriffen hat. Der Geist ist „Vorschuss" der Auferstehung (2 Kor 5,5) und verbürgt das endzeitliche Erbe und die Erlösung (Eph 1,14). Theologisch hoch spannend ist es, dass, im Gegensatz zur Verwendung des Begriffs in der Geschäftswelt, nicht der „Käufer" (sprich: der Empfänger der Verheißung), sondern der „Verkäufer" (Gott) den Vorschuss leistet. Dieser Rollentausch, mit dem Gott seine „Erben" ihres Erbes vergewissert, gehört zu den erstaunlichsten Entdeckungen neutestamentlicher Theologie.[1] Sie bewirkt, dass zumindest Paulus in seiner Hoffnung „against all odds", gegen alle Widerstände bestärkt wird und zu einer positiven Lebenseinstellung findet (2 Kor 5,5-9). Aber auch die anderen Glaubenden zehren von der Hoffnung, die ihnen durch den Geist als „Erstlingsgabe" zuteil wird; aufgrund dieses Anfangs wissen sie, dass sie trotz aller Vergänglichkeit gerettet sind (Röm 8,23f.). Gegen alle Skepsis werden sie durch den Geist gestärkt und haben in ihm einen wichtigen Interessenvertreter vor Gottes Thron (Röm 8,25-27).

[1] Dazu vgl. Erlemann, Wer ist Gott 133f.

12.4.3 Innerliche Verwandlung des Menschen

Konkret stellt sich Paulus die Wirkweise des Geistes als „Angeld" so vor, dass er im Getauften wohnt und dafür sorgt, dass dieser sich Gottes Gerechtigkeit zur Herzensangelegenheit macht und durch seinen Glauben zur Erlösung kommt (Röm 8,11). Die damit einhergehende Verwandlung des Menschen erlebt Paulus bereits in seiner eigenen Existenz (2 Kor 4,16). Die tägliche innere Erneuerung bewirkt eine positive Lebenseinstellung, die von Hoffnung und Gewissheit getragen ist (2 Kor 5,5-9).
Mit seiner Vorstellung steht Paulus nicht alleine da. Der Erste Petrusbrief denkt in den gleichen Bahnen, wenn er den verfolgten Christen die Seligkeit zuspricht, da der „Geist der Herrlichkeit Gottes" auf ihnen ruhe (4,14). Der Hebräerbrief kennt zwar auch die Initialgaben* des Geistes als „Vorgeschmack" auf das, was kommt (6,4f.), doch das „Pfand in der Hand" ist für ihn der Glaube, der gegen allen sichtbaren Anhalt auf die Verheißung Gottes vertraut. Das ist der rote Faden in der Aufzählung der Glaubenszeugen Israels in Kap. 11. Die Definition des Glaubens zu Beginn der Aufzählung kommt dem paulinischen Verständnis des Geistes gleich: Der Glaube ist eine erste Rate auf das, was man erhofft und äußert sich im Nichtzweifeln an dem, was man nicht sieht (11,1).[1]

12.4.4 Die Gemeinde als Aushängeschild des Neuen

Im Kontext des Problems der Unsichtbarkeit des Neuen kommt nach Paulus der funktionierenden christlichen Gemeinschaft eine Schlüsselrolle zu. In ihr war der Geist nicht nur als diffuse, unfassbare und unsichtbare Kraft zu erleben, sondern sehr konkret: zum einen ganz persönlich, in der täglichen Erneuerung seiner Psyche (2 Kor 4,16; vgl. Eph 3,16), zum anderen in Form sichtbarer Geistesgaben für alle (vgl. Abschnitt 10.6). Die Charismen* und ihre Wirkungen waren auch für Außenstehende erkennbar und bildeten gleichsam das „Gütesiegel" für die Wahrheit der christlichen Botschaft. Der Hinweis auf das konkrete Wirken des Geistes diente der Selbstvergewisserung der Glaubenden und zugleich der Überzeugung der Nichtchristen, dass die propagierte neue Zeit in den Gemeinden bereits spürbar begonnen hat und in ihr die Verwandlung der Menschen zu „neuen Kreaturen" (gr. *kainaí ktíseis,* 2 Kor 5,17; Gal 6,15) vollzogen ist. Die christlichen Gemeinden bilden die künftige Gottesherrschaft ab, insofern in ihnen Gerechtigkeit, Friede und Freude im Heiligen Geist herrschen und nach außen strahlen (Röm 14,17).[2] Auch die Gleichstellung von Armen und Reichen, von Juden und Nichtjuden sowie der gegenseitige Re-

---

[1] Dazu Kurt Erlemann, Anfänge, die das Ganze verbürgen. Überlegungen zu einer frühchristlichen Metapherngruppe, THZ 57 (2001), 60-86: 73ff.

[2] Vgl. Mt 13,41: Die Gemeinde als das sichtbare „Reich des Menschensohnes".

spekt zwischen Männern und Frauen gehören zu den sichtbaren Geistwirkungen.[1] Gegenseitige Rücksichtnahme, Verzicht auf Selbstprofilierung sowie eine spezifische Streitkultur runden das Gesamtbild ab. Eine funktionierende Gemeinde ist für Paulus der beste Beweis für die Wahrheit seiner Botschaft – sie gilt als sein „Empfehlungsbrief" (2 Kor 3,1-3).

12.4.5 Fazit: Vergewisserung gegen alle Skepsis

Mit der Gabe des Geistes legt sich Gott auf seine Heilszusage fest. Mit ihm schenkt er den Glaubenden ein sichtbares und spürbares Pfand in der Hand, das sie gegen alle Zweifel in ihrer Hoffnung bestärkt und ihre Gewissheit untermauert, dass mit Christus definitiv eine neue Zeit angebrochen ist. Die nach außen hin erkennbaren Geistwirkungen – einzelne Charismen*, aber auch das besondere Miteinander in der christlichen Gemeinschaft – dienen darüber hinaus der missionarischen Vermittlung eines Glaubens, der sich am Unsichtbaren und Zukünftigen orientiert und von daher wenig „fürs Auge" zu bieten hat.

12.5 Ergebnis: Die entscheidende Gabe der Endzeit

Der Geist ist das bedeutsamste Zeichen der nahe bevorstehenden Vollendung. Auf diesen gemeinsamen Nenner kann man die eschatologisch* gefärbten Geistaussagen im Neuen Testament bringen. Gott schenkt mit dem Geist eine wichtige Voraussetzung für Heil und Leben, was sich an vielen Beispielen zeigen lässt: Der geistbegabte Jesus befreit die Armen und Zerschlagenen (Lk 4,18-21), überwindet das Böse (Mt 4parr.) und vermittelt durch seine Worte Heil und Leben (Joh 3,34; 6,63). Der Paraklet führt die Gemeinde zur Wahrheit und damit zum Leben (Joh 14-16), die geistbegabten Jünger verkündigen das Evangelium mit großer Überzeugungskraft (gr. *parrhesía*) und führen damit viele Menschen zum Leben (Apg 4,13.31; weiter dazu Kapitel 11). Ebenso gründet die Einigkeit in der christlichen Gemeinde im Geist Gottes (1 Kor 12,4; 2 Kor 12,18; Eph 4,3f. usw.). Als einige Gemeinde wird sie ihr „Klassenziel" erreichen (weiter dazu Abschnitt 10.5).
Für Paulus ist der Geist das sichtbare „Pfand in der Hand", das die Glaubenden gegen alle Zweifel überdauern lässt und in den Gemeinden bereits spürbar und weithin erkennbar wirkt. Mit ihm hat Gott den Glaubenden einen wesentlichen Teil seiner selbst übereignet. Das markiert das fundamental neue Verhältnis zu Gott. Die einzelnen Taufgaben zielen auf diese neue Erkenntnis und auf das neue Selbstbewusstsein der „Kinder Gottes",

[1] 1 Kor 11,11.33f.; 12,13; Gal 3,28; vgl. Kol 3,11, hier jedoch ohne Bezug auf den Geist.

die einen freien, ungehinderten Zugang zu ihrem Vater haben. Die Zuwendung Jesu zu den Verlorenen, historische Ereignisse wie Ostern und Pfingsten, dazu viele Zeichen und Wunder sowie die Bewahrung in Zeiten des Leidens und der Anfechtung werden als Zeichen des nahen Endes gedeutet. Sie tragen allesamt die Handschrift des Geistes Gottes, der mit ihnen Gottes unbedingten Willen zur Durchsetzung des Lebens zum Ausdruck bringt. Es ist wiederum Paulus, der den Mechanismus, mit dem Gott die Versöhnung mit „seinen" Menschen herbeiführt, durchdenkt. Hier ist die Vorstellung eines Rollentauschs leitend: Gott selbst sorgt dafür, dass die Menschen von Herzen nach seiner Gerechtigkeit streben und rechnet ihnen den (geistgewirkten) Glauben zur Gerechtigkeit an. Der Heilige Geist verkörpert deshalb die christliche Hoffnung, weil er Gottes Gegenwart bei den Menschen sichtbar und spürbar werden lässt und weil er die Hindernisse zwischen Gott und Menschen beseitigt.

Anfrage 28: Gnade vor Recht?

Gnade (gr. *cháris,* lat. gratia) ist ein Begriff aus der Rechtsprechung und meint die Verschonung von Strafe. Gnade setzt nicht Gerechtigkeit außer Kraft, sondern gestaltet die Folgen eines Urteils milder und erträglicher. Der Heilige Geist ist das Mittel der Gnade Gottes, weil er präventiv dafür sorgt, dass der Mensch nicht automatisch der gerechten Strafe bzw. dem Zorn Gottes verfällt, und weil er als „Rechtsanwalt" Fürsprache für die Glaubenden einlegt. Der Anspruch Gottes auf Durchsetzung seiner Gerechtigkeit bleibt dabei unangetastet; nicht der Verzicht Gottes darauf ist der Weg, sondern die Ebnung des Weges hin zu seiner Gerechtigkeit. Die Christinnen und Christen sind zwar trotz ihrer Geistbegabung alles andere als vollkommen. Doch der Glaube daran, dass Gott letztlich die Sünder gerecht spricht, befreit sie vom Leistungsdruck, gerecht und vollkommen wie Gott selbst zu werden, von einem Druck, dem sie nicht standhalten könnten. Dieser Glaube, der seinerseits eine Wirkung des göttlichen Geistes ist, wird von Gott als hinreichend bewertet, um den Glaubenden das Prädikat „gerecht" zu verleihen.

Anfrage 29: Wo bleibt die Erlösung?

Diese Frage haben bereits die Spötter von 2 Petr 3 gestellt. Nach den Naherwartungssaussagen Jesu und des Paulus (Mk 9,1parr.; 13,30parr.; 1Kor 15,51; 1 Thess 4,17) hatte es den Anschein, als hätten sich beide, und mit ihnen viele andere, nachhaltig geirrt. „An Stelle des nahen Gottesreiches kam die Kirche", so ein Bonmot, das dem französischen Theologen Alfred Loisy in den Mund gelegt wird.[1] Erstaunlicherweise haben die späteren Generationen diese ersten Ankündigungen nicht als Irrtum verworfen, sondern beibehalten. Dabei war die Auffassung leitend, dass das Entscheidende nicht die wörtliche Erfüllung der Verheißung, sondern die dadurch ausgelöste Hoffnung ist – die Hoffnung darauf, dass Gott jederzeit sein Reich anbrechen lassen kann und es in Jesu irdischem Wirken, an Ostern und Pfingsten bereits zeichenhaft hat Wirklichkeit werden lassen. Entscheidend ist weiterhin, dass seit jenen Ankündigungen das Leben der Glaubenden unter dem Vorzeichen der Hoffnung steht und Gott in einem umfassenden, nicht nur zeitlichen Sinne den Menschen *nahe* ist – so nahe, dass alles Tun des Menschen vor dem Horizont der Herrschaft Gottes, der Forderung und Zusage seiner Gerechtigkeit zu sehen ist. Mit dem Tod wird den Glaubenden die ersehnte Erlösung zuteil. Über diesen Trost hinaus steht auch das diesseitige Leben unter der Verheißung, dass es das ewige Leben in sich trägt. Es ist damit als Leben qualifiziert, das sich zu leben lohnt, das geprägt ist von Freiheit, Frieden und Gerechtigkeit. Sofern Christinnen und Christen als „Licht der Welt" für Frieden, Freiheit und Gerechtigkeit eintreten und das Liebesgebot praktizieren, verliert die Frage nach dem Zeitpunkt der endzeitlichen Erlösung ihre Schärfe.

Anfrage 30: Wann kommt das Himmelreich?

In Mt 12,28par Lk 11,20 erklärt Jesus, das Himmelreich sei dort eingetroffen, wo er mit dem Geist bzw. dem Finger Gottes die Dämonen vertreibt. Das Himmelreich ist demnach keine rein zukünftige Angelegenheit, sondern bricht bereits dort an, wo Menschen frei werden. Mythisch gesprochen, entscheidet sich der Kampf zwischen Gott und seinen Gegnern im Innern des Menschen. Wo Menschen von den Mächten, die sie in Schach halten, frei werden, entsteht Raum für die Gegenwart Gottes. Das Himmelreich hat mit Gerechtigkeit, Frieden und Freude zu tun (Röm 14,17). Dieser „Idealzustand" ist kein Trost für ein späteres Leben, sondern kann schon im jetzigen Leben eintreten – in der Befreiung von allen Zwängen, die das Leben von außen und innen bestimmen und beeinträchtigen. Die Exorzismen* machen deutlich, worin das Engagement füreinander bestehen kann: In gegenseitiger Befreiung von dem, was das Leben behindert und erschwert. Das bedeutet engagierte Leidenschaft für die eigene Freiheit und für die der Mitmenschen.

---

[1] „Jesus Christus hat das Reich Gottes angekündigt. Gekommen ist die Kirche." (Alfred Loisy, L'Évangile et l'Église, Bellevue, 3. Auflage 1904, 155). Zum Folgenden vgl. auch Kurt Erlemann, Naherwartung und Parusieverzögerung. Ein Beitrag zur Frage religiöser Zeiterfahrung (TANZ 17), Tübingen / Basel 1995.

13 Viele Schriften – viele Geistvorstellungen

Nach der Betrachtung der verschiedenen Geist-Themen erfolgt in diesem Kapitel die Präsentation der einzelnen Geistkonzeptionen. Die meisten neutestamentlichen Autoren haben eine eigene Vorstellung vom Geist Gottes. Worin die jeweiligen Eigenheiten liegen und was ihre innere Mitte ist, sind die Leitfragen des Kapitels. Die Eigenheit einer Geistkonzeption ergibt sich aus dem Zusammenspiel der unterschiedlichen Aussagen. Der methodische Zugang besteht darin, die Kernstellen zum Geist jeweils zuerst zu betrachten und dann mit anderen, möglichst divergierenden* Aussagen ins Verhältnis zu setzen. Angefangen bei den Evangelien, über Paulus und die übrige Briefliteratur bis hin zur Johannesoffenbarung entfaltet sich dabei ein facettenreiches Kaleidoskop (13.1-13.7).

13.1 Markus: Bezeugung Jesu Christi

13.1.1 Im Mittelpunkt: Der Charismatiker Jesus

Das Markusevangelium bietet keine ausgebaute Geist-Theologie. Der Autor kennt weder Charismen noch eine eschatologische*, ethische oder ekklesiologische* Funktion des Geistes. Wenn Markus vom (Heiligen) Geist spricht, bezieht er ihn auf die Person Jesu. Er ist der vom Geist verheißene Herr Davids (12,36, vgl. Ps 110,1). Markus kennt keine Zeugung Jesu aus dem Geist, aber er präsentiert ihn als den Geistträger, der bei der Taufe den Geist empfängt und als geliebter Sohn Gottes eingeführt wird (1,10f.). Der Geist treibt Jesus anschließend in die Wüste zur Begegnung mit Satan (1,12f.). Seinen Versuchungen widersteht er bis ans Kreuz (8,31-33; 15,29-32). Die Fischer Simon und Andreas sowie die beiden Zebedäus-Söhne Jakobus und Johannes sind die ersten Zeugen seines Charismas und folgen spontan dem Ruf in die Nachfolge (1,16-20). Später schließt sich der Zöllner Levi ähnlich spontan an (2,13f.). Jesu charismatischer* Führungsstil ist durch authentische Autorität und spontanes Erbarmen geprägt. Die Jünger folgen seinen Anweisungen, auch wenn, wie bei der Speisung der 5000, Skepsis aufkommt (6,30-44). Beim Einzug in Jerusalem überlässt ihm ein Fremder seinen Esel ohne Diskussion. Wo Jesus Not sieht, greift er ein, wie z.B. die Heilung der Leprakranken in 1,40-45 dokumentiert.

13.1.2 Einzelne geistgewirkte Fähigkeiten

Befreiung von Krankheit und Dämonen

Zu Jesu charismatischen* Eigenschaften gehört seine Fähigkeit, Dämonen auszutreiben und Kranke zu heilen. Sie kommt im Markusevangelium ausgiebig zur Sprache: Jesus heilt alle möglichen Krankheiten, die auf böse Geister zurückgeführt werden, wie Epilepsie (9,14-29), Taubstummheit (9,17) und andere Gebrechen (5,1-20: Heilung des rasenden Geraseners). Er heilt aber auch Krankheiten wie Lähmung (2,1-12), Blutfluss (5,21-34) und Blindheit (8,22-26; 10,46-52). Der Geistträger kann sogar Tote mit neuem Leben erfüllen (5,35-43: Tochter des Jairus). Bei den Exorzismen* macht Jesus nicht an der Grenze des Judentums Halt, wie die Heilung der Tochter einer Syrophönizierin zeigt (7,24-30). Sein Charisma stößt nur da an Grenzen, wo er es mit massivem Unglauben zu tun bekommt (6,5).

Prophetie und Blick in die Herzen

Eine weitere charismatische* Fähigkeit des markinischen Jesus ist die Prophetie. Jesus erkennt dank seines Geistbesitzes die Gedanken seiner Gegner (2,8), entlarvt Fragen an ihn als Fangfragen und demonstriert durch seine Antworten seine Vollmacht, das Gesetz auszulegen (2,18-22: Fastenfrage; 12,18-27: Auferstehungsfrage; 12,35-37: Frage der Davidssohnschaft). Der Prophet Jesus spürt, dass seine Kraft im Bad in der Menge heimlich von einer Frau angezapft wird (Heilung der blutflüssigen Frau, 5,30), und er sieht den Gang der Dinge voraus, was Markus in vielen Erzählungen herausarbeitet. So kennt er vor dem Einzug in Jerusalem bereits das Reittier, auf dem er einreiten wird (11,1-10), sagt an mehreren Stellen seinen eigenen Tod voraus, weiß um den Verrat des Judas und des Petrus (14,18-31). Darüber hinaus vollzieht er eine typisch prophetische Zeichenhandlung (Verfluchung des Feigenbaums, 11,14.20f.) und unterrichtet die Jünger detailliert über das Endzeitgeschehen (Kap. 13: Ölbergrede). In dieser Szene wird er von Markus ausdrücklich von kommenden „Pseudochristussen“ und „Pseudopropheten“ unterschieden.

Autorität und Erbarmen

Jesu vom Geist herrührende Autorität in Sachen Gesetzesauslegung wirkt auf die einen faszinierend, auf die anderen provozierend.[1] Seine Lehre ist authentisch und duldet keinen Widerspruch. Auch bei Pharisäern und Schriftgelehrten wirbt er um Zustimmung (12,1-12: Gleichnis von den bösen Winzern). Nicht Verurteilung, sondern Akzeptanz ist sein Ziel. Barmherzigkeit, nicht Arroganz zeichnet den Geistträger aus.[2] Auch in seiner Barmherzigkeit macht Jesus keinen Unterschied zwischen Juden und Nichtjuden (Beispiel: 8,1-9, Speisung der 4000).

---

[1] Beispiele: 2,1-12, Vollmacht zur Sündenvergebung; 2,18-22, Fastenfrage; 2,23-28: Ährenraufen am Sabbat.

[2] Beispiele: 6,30-44, Erbarmen über 5000 Menschen in der Wüste; 10,46-52, Erbarmen über den blinden Bartimäus.

13.1.3 Ambivalente Außenwirkung

Trotz seiner offensichtlichen Vollmacht und Geistbegabung ist Jesu Identität umstritten. Die ersten Zeugen, die Jesu Identität öffentlich machen, sind ausgerechnet die bösen Geister, die ihn als den „Heiligen Gottes" (1,24) bzw. als „Sohn des Allerhöchsten" (5,7; vgl. 1,34) anrufen. Ihr Zeugnis ist von zweifelhafter Qualität und lässt bei Jesu Gegnern den Verdacht aufkommen, seine Vollmacht sei satanisch (3,22-30; vgl. 1,27f.). In diesem Kontext fällt die Aussage über die Sünde gegen den Heiligen Geist (3,28-30). Die Leugnung der Gegenwart Gottes und seines Geistes in Jesus ist unverzeihlich, weil sie den Kern des Glaubens tangiert. Wer Jesus wider besseres Wissen die Vollmacht abspricht oder sie als satanisch bezeichnet, verwischt den Gegensatz zwischen Gott und Satan.
Die Jünger Jesu tun sich schwer, zu einem aussagekräftigen christologischen Bekenntnis zu kommen. Erst in 8,29 erfolgt das entscheidende Bekenntnis durch Petrus: „Du bist der Christus!" Die Gegner unterstellen Jesus Besessenheit, die zu seiner in ihren Augen unglaubwürdigen, ja gotteslästerlichen Lehre führt (3,30). Am Ende müssen sie mit falschen Zeugen operieren, um Jesus denunzieren und verurteilen zu können (14,55-59). Die Sorge um ihre Machtposition macht ihnen die Anerkennung Jesu unmöglich – sie sind im Gegensatz zu Jesus der Versuchung Satans (vgl. 1,12f.) erlegen und demonstrieren damit ihre Geistlosigkeit.

13.1.4 Der Geist in der Gegenwart der Gemeinde

Die Bedeutung des Geistes für die markinische Gemeinde erschließt sich aus dem Evangelium, das sie an Jesu irdisches Wirken erinnert. Hier findet sie die Richtschnur für ihre Glaubensidentität und für ihre Ethik. Darüber hinaus haben die markinischen Christen den Trost, in Zeiten der Verfolgung auf den Geist zählen zu können, der ihnen vor Gericht beisteht und ihnen die richtigen Worte eingibt (13,11). Außerdem zeigt 6,7.13, dass Jesu Charisma* übertragbar und grundsätzlich auch nach Ostern erfahrbar ist, auch wenn Erfahrungen des Scheiterns registriert werden.[1]

13.1.5 Die Mitte: Vertrauen in die heilvolle Gegenwart Gottes

Das Markusevangelium sieht im Heiligen Geist in erster Linie die Kraft, die Jesu Charisma* begründet und seine Vollmacht bezeugt, und zwar gegen alle Skepsis und Polemik. Mit der Darstellung der geistgewirkten Fähigkeiten und Eigenheiten arbeitet Markus Jesu göttliche Vollmacht

[1] Mk 9,14-29; zu nachösterlichen Zeichen und Wundern vgl. aus dem sekundären Markusschluss 16,17.20.

heraus. Seine ambivalente Außenwirkung zeigt, dass der Geist nicht mit dem Mittel des Zwangs arbeitet, um Gottes Interessen durchzusetzen, sondern auf Glauben setzt und um Zustimmung wirbt. Beides sucht und findet Jesus nicht nur unter Juden, sondern auch unter Nichtjuden. Zugleich gibt die Darstellung des Geistträgers Jesus die Richtung des ethischen Handelns in der Nachfolge vor: Spontanes Erbarmen, Gehorsam und die Befolgung des Liebesgebots (12,30f.) sind Kernpunkte. Das Vertrauen in Gott und seinen Geist, der in Gestalt Jesu von Nazareth Heil und Hoffnung brachte und den Glaubenden bleibend und spürbar zur Seite steht, ist das Ziel der markinischen Geist-Theologie.

13.2 Matthäus: Überwindung des Bösen

Das Matthäusevangelium baut auf Markus auf und führt sein Geistkonzept weiter. Wie er deutet er Jesus als den Geistträger vor Ostern schlechthin. Auf ihn kommt der Geist herab, der ihn in und durch die Begegnung mit Satan führt. Er schenkt Jesus Autorität, Authentizität sowie prophetisches Wissen und verhilft ihm zum Sieg gegen die Dämonen. Die Jünger treten nicht als eigenständige Geistträger auf. In ihrer von Jesus verliehenen pneumatischen* Vollmacht erweisen sie sich als Lernende, die aufgrund ihres „Kleinglaubens" nicht vor Rückschlägen gefeit sind (10,1; 17,20). Neben diesen Gemeinsamkeiten werden markante Unterschiede zu Markus und Lukas sichtbar.

13.2.1 Die Bedeutung Jesu - vom Geist vorherbestimmt

Jesus ist aus dem Heiligen Geist gezeugt (1,18.20). Das ist ein erstes Wunder und die Erfüllung prophetischer Verheißung (Jes 7,14). Die Bedeutung Jesu ist bereits in Ps 110,1 bezeugt: Der Geist kündigt als Autor des Psalmwortes Jesus als den „Herrn Davids" an (22,43). Mit der Zeugung aus dem Geist ist Jesu Bestimmung vorgegeben: Er ist zum einen der Retter von Sünden (Namenserklärung in 1,21); Gottes universaler Anspruch schickt ihn dabei ausdrücklich auch zu den Nichtjuden, um ihnen das Recht Gottes zu verkündigen (12,17-21). Zum anderen ist Jesus als „Immanuel" (Gott mit uns) die personifizierte Gegenwart Gottes (1,23), die sich nach seiner Auferstehung bis ans Ende der Zeit fortsetzt (28,20).

13.2.2 Das Charisma Jesu – Folge seiner Gerechtigkeit

Charismatische Schriftauslegung als Mittel gegen Satan

Das Matthäusevangelium illustriert, auf welche Weise Jesus von Sünden bzw. vom Bösen errettet und Gottes Gegenwart verkörpert. Die Errettung von Sünden hat von Anfang an mit der Erfüllung der Gerechtigkeit, die Gott fordert, bzw. mit dem Halten der Toragebote* zu tun. Die Taufe Jesu wird unter ausdrücklichem Hinweis auf die zu erfüllende Gerechtigkeit vollzogen (3,14f.). Der Geistempfang und die (im Unterschied zu Markus öffentliche) Proklamation Jesu als des geliebten Gottessohnes erscheinen als Folge seiner Gerechtigkeit (3,16f.). Auf dieser Grundlage ist Jesus in der Lage, Satan zu überwinden (4,1-11). Matthäus gestaltet wie Lukas die Szene als Disput über die Auslegung der Schrift: Jesus hält Satans Versuchungen dreimal den Wortlaut des Deuteronomiums (5 Mos 8,3; 6,16; 6,13) entgegen und erweist sich darin als der Stärkere; am Ende dienen ihm die Engel (4,10f.).

Geistgewirkte Vollmacht in Wundern und Lehre

Die öffentliche Wirksamkeit des matthäischen Jesus besteht in der Ausrichtung der Reich-Gottes-Botschaft und in der Befreiung der Kranken und Besessenen von ihrem Leiden (summarisch etwa 4,23f.). Selbst Tote führt Jesus zurück ins Leben (9,18-26: Tochter des Jairus). Die Bergpredigt präsentiert Jesus als den, der den Toragehorsam* zur Vollendung bringt und die „bessere Gerechtigkeit" propagiert – eine Gerechtigkeit, die im Unterschied zu pharisäischer „Heuchelei" keinen Unterschied zwischen Reden und Tun macht (5,17-20; 7,24-29: Gleichnis vom Hausbau). Diese seine Lehre geschieht in staunenswerter und provokanter Vollmacht (7,28f.). Das findet seine Bestätigung in Jesu Autorität und Authentizität – Eigenschaften, die als Wirkungen des Geistes bezeichnet werden dürfen, auch wenn Matthäus den Geist an dieser Stelle nicht nennt.

13.2.3 Verzicht auf Verurteilen…

Liebe als das Geheimnis der Vollkommenheit

Inhaltlich umschließt die „bessere Gerechtigkeit", zu der Jesus aufruft, den Verzicht auf das Be- und Verurteilen anderer (7,1-6, Wort vom Richten). Das Gebot resultiert aus der Einsicht, dass *de facto* niemand das Gesetz erfüllen kann (Antithesen*, 5,21-48) und keiner ohne Schuld ist.[1] „Darum sollt ihr vollkommen sein, wie euer Vater im Himmel vollkommen ist", lautet der hohe Anspruch an die Glaubenden (5,48). Zu erfüllen ist er dadurch, dass man das Böse nach Gottes Vorbild durch Liebe zu überwinden versucht; denn Gott selbst lässt seine Sonne über Böse und Gute aufgehen und über Gerechte und Ungerechte regnen (5,43-45, von der Feindesliebe). Der hierin sichtbare universale Anspruch Gottes mündet

[1] Mt 7,3-5: Bild von Splitter und Balken; 18,23-35: Gleichnis vom Schalksknecht.

im Auftrag an die Jünger, alle Völker zu Jüngern zu machen und sie im Namen des dreieinigen Gottes zu taufen (28,18f.).

Die Vernichtung des Bösen als „Chefsache"

Grundlegend ist für Matthäus die Unterscheidung zwischen Sündern und Sünde, zwischen *den* Bösen und *dem* Bösen. Während die Sünde und das Böse eigenständig agierende Mächte sind, deren Beseitigung „Chefsache" am Ende der Zeit ist, sind die „Bösen" oder Sünder von dem, was sie bindet, schon jetzt zu befreien und zu retten. Die Gerechtigkeit des Geistträgers Jesus zielt darauf, vorschnelle Urteile, die das Leben gefährden und zerstören, auszuräumen. Das gilt im Gefolge auch für die Gemeinde, in der sich das „Reich des Menschensohns" manifestiert (13,41). Es dient letztlich ihrem eigenen Interesse, das „Unkraut" in ihren Reihen weiter wachsen lassen (13,24-30, Gleichnis vom Unkraut unterm Weizen). Erst zur Zeit der „Ernte" wird der Menschensohn mit seinen Engeln das Unkraut vernichten, denn er allein ist kompetent und bevollmächtigt dazu (vgl. auch 22,11-14, Gleichnis vom Hochzeitsgewand).

Rettung der Sünder durch Befreiung vom Bösen

Jesus tauft die Jünger mit Wasser und Geist (3,11), das heißt, er gibt ihnen sukzessive Erkenntnis und pneumatische* Vollmacht, in die sie nach und nach hineinwachsen. Im Zuge dessen werden die Jünger beauftragt, die Kranken und Besessenen von dem, was sie fesselt, zu befreien. Wo sie in Jesu Auftrag Dämonen austreiben und Krankheiten heilen, werden die Menschen frei und gesund (10,1).

13.2.4 … zugunsten liebender Zuwendung

Gerechtigkeit heißt Vergebung und Güte

Hinter der so genannten Gemeinderegel Kap. 18 steht der an Gottes universaler Gerechtigkeit orientierte Umgang mit Problemfällen in der Gemeinde. Die Übertragung der Binde- und Lösegewalt (18,18) erweist sich bei näherem Hinsehen als warnender Appell, Sünder in der Gemeinde nicht endgültig zu verurteilen und auszuschließen. Kirchenzucht ist allenfalls *ultima ratio*, in jedem Falle aber der erste Schritt zu einem erneuten Zugehen auf den Sünder. Das Wort „er sei für dich wie ein Heide und Zöllner" (18,17) verweist auf Jesu liebende Zuwendung zu eben diesen Gruppen. Die Formulierung, man solle nicht siebenmal, sondern siebzigmal siebenmal vergeben (18,21f.), unterstreicht, dass sich Gerechtigkeit in der vergebenden und gütigen Zuwendung zu den Sündern und Verlorenen verwirklicht. Gerechtigkeit ohne Güte geht auf Kosten der „Letzten", die von Gott genauso wertgeschätzt werden wie die „Ersten" (20,1-16, Gleichnis von den Arbeitern im Weinberg). Gefordert ist stattdessen der Verzicht darauf, sich auf Kosten der Kleinen und „Letzten" zu profilieren (gr. *tapeínosis,* 18,1-9; 20,26f.) – gehören doch die Jünger der ersten Stunde selbst zu den „Unmündigen", denen Gott aus freien Stücken heraus Erkenntnis gab (11,25).

Liebendes Aushalten und Bemühen

Im Verzicht auf Be- und Verurteilen zeigt sich nach Matthäus die geistgemäße Überwindung des Bösen. Statt offensiven Ausmerzens ist geduldiges und liebendes Aushalten sowie das unendliche Bemühen um alle Kleinen, Sünder und Verlorenen angesagt, um so der universalen Gerechtigkeit Gottes, die sich in seiner allumfassenden Geduld und Güte äußert, zu entsprechen. Diese Ethik, die auf die Re-Integration *der* „Bösen" zielt und in letzter Konsequenz das Endgericht überflüssig machen könnte, ergibt sich aus der grundsätzlichen Überwindung Satans in der Wüste und aus der nachfolgenden Überwindung des Bösen in den Exorzismen*, in der Lehre und im Praktizieren der „besseren" Gerechtigkeit.
Der eigentliche Überwinder des Bösen ist der Geist Gottes, mit dessen Hilfe Jesus die Dämonen austreibt und zugleich dem Himmelreich zu seiner Durchsetzung verhilft (12,28). In diesem Vertrauen bitten die Glaubenden im Vaterunser um Befreiung vom Bösen (6,13). Im Wissen darum, dass die Beseitigung des Bösen nicht ihre Sache ist, bitten sie im gleichen Atemzug darum, nicht (wie Jesus) in Versuchung geführt zu werden.

13.2.5 Die Mitte: Re-Integration der Sünder

Der Heilige Geist ist nach dem Matthäusevangelium die Speerspitze Gottes im Kampf gegen die widergöttlichen Mächte. Jesus als der exklusive Geistträger überwindet das Böse und treibt es aus. Wo es weicht, gewinnt das Reich Gottes Raum. Im Gegenzug wendet sich Jesus den Kleinen, Letzten und Verlorenen zu, heilt und führt sie in die Gemeinschaft zurück. Das Vorgehen Jesu hat für die Gemeinde Signalwirkung: Das Böse ist grundsätzlich überwunden, und das befreit dazu, es so anzugehen, wie es die „bessere Gerechtigkeit" Gottes vorsieht: Durch liebende Zuwendung zu und durch Befreiung der von Sünde und Krankheit Gebundenen, d.h. durch immer neue Versuche, dem Bösen das Terrain abzugraben. Die Seligpreisungen buchstabieren den geistgemäßen Weg: Leidensbereitschaft, Gewaltverzicht, Hunger nach Gerechtigkeit, Barmherzigkeit, Lauterkeit und Friedenswille anstelle von Selbstprofilierung und Fixierung der Sünder auf ihre Sünde (5,3-12). Der Weg der Seligpreisungen markiert das Charisma* der Gemeinde. Er wird durch die Zusage des Geistempfangs und des Beistands durch den Geist (10,20) motiviert und unterstützt. Die

Jünger sind als „Lernende" in Sachen Charisma das Vorbild der Christinnen und Christen.

13.3 Lukas: Universale Durchsetzung des Evangeliums

Auch Lukas baut auf dem Markusevangelium auf und entwickelt auf dessen Grundlage seine Geistvorstellung. Es fällt auf, dass sie bei ihm, im Gegensatz zu seinen synoptischen* „Kollegen", einen viel größeren Stellenwert einnimmt. Nicht nur wird Jesus in vielfacher Hinsicht als Geistträger präsentiert, sondern auch die nachösterliche Zeit als maßgeblich vom Heiligen Geist geprägte Zeit geschildert. Die Wirksamkeit des Geistes ist nicht auf die irdische Wirksamkeit Jesu begrenzt, die nachösterliche Geistbegabung der Jünger wird nicht nur am Rande erwähnt, sondern in der Apostelgeschichte breit entfaltet. Im Mittelpunkt der Geistwirkungen steht die Verkündigung des Evangeliums an alle Völker. Der Geist bestimmt Inhalt und Methode der Verkündigung, er sorgt für die Ausstattung der Verkündiger und steuert die Richtung der Mission.

13.3.1 Der Inhalt: soziale Befreiung

Jesus als der verheißene Geistträger nach Jes 61,1f.

Bereits die lukanische Vorgeschichte (1f.) setzt ganz eigene Akzente in der Geistvorstellung. Neben der Zeugung Jesu aus dem Geist (1,35) und dem bei der Taufe erfolgenden Geistempfang (3,22) sieht Lukas in der Rettung der Verlorenen die wesentliche Bestimmung Jesu (19,10). Sie vollzieht sich in der befreienden und endgültigen Umkehrung der sozialen Verhältnisse (vgl. schon das Magnificat, 1,46-55). Vorbereitet wird das durch Johannes den Täufer, Jesu geistbegabten Vorläufer, der in der Tradition Elias Buße predigt (3,7-9). Der Geistträger Jesus überwindet nicht nur das Böse[1], er setzt nicht nur, geleitet durch den Geist (4,14), wunderbare Zeichen der nahen Gottesherrschaft und gewinnt durch seine Überzeugungskraft viele Jüngerinnen und Jünger, sondern er präsentiert sich selbst als der in Jes 61,1f. verheißene Gesalbte, der gekommen ist, um die Kranken zu heilen und die Gefangenen zu befreien (Antrittspredigt in Nazareth, 4,18-21; vgl. Apg 10,38).

[1] Lk 4,1-13: Versuchung in der Wüste und weiterhin diverse Exorzismen*; 10,18: Notiz vom Sturz Satans.

Umkehr der Verhältnisse und Überwindung der Gegensätze

Der Inhalt des lukanischen Evangeliums ist ausgesprochen sozialkritisch; insbesondere der Umgang mit Macht und Geld ist hier Thema (vgl. die Zufügung der Weherufe zu den Seligpreisungen in 6,24-26). In seinen Jüngerinnen und Jüngern, die überwiegend aus der ungebildeten Unterschicht stammen, erkennt Jesus besonders vom Geist Privilegierte – sie haben Wissen, von dem die Mächtigen und Gebildeten nur träumen können (10,21-24, Jubelruf Jesu) und erkennen den Geist Gottes (Apg 1,8; 5,32), eine Gabe, die auch Nichtjuden zuteil wird (Apg 8,15-19; 10,44f.; 15,8).

Neben dem Appell zum sozialen Interessenausgleich steht das Bemühen darum, Juden und Nichtjuden, Gerechte und Sünder an einen Tisch zu bringen (vgl. die Gastmahlszenen in Lk 14f.). Die Teilhabe am Reich Gottes hängt von der Bereitschaft ab, sich spontan und radikal von bisherigen Bindungen und Verpflichtungen zu lösen und sich in die Gemeinschaft von Menschen zu begeben, mit denen man bislang nichts zu tun hatte (vgl. Apg 2,42ff.: Der Geistbesitz trennt von früheren sozialen Bezügen!).

13.3.2 Die Methode: Werben um die Herzen

Appell zu Erbarmen und Vergebung

Der Weg zur endzeitlichen Gemeinschaft aus Armen und Reichen, Gerechten und Sündern, Juden und Nichtjuden führt nach Lukas nicht über Drohung und Zwang, sondern über werbende Appelle. Gott erscheint als der Vater, dessen Hauptanliegen es ist, die Menschen als eine (seine) Familie zusammenzubringen; er geht den Verlorenen hinterher, ohne die anderen auszuschließen. Die Gleichnisse vom Festmahl (14,15-24) und vom verlorenen Sohn (15,11-32) enden beide mit einem offenen Schluss, der den Kritikern und Skeptikern ein Hintertürchen offen hält, sofern sie bereit sind, auf ihre angestammten Privilegien zu verzichten (14,11, Wort vom Erniedrigen und Erhöhen). Das Gleichnis vom barmherzigen Samaritaner zeigt, worauf es ankommt: auf spontanes Erbarmen (10,25-37). Jesus sucht die Gemeinschaft mit Zöllnern (Zachäus, 19,1-10) und Sündern (Salbung durch die Sünderin, 7,36-50) und spricht ihnen Vergebung zu. Der Schächer am Kreuz erhält in letzter Minute die Zusage des Heils (23,42f.), für seine Henker bittet der Gekreuzigte um Vergebung (23,34).

Vielfältige Plausibilisierung

Der lukanische Jesus zieht alle Register, um die notwendige Verhaltensänderung plausibel zu machen: Es gilt als Akt menschlicher Klugheit und zugleich als Gebot des mosaischen Gesetzes, auf Besitz zu verzichten und mit den Armen zu teilen (16,1-8, Gleichnis vom klugen Verwalter; 16,19-

31, Gleichnis vom reichen Mann und armen Lazarus). Die Darstellung der Jerusalemer Urgemeinde (Apg 2,44-47; 4,32-37) lässt die Gütergemeinschaft als Ideal des Anfangs aufleuchten. Die Hinzunahme der Nichtjuden zum Heil erscheint als vom Heiligen Geist selbst provoziert (Apg 10,44f.) und von den Aposteln auf dem Apostelkonzil abgesegnet (Apg 15,22-29).

13.3.3 Die Ausstattung: Überzeugungskraft und mehr

Jesus: Weisheit und Prophetie

Der Geistträger Jesus überrascht nicht nur mit dem provozierenden Inhalt seiner Botschaft, sondern auch mit seiner offenkundigen Vollmacht schon als Zwölfjähriger im Tempel (2,47). Seine Schriftauslegung ist authentisch und überzeugend. Er zeigt keinerlei Scheu, sich als „Ungebildeter" zu Wort zu melden und seine Auffassung selbstbewusst zu vertreten. Weisheit und Gnade begleiten ihn von Kindheit an (2,40.52; vgl. 4,22) und sorgen für großen Widerhall beim Volk. Die Jünger erinnern sich an ihn als Propheten, mächtig an Worten und Taten (24,19). Sie selbst bekommen „Mund und Weisheit" und damit das Charisma* der unwiderstehlichen Rede von Jesus in Aussicht gestellt (21,15).

Die Apostel: Das „Rundum-sorglos-Paket" für Verkündiger

Nach Pfingsten erfüllen sich die Zusagen Jesu: Die Apostel erhalten „Freimut" (gr. *parrhesía*), es gelingt ihnen, gegen alle Vorurteile ihre Hörerschaft zu überzeugen (Apg 2,29: Petrus; 4,13: Petrus und Johannes; 4,29-31: die versammelte Gemeinde). Johannes und Petrus verwundern ihre Zuhörerschaft, Stephanus hält, neben Zeichen und Wundern, eine große Rede „voll Gnade und Kraft" (6,8-10). Mit ihrer Geistbegabung haben die Apostel eine Überzeugungskraft, die mit antiker Bildung und Rhetorik nicht zu erreichen war. Die Geistbegabung begründet die Sendung zu herausragenden Aufgaben (6,3: die sieben Diakone; 11,24: Barnabas; 13,2: Paulus und Barnabas). Zur Grundausstattung der Geistträger gehören ein überdurchschnittlicher Glaube (6,5: Stephanus; 11,24: Barnabas), göttliche Kraft (9,22: Paulus; vgl. 10,38: Jesus), Freude schaffende Gewissheit (5,41; 13,52: Jünger) und die Gabe der Prophetie (20,22f.: Paulus). Wer durch die Predigt der Apostel zum Glauben kommt und vom Geist erfüllt wird, erhält ebenfalls die Gabe der Prophetie und wird so zum Multiplikator der Botschaft (2,18: Pfingstbericht; 19,6: Christen von Ephesus).

In Jesus und den Aposteln manifestiert sich die Zuwendung Gottes zu den Ungebildeten und Randständigen in der Gesellschaft. In ihnen erfüllt sich die Verheißung der heilvollen Umkehrung der Verhältnisse. Das Schlusswort der Apostelgeschichte bestätigt die Wirkung des Geistes eindrucksvoll: Paulus kann „frei und ungehindert" in Rom predigen (28,31).

13.3.4 Die Route: Von Jerusalem nach Rom

Der Geist sorgt nicht nur für die charismatische* Wirkung Jesu und der Apostel, er bestimmt nicht nur den Inhalt ihrer Botschaft und zeigt das Ziel auf, das Gott mit der Sendung Jesu verfolgt. Er gibt auch die Richtung der Mission unter den Völkern vor. Mit zahlreichen kleineren Begegnungen sowie mit spektakulären Entrückungen und Visionen an den Schaltstellen der petrinischen und paulinischen Mission zeigt er, „wo es lang geht". Der Weg der Verkündigung, der am Ende in die Hauptstadt des Römischen Reiches führt, ist vom Heiligen Geist vorherbestimmt und organisiert; die Apostel haben dem nichts entgegenzusetzen (Apg 13,2; 16,6f.; weiter dazu Abschnitt 11.3). Selbst die Nachfolge des Paulus wird vom Geist organisiert (20,28: Einsetzung von Episkopen in Ephesus).
Die Apostel haben den Geist empfangen, um Zeugen Christi bis ans Ende der Welt zu sein (1,8). Und so werden sie für die Mission in Dienst genommen und lassen sich in Dienst nehmen. Als Zeugen und Geistträger erkennen sie die Herrlichkeit Gottes und seines Sohnes (Stephanus, 7,55).

13.3.5 Die Mitte: Weltweite Werbung für Gott

Das lukanische Doppelwerk zeigt den Heiligen Geist als eine mitreißende Kraft, die von Jesu Kindheit bis zum Ende der Apostolischen Zeit die bestehenden Verhältnisse nachhaltig in Bewegung bringt. Er bewirkt das mithilfe besonderer Geistträger, die er mit Charisma* und Überzeugungskraft ausstattet, so dass sie provozierend und überzeugend predigen können. Er nimmt die Herzen der Menschen ein, schenkt ihnen Glauben und vielfältige Charismen. Er sorgt für ein sozial vorbildhaftes Miteinander in den Gemeinden und für friedliche Absprachen zwischen den Aposteln. Er setzt mannigfach Zeichen und Wunder, die zum Glauben anregen und gibt die effektivste Richtung der Mission vor. Bei alledem agiert der Geist nicht drohend und zwingend, sondern bezeugt Gottes Willen, sein Heil auf der Grundlage von werbenden Appellen und von Freiwilligkeit zu verbreiten. Dieses Heil führt durch die Geschichte Menschen aller Schichten und Religionen zusammen. Anders als bei Johannes und Paulus spielt der Geist in der Passion Jesu keine Rolle.[1]

13.4 Johannes: Bestandsgarantie für die Wahrheit

Ein von den synoptischen Evangelien* weitgehend unabhängiges Geistkonzept hat das Johannesevangelium zu bieten. Mit den anderen Evange-

---

[1] Hübner, Heiliger Geist 186.

lien gemeinsam ist die Überzeugung, dass Jesus der Geistträger vor Ostern schlechthin war, auf den bei der Taufe der Geist herabkam (1,32f.), der auf die Menschen eine enorme charismatische* Ausstrahlung ausübte und das Böse überwand. Weiterhin ist gemeinsam, dass die Vermittlung des Geistes an die Jünger erst nach Ostern erfolgte (7,39; 20,22). Auch das Johannesevangelium kennt die Metapher* von der „Taufe mit dem Geist" (1,32f.; vgl. 3,3-8, Neugeburt aus Wasser und Geist). Anders als die Synoptiker entfaltet Johannes in den „Abschiedsreden" Jesu (Kap. 14-16) breit die Funktion des Geistes als Anwalt und Fürsprecher sowie als „Geist der Wahrheit". Ebenfalls abweichend beschreibt er die göttliche Abkunft Jesu nicht als pneumatischen* Zeugungsakt, sondern als Einwohnung des Schöpfungswortes Gottes (1,14). Der Erste Johannesbrief teilt mit dem Evangelium die auf Wahrheit bezogene Funktion des Geistes und spitzt sie in Richtung der Unterscheidung der Geister und der Formulierung des Credos* zu (weiter zu 1 Joh in Abschnitt 13.6).

13.4.1 Der „Geist der Wahrheit" – Lehrer der Gemeinde

Drei Namen – drei Funktionen

Die Bezeichnung „Geist der Wahrheit" (gr. *pneúma tes aletheías*) ist eine johanneische Eigenheit. In den „Abschiedsreden" Jesu (Kap. 14-16) erhält der Geist diesen Namen – neben „Heiliger Geist" und „Paraklet". Die drei Namen sind weithin gleichbedeutend und bezeichnen den Geist als den, der nach dem Weggang Jesu bleibend bei der Gemeinde ist und seine Botschaft weiterführt. Mit den drei Namen ist das Spektrum der Aufgaben abgedeckt, die der Geist übernimmt. Wenn Johannes vom „Heiligen Geist" spricht, ist eine kultische Nuance im Spiel (besonders 20,22: Sündenvergebung), wenn er vom Parakleten spricht, eine juristisch-forensische* gegenüber dem *kósmos,* und wenn er vom „Geist der Wahrheit" spricht, die des Lehrers der Gemeinde und Zeugen Christi. Im Folgenden werden zuerst die wichtigsten Belegstellen für den „Geist der Wahrheit" besprochen.

Joh 14,16-26: Bezeugung des neuen Gottesverhältnisses

Der Geist der Wahrheit ist eine Exklusivgabe an die Christen und wird von der Welt nicht erkannt (14,16f.). Dank der Immanenz* des Geistes hat die Gemeinde das Privileg, die Wahrheit zu kennen. Der Geist ist die Art und Weise, wie Jesus in der Gemeinde präsent bleibt (14,18). Wer im Geist Jesu bleibt, hält das Liebesgebot ein und bleibt so dauerhaft in Verbindung mit Gott bzw. Christus (14,23). So sorgt der Geist dafür, dass die Christen nicht verloren gehen, sondern die Herrlichkeit Gottes sehen (17,24).

Joh 15,26-16,1: Gemeinsame Bezeugung der Wahrheit

Der Geist der Wahrheit ist der Kronzeuge Christi (15,26). Er stellt sicher, dass der Glaube der Gemeinde lebendig bleibt und die Erinnerung an Jesus nicht verblasst. Mithilfe des Geistes können die Christen ihre Aufgabe als Zeugen Christi, und das meint: als Verkündiger, Missionare und im Extremfall als Märtyrer erfüllen (15,27; 16,1).

Joh 16,13-15: Sprachrohr Gottes bzw. Christi

Der Geist der Wahrheit ist als Sprachrohr Gottes bzw. Christi bei den Christen (16,13-15). Er gibt ihnen weiter, was Gott zu sagen hat, und klärt sie über die Zeit nach Ostern und die eschatologische* Zukunft auf.[1] Damit führt er sie in die volle Wahrheit und sorgt zugleich für die Verherrlichung des Auferstandenen. Mit dieser Umschreibung skizziert Johannes den Geist als Propheten, der die Gemeinde nach Ostern authentisch belehrt, lenkt und weiterführt.

Fazit: Sicherung der Wahrheit nach Ostern

Hinter der Intensität, mit der Johannes von „Wahrheit“ und vom „Geist der Wahrheit“ spricht, ist eine massive Gefährdung der Wahrheit in „seiner“ Gemeinde zu sehen. Sie steht offensichtlich in der Gefahr, den Faden zu Jesus und damit zum Wahrheitskern der christlichen Botschaft zu verlieren. Ein weiteres Indiz dafür ist die Betonung des Einsseins der Gemeinde im „hohenpriesterlichen Gebet“ Jesu (17,21-23). Das Einssein ist für Johannes eine wesentliche Voraussetzung für die Glaubwürdigkeit der Gemeinde und ihrer Botschaft in der Welt (17,23). Auch sie scheint nicht ungefährdet gewesen zu sein. Die Gestalt des „Geistes der Wahrheit“ bzw. Parakleten soll das Vakuum schließen, das Jesus nach seinem Tod hinterließ, und für die bleibende Kontinuität im Glauben sorgen. Es ist nicht auszuschließen, dass diese Gestalt von einer historischen Leitfigur in der johanneischen Gemeinde verkörpert wurde (vgl. dazu weiter Anfrage 1).

13.4.2 Der Paraklet – Anwalt der Gemeinde

Der „Paraklet“ (von gr. *paraklétos* – Tröster, Beistand, Fürsprecher, Anwalt) ist die zweite für Johannes typische Bezeichnung für den Geist. Er ist letztlich identisch mit dem Geist der Wahrheit und dem Heiligen Geist (14,16f.; 14,26; 15,26), doch gibt die Bezeichnung Aufschluss über seine

[1] Der Ausdruck „das Kommende“ (gr. *ta erchómena*) lässt an beides denken.

spezielle Funktion und erlaubt einen weiteren Rückschluss auf die Situation der johanneischen Christinnen und Christen.

Joh 16,8-11: Aufklärung der Welt und Gericht in zweiter Instanz

Diese leiden offensichtlich unter der Trennung von Jesus und erhalten deshalb den Parakleten als dauerhaften Begleiter. Er füllt die Lücke, die Jesus hinterlassen hat, und zwar „in Ewigkeit" (14,16). Mit der Sendung des Parakleten nimmt der erhöhte Christus seine Verantwortung für die Gemeinde wahr. Für sie ist es sogar von Vorteil, dass anstelle Jesu der Geist kommt (16,7), denn er ist dauerhaft bei ihnen präsent, so dass keine Trennungsängste mehr aufkommen müssen. Außerdem führt er die Sendung Jesu weiter und öffnet dem *kósmos,* das heißt dem ungläubigen Teil der Welt, die Augen über die heilsgeschichtliche Bedeutung Christi (16,8-11; weiter dazu Abschnitt 7.2).

1 Joh 1f.: Himmlischer Rechtsanwalt

Außer in den Abschiedsreden begegnet der Paraklet im Ersten Johannesbrief, allerdings in einer anderen Funktion: als erhöhter Christus, der vor Gottes Thron für die Glaubenden Fürsprache einlegt. Der Begriff „Gerechtigkeit" in Joh 16,10 erhält hier eine Klärung: Der erhöhte Christus sorgt für Gerechtigkeit, indem er die Sünden vergibt. Der Weggang und die Erhöhung Christi sind die Voraussetzung für die Vergebung der Sünden, und zwar nicht nur der Glaubenden, sondern der gesamten Welt (1 Joh 1,8f.; vgl. Joh 20,22f.!). Die Überzeugungsaktion des Parakleten in Joh 16,8-11 zielt nicht auf das Gericht, sondern auf universale Versöhnung (1 Joh 2,2). Mit Joh 14-16 und 1 Joh 1f. haben wir zwei parallele Vorstellungen über den Geist als Paraklet. Paulus unterscheidet vergleichbar zwischen dem Geist als (irdischem) Fürsprecher der Menschen vor Gott und dem erhöhten Christus als dem himmlischen Fürsprecher (Röm 8,26.34; vgl. Hebr 7,25; weiter dazu Abschnitt 10.4).

13.4.3 Der Heilige Geist – Geist der Sündenvergebung

Die dritte Bezeichnung des Geistes im Johannesevangelium ist die allgemein bekannte des „Heiligen Geistes". Der Begriff „heilig" verweist auf den kultischen Bereich und bezieht sich auf das, was zu Gott gehört und vom Bereich des Profanen* abgegrenzt ist. Der Heilige Geist stellt kultische Reinheit her und macht so den Weg zu Gott frei. Im Johannesevangelium ist der kultische Hintergrund kaum mehr wahrnehmbar. Joh 4,23f. spricht von der kultischen Anbetung Gottes „im Geist und in der Wahrheit", jedoch nicht vom „Heiligen Geist". Nach 14,26 ist der Heilige Geist der Name des Parakleten, der als Lehrer der Gemeinde fungiert. Lediglich in 20,22f. dringt der ursprüngliche Kontext durch: Der Heilige Geist, den Jesus nach seiner Auferstehung an die Jünger weitergibt, vermittelt die Kompetenz zur Sündenvergebung.

13.4.4 Geist und Wahrheit statt Tempelkult

Der Heilige Geist ersetzt nach dem Johannesevangelium den Tempelkult in Jerusalem und auf dem Berg Garizim. Im Gespräch mit der Samaritanerin am Brunnen spricht Jesus prophetisch von der neuen Art der Anbetung Gottes „im Geist und in der Wahrheit" (4,23). Das macht den traditionellen Tempelkult überflüssig und verlagert ihn auf eine andere Ebene. Zum einen ist Gott in der Wahrheit anzubeten, und das meint im Bekenntnis der Wahrheit über Jesus Christus und im Praktizieren von Wahrhaftigkeit. Zum anderen ist Gott im Geist anzubeten, und das ist einmal spirituell zu verstehen: Die Anbetung erfolgt im menschlichen Geist, von innen heraus und ist daher orts- und zeitunabhängig und für Menschen aller Herkunft offen zugänglich. Sodann ist eine neue Form der Anbetung denkbar, wie sie in der johanneischen Gemeinde praktiziert wurde, etwa eine gemeinschaftliche Anbetung unter Anleitung des Parakleten. Nach diesem Verständnis wäre die Anbetung vom Tempel in die christliche Gemeinschaft hineinverlagert. Eine Analogie zu diesem Modell bietet Paulus in 1 Kor 6,12-20 und in Eph 2,21f. an (Gemeinde als „Tempel des Geistes"). Auch der Römer- und der Hebräerbrief verlagern den öffentlichen Opferkult in das Bekenntnis und in die Ethik hinein (Röm 12; Hebr 13,15f.). Die Vorstellung setzt voraus, dass der Geist die Gegenwart Gottes markiert – wo der Geist ist, da ist Gott, ja, Gott ist Geist (Joh 4,24).

13.4.5 Die Predigt Jesu als „Taufe mit Geist"

Im Gespräch mit dem Pharisäer Nikodemus (3,1-21) spricht Jesus von der Neugeburt aus Wasser und Geist als Voraussetzung für den Eintritt ins Reich Gottes (V.3-8). Die Neugeburt gleicht einem Wechsel von der Sphäre des Fleisches hinüber in die des Geistes (V.6). Fleisch und Geist haben nichts gemeinsam (1,13; vgl. Röm 8,5-9). Die Neugeburt vollzieht sich im Hören der Predigt Jesu und in ihrer Aneignung. Die Ankündigung Johannes des Täufers, Jesus werde mit dem Heiligen Geist taufen (1,33), ist eine bildhafte Umschreibung für die Predigttätigkeit Jesu. Jesu Worte sind zum einen Wahrheit (14,6; 18,37f.), insbesondere Wahrheit über Gott. Zum anderen sind sie Leben, und wer sie im Glauben aufnimmt, der kommt zum ewigen Leben schon jetzt (3,16; 5,24f.; 6,47; vgl. 1,12). In diesem Sinne ist Jesus das Brot des Lebens (6,35.48) – wer ihn, oder besser: den Geist seiner Worte „verschlingt", nimmt das Leben in sich auf (6,53-63). Nicht auszuschließen ist, dass dieses Verständnis den Blick weg vom äußerlichen Empfang des Abendmahls hin zum konzentrierten Hören auf Jesu Wort lenken soll.[1]

13.4.6 Die Mitte: Einheit mit Christus, Einheit in der Gemeinde

Das johanneische Geistverständnis legt einen deutlichen Akzent auf die Kontinuität mit der Lehre Jesu. Die durch dessen Weggang ausgelöste Krise wird durch den Parakleten, der an Jesu Lehre erinnert und sie fortsetzt, gemildert. Der Paraklet bzw. der Geist der Wahrheit verbürgt die bleibende Verbindung zu den Anfängen und damit zum Leben schaffenden Wort Jesu. Die „Taufe mit dem Heiligen Geist", die Jesus durch seine Predigt praktizierte, wird durch den Geistempfang nach Ostern weitergeführt. Wer über die Verkündigung Jesu und des Parakleten zum Glauben kommt, hat bereits das ewige Leben. Das Ziel des Geistwirkens ist die bleibende, Leben schaffende Verbindung zu Jesus Christus und die Einheit der Gemeinde (17,21). Die Einheit wird durch gegenseitige Sündenvergebung (20,22f.) und die Einhaltung des Liebesgebots (13,34f.; 15,9-17) erreicht und dient letztlich der Verherrlichung Gottes und seines Gesandten (16,14; 17,20-26).

13.5 Paulus: Bürgschaft auf die Erlösung

Der Apostel Paulus hat die ausgeprägteste Geistkonzeption im Neuen Testament. Der Heilige Geist ist geradezu ein „Passepartout" zum Verständnis seiner Theologie. Von der eigentlichen Theo-logie über die Auffassung von Jesus Christus, das Gemeindeverständnis und die Ethik bis hin zur Erlösungs- und Endzeitvorstellung (Soteriologie* bzw. Eschatologie*) hat die Erfahrung des Geistes für ihn einen zentralen Stellenwert.

Gemeinsam mit den anderen Autoren spricht Paulus vom Geist Gottes als Lebens- und Schöpfungskraft, bringt ihn mit Wahrheit und Erkenntnis zusammen, sieht in ihm eine nachösterliche Gabe Christi an die christlichen Gemeinden und spricht von Zeichen und Wundern, die durch den Geist seither geschehen. Anders als die Evangelien thematisiert er nicht Jesus als vorösterlichen Geistträger; er interessiert sich lediglich für die Bedeutung des Todes und der Erhöhung Christi (2 Kor 5,16). Anders als die Apostelgeschichte macht er nicht das Management der Weltmission zum Thema, sondern beschreibt die geistgewirkte Organisation der christlichen Gemeinschaft. Darüber hinaus reflektiert er die Rolle des Geistes bei der Erlösung des Menschen und beschreibt die konkreten Wirkungen des Geistes mit Blick auf die christliche Hoffnung.

---

[1] Zur Diskussion vgl. Klaus Berger, Im Anfang war Johannes, Stuttgart 1997, 213-217.

Da es sachlich naheliegt, werden der Epheser- und der Kolosserbrief hier mitbehandelt, obwohl sie eher der Paulusschule zuzurechnen sind.

13.5.1 Der Geist der Gotteserkenntnis

Gotteserkenntnis ist Christuserkenntnis

In 1 Kor 2,6-16 gewährt Paulus einen Einblick in seine Vorstellung von dem, was der „Geist Gottes" eigentlich ist. Er erscheint als Größe innerhalb Gottes oder in unmittelbarer Nähe zu ihm, die als einzige die „Tiefen der Gottheit" erforschen kann. Wie der Mensch durch seinen (individuellen) Geist so etwas wie Selbsterkenntnis oder Selbstbewusstsein besitzt, so Gott durch seinen (Heiligen) Geist (V.10f.). Diejenigen, die den Geist als Gabe Gottes empfangen haben, erhalten mit ihm das Wissen, das er über Gott in sich trägt (V.12). Zugleich erhalten sie die Fähigkeit, dieses Wissen mit einer eigenen Sprache, die mit den Denkmustern antiker Weisheit nicht „kompatibel" ist, weiterzugeben (V.6f.13f.). Gotteserkenntnis ist nach diesem Text exklusiv durch den Heiligen Geist vermittelt. Der Inhalt der Erkenntnis ist Gottes geheimnisvolle Weisheit, die er in Jesus Christus offenbart hat (V.6-9). Gotteserkenntnis ist für Paulus identisch mit der christologischen Erkenntnis, das heißt mit dem Wissen um die wahre Bedeutung Jesu Christi. Aber auch die Erkenntnis des Willens Gottes, die zu „Früchten" führt, ist nach Kol 1,9f. mitzudenken.

Weisheit bei Gott – Torheit vor der Welt

Wer Gott ist und was er für die Menschen will, wird am Werk Christi erkannt. Wer den Geist hat, für den ist der Kreuzestod Ausdruck der Weisheit Gottes, die die menschliche Weisheit auf den Kopf stellt (1 Kor 2,14; vgl. 1,18-23). Es ist keine Torheit, dass sich Gott im Tod Christi und in der Gabe seines Geistes in die Hände der Menschen begeben hat, sondern Ausdruck seines paradox anmutenden Liebeswillens. Für philosophisch gebildete Ohren, aber auch für die Juden, die einen siegreich auftrumpfenden Messias erwarten, ist das nicht nachvollziehbar.

Die Gotteserkenntnis kommt für Paulus aus dem Geist, der im Menschen den Glauben schafft. Gott schenkt seinen Geist, damit Menschen seine Heilstat als solche wahrnehmen und sie als glaubwürdig erkennen. Mit ihm gibt Gott den Menschen ein Instrument in die Hand, mit dem sie Einblick in sein Innerstes, einen Blick „hinter die Kulissen" seiner Geheimnisse gewinnen. Gott kehrt sein Innerstes nach außen und macht sich dadurch eindeutig. Dieses Wissen ist jedoch auf die Glaubenden begrenzt, die sich dem Geist geöffnet haben. Der Geist sorgt nicht für flächendeckende, zwingende Erkenntnis, sondern geht den Weg über die Glaubenden, die den Geist nach außen hin sichtbar machen sollen.

13.5.2 Der Geist der Befreiung und Neuschöpfung

Paulus entwickelt keine Theorie über die Schöpfung der Welt und enthält sich der Spekulation über Schöpfungsmittler. Doch spielt für ihn der Heilige Geist eine entscheidende Rolle bei der Inszenierung der Neuschöpfung.

Auferweckung und Erhöhung Jesu Christi

Der Heilige Geist steht als „Geist der Heiligung" (gr. *pneúma tes hagiosýnes*) hinter der Auferstehung Jesu und seiner damit einher gehenden Einsetzung zum Gottessohn (Röm 1,3f.; vgl. 8,11). Zum einen ist interessant, dass Paulus den Geist hier als „Geist der Heiligung" bezeichnet. Heiligung meint Aussonderung aus dem weltlichen, profanen* in den göttlichen Bereich hinein. Der Geist integriert den vormaligen Menschen Jesus in die Sphäre Gottes. Zum anderen ist interessant, dass er, im Gegensatz zu den Evangelisten, die Einsetzung zum Gottessohn nicht mit der Taufe, sondern mit der Auferstehung Jesu verknüpft. Für den irdischen Jesus gilt, dass er „nach dem Fleisch" (gr. *katá sárka*) aus dem Geschlecht Davids geboren ist (V.3). Erst von Ostern her erschließt sich seine Bedeutung; die geistgewirkte Auferweckung Jesu ist für Paulus der Dreh- und Angelpunkt seiner eigenen Auferstehungshoffnung (1 Kor 15,12-19). Christus ist der „Erstling der Entschlafenen" und signalisiert damit die baldige, allgemeine Totenauferstehung (1 Kor 15,20-23; vgl. Röm 8,29; Kol 1,18; Hebr 1,6). Der Heilige Geist hat mit der Auferweckung Jesu einen Prozess in Gang gesetzt, der unumkehrbar zur allgemeinen Totenauferstehung hinführt.

Verwandlung der Glaubenden

Der Geist Gottes erweist seine Schöpfungskraft auch bei der Verwandlung der Glaubenden in eine „neue Schöpfung" (gr. *kainé ktísis*, 2 Kor 5,17; Gal 6,15). Die Auferstehung Jesu bedeutet für diejenigen, die in Christus sind, die eigene Verwandlung. Wer Christus und den Geist seiner Auferstehung in sich beherbergt, hat das neue Leben in sich (Röm 8,10f.; Gal 2,20). Der äußere Körper ist zwar sterblich und zerfällt, aber inwendig wird der Mensch täglich erneuert (2 Kor 4,16; vgl. Eph 3,16). Die Sünde hat ihre Macht über den Menschen eingebüßt (Röm 8,12). Auch wenn der Mensch, äußerlich gesehen, dem physischen Tod entgegengeht, ist er doch nicht auf ihn fixiert, sondern frei von ihm und auf das Leben ausgerichtet (2 Kor 5,6-9). Der Prozess der Verwandlung beginnt bereits in diesem Leben und endet am Tag der allgemeinen Totenauferstehung (1 Kor 15,51f.). Der „neue Mensch" zeigt sich nach Gal 2,15 und Eph 2,15 in der Einheit von Juden und Nichtjuden in der christlichen Gemeinde.

Freiheit der Gotteskinder und Befreiung der Schöpfung

Der Geist Gottes sorgt nicht nur für Gotteserkenntnis, sondern auch für eine neue Selbsterkenntnis der Glaubenden. Wer glaubt und den Geist empfängt, erlebt einen Statuswechsel vom Sklaven zum Kind und Erben Gottes (Röm 8,14-17; Gal 4,5f.). Die ehemaligen Nichtjuden werden von Fremdlingen zu Mitbürgern der Heiligen und zu Gottes Mitbewohnern (Eph 2,19). Den neuen Status bezeugt der Geist Gottes dem Geist des Menschen (Röm 8,16). Wer Gottes Kind ist, hat einen freien Zugang zu Gott als liebenden Vater („Abba"-Ruf Röm 8,15; Gal 4,6; vgl. Eph 2,18) und die Anwartschaft auf die Erhöhung zur Herrlichkeit Gottes (Röm 8,17), sprich auf die Erlösung (Röm 8,18-39). Die Christinnen und Christen sind mit ihrer Freiheit der Präzedenzfall für die gesamte Schöpfung, die nach wie vor unter Vergänglichkeit leidet und auf Befreiung wartet (Röm 8,19-22). Das Seufzen der Glaubenden steht stellvertretend für das der Schöpfung (Röm 8,22f.). Der Status der Kindschaft, in dem sich die Glaubenden befinden, muss durch die physische Erlösung noch faktisch eingelöst bzw. offenbar werden (Röm 8,19.23). Der Heilige Geist weist somit auf die Rettung hin, die *de iure*, durch Tod und Auferstehung Christi, bereits erfolgt ist, aber *de facto* noch nachvollzogen werden muss. „Wir sind gerettet, doch auf Hoffnung hin" (Röm 8,24) – das ist der Kernsatz des paulinischen Geschichtsbildes. Das Leben der Glaubenden gründet sich auf die Gewissheit, dass die neue, bislang unsichtbare Heilswirklichkeit sich in naher Zukunft auch sichtbar in der Welt durchsetzen wird (Röm 8,25). Bis dahin vollzieht sich das christliche Leben im Glauben, nicht im Schauen (2 Kor 5,7).
Dem Heiligen Geist kommen in dieser Lage mehrere Aufgaben zu: Erstens bezeugt er, dass die neue Heilswirklichkeit keine Fiktion ist (Röm 8,16). Zweitens stellt er sich als Übersetzer der menschlichen Sehnsuchtsseufzer Gott gegenüber zur Verfügung und erinnert ihn damit ständig an die Einlösung seines Versprechens (Röm 8,26). Und drittens betreibt er vor Gottes Richterthron Lobbyarbeit für die Heiligen, indem er die Gesinnung ihres Herzens offen legt (Röm 8,27). Der Geist begleitet die Glaubenden von der Zusage bis zur physischen Einlösung der neuen Freiheit. Indem er das tut, bereitet er die gesamte Schöpfung auf ihre Befreiung vor. – Zur Freiheit vom Gesetz vgl. den übernächsten Abschnitt.

13.5.3 Der Geist der Gemeinschaft

Vorbildliches Miteinander...

Konkret spürbar wird die neue Heilswirklichkeit nicht nur in der innerlichen Erneuerung des Menschen, sondern auch in der christlichen Gemeinschaft. Die funktionierende Gemeinde ist für Paulus das Siegel der Glaubwürdigkeit seiner Botschaft (2 Kor 3,1-3: die Gemeinde als „Empfehlungsbrief" des Apostels). Die Gemeinde ist eine Gründung Christi, wird vom Geist organisiert und zusammengehalten (1 Kor 3,11; 12,4) und ist als solche der „Tempel des Geistes" (1 Kor 3,16; vgl. 6,19; 2 Kor 6,16; Eph 2,21f.). Die christliche Gemeinschaft unterscheidet sich von weltlichen Gesellschaften in mancherlei Hinsicht. Zum einen in einem vorbildlichen Miteinander: Christen gehen nicht wegen jeder Kleinigkeit zum weltlichen Richter (1 Kor 6,1-11), sie schätzen die geringsten ihrer Mitglieder genauso hoch wie sich selbst und üben gegenseitige Solidarität (1 Kor 12,22-27), sie nehmen aufeinander Rücksicht, verzichten auf schädliche Provokationen (1 Kor 6,12; 10,23; 11,33f.) und grenzen sich konsequent von denen ab, die die Gemeinde zersetzen (1 Kor 5). Die Leitkriterien der Gemeinschaft sind Liebe und gegenseitige Auferbauung (1 Kor 14,26; Eph 4,12.16); das Ziel ist das beständige Wachstum zu Christus hin (Eph 4,15).

... und vielfältige Geistesgaben

Zum anderen kommen in der Gemeinde Geistesgaben (gr. *charísmata, pneumatiká*) zur Entfaltung, die die Möglichkeiten der neuen Zeit sichtbar und spürbar werden lassen (Röm 12; 1 Kor 12 und 14; Eph 4; 1 Thess 5,19f.). Von der Prophetie bis zu den unscheinbarsten Gaben organisiert der Geist die Gemeinde und sorgt dafür, dass alle wie in einem funktionierenden Getriebe einander zuarbeiten. Die Einheit in der Gemeinde ist das höchste Gut, das nicht aufs Spiel gesetzt werden darf (1 Kor 1,10-17). Das Leitcharisma* ist die Liebe, die über die begrenzte Zeit der Gemeinde in die Ewigkeit hinüberleitet (1 Kor 13,8-13).

Gemeinde als „Tempel des Geistes"

Als „Tempel des Geistes" ist die Gemeinde der Ort, an dem Gott angebetet und erkannt wird. Der damit ausgedrückte hohe Stellenwert impliziert eine hohe Achtsamkeit in Sachen moralischer Integrität und Umgang mit Körperlichkeit (Röm 6,13; 1 Kor 6,12-20). Der Begriff „Heiligung" umschreibt den Prozess, dem sich die Gemeindeglieder unterziehen, um den Geist angemessen beherbergen und Gott anbeten zu können (2 Kor 7,1; Eph 4,24). Das ganze Leben der Glaubenden ist in diesem Sinne ein Gottesdienst (Röm 12,1). Mit dieser Kategorie vollzieht Paulus die Ablösung vom Jerusalemer Tempelkult.

13.5.4 Der Geist der Liebe und der Gerechtigkeit

Mit dem letzten Punkt wurde bereits das Thema Ethik gestreift. Welchen Stellenwert „gute Werke" auch mit Hinblick auf die Frage der Gerechtigkeit vor Gott haben und worauf sie inhaltlich ausgerichtet sind, auch darüber gibt der Heilige Geist Auskunft.

Liebe und schalom als Geist der Tora

Dreh- und Angelpunkt der paulinischen Ethik ist ein Neuverständnis der Mosetora*. Diese steht in ihrer Geltung für ihn außer Diskussion, sie ist „heilig, gerecht und gut" (Röm 7,12). Was sich mit der Gabe des Geistes ändert, ist nicht die Tora, sondern der Mensch. Der geistbegabte Mensch erkennt den tieferen Sinn des Gesetzes als „Gesetz des Geistes", das vom „Gesetz der Sünde und des Todes" befreit (Röm 8,2). Erst im geistbegabten Menschen kann die Tora ihre heilvolle Wirkung entfalten. Sie erscheint nicht mehr als Verbotskatalog, der eher das Gegenteil von dem erreicht, was er erreichen sollte. Vielmehr entfaltet sie das eine zentrale Gebot der Liebe zu Gott und den Menschen (Röm 13,8-10; Gal 6,2). Wer das erkennt, erkennt Gottes innersten Willen, der sich in der Tora spiegelt und der auf ein gelingendes Miteinander, auf *schalom** ausgerichtet ist. Und er begreift, dass die Erfüllung der Tora eine Sache ist, die den ganzen Menschen fordert; das Liebesgebot ist gleichsam ein Fass ohne Boden. Hierdurch wird er frei von dem tödlich wirkenden, dem Buchstaben verhafteten Gesetzesgehorsam, frei zu einer vom Geist Gottes getragenen, das Leben fördernden Gesinnung (2 Kor 3,6). Wo dieser Geist herrscht, herrscht Freiheit (2 Kor 3,17).

Verwandlung der Herzen

Grundlage und Ziel des Gesetzes ist die Gerechtigkeit, die Gott in der Welt durchsetzen will. Das Gerechtsein Gottes ist eine wichtige Konstante im biblischen Gottesbild. Für die Versöhnung mit den Menschen wird der Anspruch auf Gerechtigkeit nicht etwa aufgegeben. Vielmehr wird Gott kreativ, um durch eine Veränderung des Menschen diesen zu seiner Gerechtigkeit hinzuführen. Wieder ist der Heilige Geist das Mittel der Wahl: In Aufnahme der Bundesverheißung Ez 36,26f. (vgl. Jer 31,31-34) gibt Gott den Geist als Zeichen seiner Liebe in die Herzen der Menschen. So wird das Streben nach Gerechtigkeit zur Herzensangelegenheit; Gott und Mensch ziehen an einem Strang. Zuvor hat Gott mit dem Sühnetod seines Sohnes die juristisch-kultische Grundlage für einen Neubeginn gelegt (Röm 3,25). Nun ist der Mensch am Zug, „Früchte des Geistes" zu erbringen (Gal 5,22f.; Kol 1,10), also ein Verhalten zu entwickeln, das Gerechtigkeit und *schalom** befördert. Das bleibende Unvermögen, im Sinne Gottes „gerecht" zu handeln, verweist den Menschen auf den Glauben darauf, dass Gott jenes Defizit nicht anrechnet. Eben dieser Glaube wird ihm zur Gerechtigkeit angerechnet (Röm 1,17; 3,21). Unterm Strich besehen, übernimmt Gott in einem erstaunlichen Rollentausch die Bringschuld des Menschen. Er bewertet den Tod seines Sohnes als Sühnetod und schenkt seinen Geist, der den Menschen auf die richtige Spur setzt, auf der er ihn dann abholen kann.

13.5.5 Die Mitte: In der Spur Gottes bleiben

Mit der Metapher* vom Geist als „Vorschuss“ (gr. *arrabón,* 2 Kor 1,22; 5,5; Eph 1,13f.) bzw. als „Erstlingsgabe“ (gr. *aparché,* Röm 8,23) ist der Kern der paulinischen Geistkonzeption benannt. Der Geist ist die Brücke zwischen der leidvollen Gegenwart und der herrlichen Zukunft Gottes. Christliche Hoffnung geht nicht ins Blaue, Ungewisse hinein, sondern hat einen festen, schon jetzt greifbaren Ankerpunkt – den Heiligen Geist in seinen erkennbaren Auswirkungen auf den Einzelnen wie auf die christliche Gemeinschaft. Er schenkt zuerst die entscheidende Erkenntnis über Jesus Christus, sodann über Gott und seinen umfassenden Liebeswillen, weiter die Erkenntnis über den wahren Sinn des Gesetzes, dazu allerlei Charismen*, die die Gemeinschaft aufbauen helfen, und zuletzt den Glauben an Gott, der in einem atemberaubenden Rollentausch die Menschen zu seiner Liebe und Gerechtigkeit führt.

Mit dem Geist haben die Glaubenden einen „Vorschuss“ auf die noch ausstehende physische Befreiung, ein „Pfand in der Hand“, das ihnen hilft, die Durststrecke bis zur Erlösung durchzustehen, und ein „Angeld“, das sie in der Spur der Hoffnung hält, auf der ihnen Gott selbst entgegenkommt. Die zuletzt genannte Metapher markiert einen Rollentausch, da hier, anders als im normalen Geschäftsleben, derjenige, der etwas zu „verkaufen“ hat, dem „Käufer“ einen Vorschuss auf die „Ware“ gibt. Der Geist setzt für Paulus den ersten Rollentausch, der in der Bewertung des Todes Jesu als „Sühnetod“ zu sehen ist, fort. Gott macht auf seine Art „Nägeln mit Köpfen“, um den Menschen mit sich zu versöhnen.

13.6 Weitere Briefe: Sicherung der Wahrheit

Die Briefe der Generation nach Paulus, verfasst ungefähr ab den sechziger Jahren des ersten bis zum Beginn des zweiten Jahrhunderts, stehen allesamt unter dem Vorzeichen äußerer und innerer Gefährdung der Gemeinden. Während von außen Verleumdungen und Verfolgungen hereinbrechen, drohen falsche Prophetien, Irrlehren und Spott die Gemeinde von innen zu zersetzen. In der Auseinandersetzung damit wird in unterschiedlicher Weise und mehr oder weniger intensiv auf den Heiligen Geist als stabilisierende Kraft verwiesen. Der Zweite Thessalonicherbrief fällt aus der Betrachtung weitgehend heraus, weil er keine eigenständige Geistkonzeption aufweist. Lediglich der Geist, der zur Heiligung der Glaubenden führt, wird erwähnt (2,13). Dass der „Hauch des Mundes“, mit dem Christus am Ende den Bösen umbringen wird (2,8), auf den Heiligen Geist zu beziehen ist, ist eher unwahrscheinlich. Wahrscheinlich zielt der Ausdruck auf das Wort Christi, das hierzu genügt. Der Jakobusbrief, dem Aussagen über den Geist völlig fehlen, bleibt ebenfalls unberücksichtigt. Epheser- und Kolosserbrief wurden im Abschnitt über Paulus mitbehandelt.

13.6.1 Pastoralbriefe: Bewahrung des anvertrauten Gutes

Vorbereitung auf die Gefahr:

Vor dem Hintergrund zunehmener gemeindeinterner Spannungen schärfen die Pastoralbriefe (1 Tim, 2 Tim und Tit) die unverfälschte Bewahrung des anvertrauten Gutes (gr. *parathéke*), das heißt des originalgetreuen Evangeliums, ein (1 Tim 6,20; 2 Tim 1,14). Verführung, Irrlehre und Abfall vom Glauben sind die größte Herausforderung der Endzeit und Auslöser dieser „Hirtenschreiben" an die Gemeindeleiter Timotheus und Titus. Schon die Ankündigung der Probleme erfolgt durch den Geist, der die Gemeinden auf die Situation vorbereiten möchte (1 Tim 4,1; vgl. 2 Tim 3,1). Das Eintreffen der geistgewirkten Prophetie gilt zugleich als Beweis für ihren Wahrheitsgehalt.

Verteidigung des Evangeliums

Der Heilige Geist hat nicht nur eine prophetische Funktion, sondern hilft auch, die Wahrheit unverfälscht zu erhalten. Den Gemeindeleitern wird für diese besondere Aufgabe der Geist gesondert per Handauflegung zugesprochen (1 Tim 4,14; 2 Tim 1,6; vgl. 1 Tim 5,22). Er nimmt in ihnen Wohnung und vermittelt ihnen klare Erkentnnis und Widerstandskraft gegenüber Irrlehren (2 Tim 1,14; vgl. 1 Tim 6,20); dabei fällt eine stark defensive Tendenz im Umgang mit Irrlehre auf.[1]

Erneuerung zum ewigen Leben

Weitere durch die Taufe als „Bad der Wiedergeburt" und die Erneuerung durch den Heiligen Geist (Tit 3,5) vermittelte Eigenschaften sind Kraft, Liebe und Besonnenheit, im Gegensatz zur Furcht (2 Tim 1,7) und, ganz generell, Sanftmut gegenüber allen Menschen (Tit 3,2). Am Ende bewirkt der Heilige Geist „das ewige Leben nach unserer Hoffnung" (Tit 3,7).

13.6.2 Petrusbriefe, Judasbrief: Sicherheit im Glauben

Ähnlich wie die Pastoralbriefe lassen die Petrusbriefe und der Judasbrief eine existenzielle Gefährdung des Glaubens und der Gemeinden erkennen. Verfolgungen und Leiden bis hin zum Martyrium sind Thema des Ersten Petrusbriefes (1 Petr 1,6; 4,1-19). Falsche Prophetien sowie Spott und Po-

---

[1] 1 Tim 4,7: „zurückweisen"; 5,22: „nicht teilhaben"; 1 Tim 6,20; Tit 3,10: „meiden"; Tit 3,2: „nicht streiten, gütig, sanftmütig sein"; 3,9: „sich fernhalten".

lemik angesichts der ausbleibenden Wiederkunft Christi sind Auslöser des Zweiten Petrus- und des Judasbriefes (2 Petr 2,1; 3,3f.; Jud 18).

Die Verheißungen sind durch den Geist verbürgt

Bei der Abwehr der Gefahren spielt die Argumentation mit dem Heiligen Geist eine Schlüsselrolle. Jud 19 bezeichnet die Spötter als geistlose Menschen mit niederen Motiven und spricht ihnen so ihre Glaubwürdigkeit ab. Die beiden Petrusbriefe verteidigen die Wahrheit der christlichen Prophetien unter Hinweis auf den Heiligen Geist als deren Autor und Zeugen. Nach 1 Petr 1,11 war der „Geist Christi" bereits in den Propheten Israels aktiv und hat das Geschick Jesu Christi vorhergesagt. Der Heilige Geist ist ganz grundsätzlich der Autor der alten Weissagungen, denn ohne ihn ist noch nie Prophetie zustande gekommen (2 Petr 1,21). Analog dazu gilt der Grundsatz inspirierter* Auslegung für Weissagungen: Was in der Sprache des Geistes „kodiert" wurde, kann nur durch denselben Geist „dekodiert" werden (2 Petr 1,20). Christliche Verkündigung ist eine Sache der Inspiration (1 Petr 1,12). Mit dieser Argumentation ist die prophetische Verheißung menschlicher Kritik entnommen und ihre legitime Auslegung an die Inspiration gebunden. Darüber hinaus verweist 2 Petr 3 auf das Geschick der Generation Noahs (V.6) und auf den Gegensatz zwischen göttlichem und menschlichem Zeitmaß (V.8), was eine Berechnung der Parusie* Christi verunmöglicht und so der Kritik der Spötter den Boden entzieht.

Geistträger können selbst im Leiden gelassen bleiben

Der Erste Petrusbrief sieht in den Leiden und Verfolgungen ein untrügliches Zeichen der Endzeit und der besonderen Zuwendung Gottes, das als solches sogar Anlass zur Freude gibt (1,6; 4,12-19; vgl. Jak 1,2). Die Anfechtungen sind erträglich und machen sogar selig, da auf den Leidenden der Geist Gottes, der zur Herrlichkeit hinführt, ruht (4,14). Wer ihn hat, hat das Leben (4,6). Wer durch ihn von Gott geheiligt ist, erkennt in seinem Geschick seine Erwählung (1,2). Außerdem sind die Geistträger mit Sanftmut und Gelassenheit ausgestattet, was ihnen das Durchhalten erleichtert (3,4). Alles kommt darauf an, unter den Verfolgern ein vorbildliches Leben zu führen und sich von allem Schlechten fernzuhalten, um so für die Verherrlichung Gottes zu sorgen (2,11-17; 4,2). Wie in den Pastoralbriefen, so ist auch hier die Argumentation mit dem Geist mit einer defensiven Ethik gekoppelt.

13.6.3 Erster Johannesbrief: Kriterien der Wahrheit

Übereinstimmung von Bekenntnis und Verhalten

Der Erste Johannesbrief zeigt eine christliche Gemeinde am Scheideweg: Nicht miteinander vereinbare Auffassungen über Jesus stehen unversöhnlich nebeneinander, der Autor muss klärend eingreifen. Das richtige Credo* bekennt Jesus als den ins Fleisch gekommenen Christus, andere Bekenntnisse (Jesus als Prophet, Rabbi, Weisheitslehrer o.ä.) werden als unzureichend zurückgewiesen (4,2f.15f.). Der Konflikt der Bekenntnisse ist ein Konflikt um die Wahrheit. Der Autor stellt klar, dass der Geist der Wahrheit nur dort zu finden ist, wo das rechte Credo gesprochen wird. Wer etwas Abweichendes bekennt, trägt den Geist des Irrtums bzw. den Geist des Antichrists in sich (4,3). Außerdem zeigt sich der Geist der Wahrheit dort, wo die geschwisterliche Liebe in der Gemeinschaft praktiziert wird; wo sie aufgekündigt wird, ist der Gegenspieler aktiv (3,8-10; 4,20). Bekenntnis und Verhalten müssen übereinstimmen (4,20). Das Verhalten schließt auch die Bereitschaft ein, auf den Brief und seinen Autor zu hören; wer es kann, bezeugt damit, dass er Gott kennt, wer nicht, bezeugt den Geist des Irrtums (4,6).

Jesus Christus ist das Vorbild in der Kongruenz von Wahrheit und Verhalten. Seine Wahrheit wird nicht nur durch das Wasser der Taufe, sondern auch durch den Geist und das Blut des Kreuzes bezeugt (5,7-11). Gerade der Tod am Kreuz bezeugt die Wahrheit über Jesus, so paradox das klingen mag, denn er bestätigt den Anspruch Jesu durch die bis zur letzten Konsequenz durchgehaltene Liebe.

Wo der Geist ist, ist Gott

Umgekehrt ist zu sagen: Die geschwisterliche Liebe ist der Schlüssel zur Gotteserkenntnis, denn Gott ist die Liebe (4,12.16). Wie in einem rückgekoppelten Regelkreis verstärken sich Liebe bzw. Bekenntnis sowie Geistes- bzw. Gottesgegenwart gegenseitig. Am Credo* und am Verhalten hängt das Heil der Gemeinschaft und der einzelnen Christen. Die Glaubenden bezeugen mit ihrem Verhalten nicht nur Gott und seinen Geist, sondern halten sich damit in der Sphäre Gottes und des Geistes. Wer aus der Liebe herausfällt, fällt zurück in die Finsternis (2,7-11). Wer, wie die „Antichristusse", die geschwisterliche Liebe aufkündigt und ein falsches Bekenntnis propagiert, begeht eine „Sünde zum Tode" und fällt aus der Gemeinschaft heraus (5.10.16f.). Grundsätzlich gilt: Wo der Geist ist, ist Gott, im Geist ist Gott sichtbar und spürbar bei und in den Seinen (3,24; 4,13). Wer die Salbung (gr. *chrísma*) mit dem Geist hat, erkennt die Wahrheit (2,20.27) und vermag die Geister zu unterscheiden (4,1-3).

13.6.4 Hebräerbrief: Aktualisierung der Hebräischen Bibel

Verleumdungen und Verfolgungen stehen auch hinter dem Hebräerbrief, wie vor allem Kap. 10 und 12 zeigen. Das Schreiben – eher eine Predigt als ein Brief – reagiert auf Ermüdungserscheinungen in der Gemeinde, die möglicherweise mit der bleibenden Attraktivität des Jerusalemer Tempelkults zu tun haben.[1] Der Autor argumentiert auch mit dem Heiligen Geist, wobei Ausführungen über Charismen* auffallend blass bleiben.

Erinnerung an die Taufgaben

Für den Hebräerbrief gehört der Geist neben Erleuchtung, „himmlischer Gabe", gutem Wort Gottes und Kräften der zukünftigen Welt zu den Initialgaben* der Taufe (6,4f.). Diese haben einen so hohen Stellenwert, dass es dem Autor unmöglich erscheint, jemanden, der sich etwa aus Gründen der Verfolgung vom Glauben abwendet, erneut zur Buße zuzulassen (6,6). Wer abfällt, tritt Christus mit Füßen und schmäht den Geist der Gnade (10,29). Konkrete Charismen* fehlen im Hebräerbrief. Nach 10,22 wird die Taufe als kultische Reinigung verstanden. Eher formelhaft wird das Pfingstereignis als Bekräftigung des Heils, neben Zeichen, Wundern und mächtigen Taten, erwähnt (2,4).

Deutung der Gegenwart aus der Schrift

Der Geist gilt im Hebräerbrief vor allem als Autor und Aktualisierer der heiligen Schriften Israels. Er spricht der Gemeinde mit Worten der Schrift ins Gewissen und bezieht hierfür zum Beispiel Ps 95,7-11 („Heute, wenn ihr seine Stimme hören werdet etc., 3,7-11) auf die aktuelle Situation. Die Gemeinde soll aus dem Beispiel des Volkes Israel in der Wüste lernen und sich anders verhalten, um zur endzeitlichen „Ruhe" zu kommen (gr. *katápausis*, 4,1-13). Auch hat der Geist die Kompetenz zur christologischen Auslegung der Schrift. So wird der Tod Jesu durch den Geist allegorisch* als Ende des jüdischen Opferkultes gedeutet (10,15). Die Architektur des Jerusalemer Tempels hat den pneumatischen* Sinn, auf das notwendige Ende des dortigen Kultes hinzuweisen (9,8). Der durch den himmlischen Hohenpriester Christus installierte neue Kult ist vom Jerusalemer Tempel unabhängig (13,15f.). Allerdings spricht der Hebräerbrief, anders als Joh 4,23f., nicht von einer Anbetung im Geist.

---

[1] Dazu Kurt Erlemann, Alt und neu bei Paulus und im Hebräerbrief. Frühchristliche Standortbestimmung im Vergleich, ThZ 54 (1998), 345-367.

Der Glaube als „Angeld"

Auf dem Weg zum Heil kann die Gemeinde auf den erhöhten Christus als dauerhaften Fürsprecher (7,25) und auf ihren besonderen Glauben bauen, der durch die Generationen der Zeugen Israels hindurch bis zur Gegenwart der Gemeinde die Menschen gegen alle äußere Wahrscheinlichkeit auf Gott vertrauen lässt (Kap. 11). Dieser erstaunliche Glaube überbrückt die Zeit, in der die neue Heilswirklichkeit noch nicht sichtbar ist. Er ist das „Nichtzweifeln an dem, was man nicht sieht" und trägt die Gewähr der kommenden Erlösung bereits in sich (11,1). Damit tritt, bei vergleichbarer Problemstellung, der Glaube an die Stelle des paulinischen Geistes als „Vorschuss" der Erlösung. Mit ihm wird die Gemeinde auf den Weg Jesu, des „Anfängers und Vollenders des Glaubens" (12,2), gerufen und erträgt die Leiden als ermutigende Zeichen der Liebe Gottes (12,5-11). Auch in der Leidensparänese* fehlt, anders als bei Paulus oder im Ersten Petrusbrief, der Hinweis auf den Geist. Der wirkt im Hebräerbrief indirekt, über die Auslegung und Aktualisierung der Schrift.

13.6.5 Die Mitte: Stabilisierung des Glaubens

In Zeiten äußerer und innerer Gefährdung sehen die Briefautoren der Zeit nach Paulus den Geist als wichtige Kraft zur Stabilisierung des Glaubens und der Glaubenden. Sei es, dass er mittels der Gemeindeleiter das „anvertraute Gut" des Evangeliums sichert (Past), sei es, dass er zur Unterscheidung der Geister befähigt (1 Joh), sei es, dass er die Verfolgten durch seine direkt erfahrbare Gegenwart (1 Petr) oder durch inspirierte* Auslegung der Schrift zum Durchhalten ermutigt (2 Petr, Hebr, Jud). Der Heilige Geist ist, neben dem Vorbild und der Fürsprechfunktion Christi, der Ankerpunkt christlicher Hoffnung, die durch äußerliche Anfeindung und innere Skepsis gefährdet ist. Leitgedanken sind die Konservierung der unverfälschten Wahrheit, die Legitimierung christlich-christologischer Schriftauslegung und die Deutung gegenwärtiger Bedrängnisse als Erfüllung geistgewirkter Prophetie. Dahinter ist das Bild von Gott zu erkennen, der mithilfe seines Geistes alles tut, um die Glaubenden in der Phase endzeitlicher Anfechtungen zu stärken und sie zum Heil zu führen. Nach der Phase des charismatischen* Aufbruchs ist die der Konsolidierung, in der die lebendige Geisterfahrung zur Erinnerung verblasst, angebrochen.

13.7 Offenbarung: Ruf zum Wasser des Lebens

Der Geist ist zuerst der Vermittler göttlicher Offenbarung. Er entführt den Seher Johannes und lässt ihn den himmlischen Thronsaal schauen

(1,10-20). Die Visionen wiederholen sich mehrmals.[1] Als nächstes gilt er als Prophet (gebündelt in 22,6). Die sieben Sendschreiben (Kap. 2f.) führen ihn als Sprachrohr Gottes bei seinen Gemeinden ein. „Hört, was der Geist den Gemeinden sagt!" – dieser so genannte Weckruf ruft zur Überwindung des Bösen auf (2,7.11.17.29; 3,6.13.22). Außerdem klärt der Geist durch Johannes die Gemeinden Kleinasiens über ihren Zustand und ihre Zukunft auf. Prophetisch ist auch die Seligpreisung, in der den Sterbenden Ruhe und Gerechtigkeit verheißen wird (14,13). Derselbe Geist ruft am Ende der Offenbarung zusammen mit der „Braut" Christus die Glaubenden und bietet ihnen das Wasser des Lebens an (22,17).
Dem Heiligen Geist stehen verführerische Geister und satanische Irrlehren gegenüber (13,14; 19,20; 20,3-10). Satan verstellt sich mit Zeichen und Wundern (13,13f.; 16,13f.). Im kosmischen Endkampf steht dann der Erzengel Michael den Mächten des Bösen gegenüber (12,7-9, anders als Mt 12,28!). Deren Vernichtung am Ende wird als „Chefangelegenheit" Gottes und Christi geschildert (19,17-20,15; vgl. 12,10f.). – Nach Offb 11,11 verhilft der Geist den beiden Zeugen aus dem Tod heraus zu neuem Leben.[2] Schöpfungsmittler ist der Geist indes nicht; vielmehr ist Jesus Christus der „Anfang der Schöpfung Gottes" (3,14; vgl. Kol 1,15). Auch sorgt nicht der Geist, sondern ein Engel für die Versiegelung der 144.000 (Kap. 7).
Das geistgewirkte Wissen um die endzeitlichen Vorgänge setzt die Glaubenden auf die Spur der Nachfolge. Durch Umdenken, Festhalten an den Geboten und Bereitschaft zum Martyrium überwinden sie das Böse und werden selig.[3] Die Leiden der Gegenwart gelten wie im Ersten Petrus- und im Hebräerbrief als Zeichen der erzieherischen Liebe Gottes (3,19).
Die Mitte: Der Geist ist in der Johannesoffenbarung der Vermittler göttlicher Erkenntnis über die Zukunft der Welt und der Gemeinden. Zentral ist dabei die Offenbarung der Geschichtsmächtigkeit Gottes, der die Zügel in Händen hält, die gegenwärtigen Bedrohungen kennt und sie am Ende überwindet. Das Wissen dient dazu, den Glaubenden in Zeiten existenzieller Bedrohung den richtigen Weg zur Überwindung des Bösen und damit zum Heil zu zeigen. Im Hintergrund ist Gott zu sehen, der die Seinen aufklärt, vor dem Zugriff des Bösen bewahrt und ihnen das „Wasser des Lebens" reicht.

---

[1] Offb 4,2: Gottes Thron, Eröffnung der sieben Siegel; 17,3: Wüste, Vision über die Hure Babylon; 21,10: Berg, Vision des himmlischen Jerusalem.

[2] Analog dazu erhält das apokalyptische* Tier in 13,15 die Macht, dem Bild des anderen Tieres Leben einzuhauchen.

[3] Kap. 2f.; 2,13; 6,9-11; 12,11; dazu die Seligpreisungen 1,3 und 22,7.

14 Viele Schriften – ein Geist?

Was ist der Ertrag des vorliegenden Buches? Unterschiedliche Aspekte der Rede vom Heiligen Geist wurden erarbeitet, verschiedenartige Geistprofile entwickelt. Am Ende bleiben mehrere Fragen offen: Zuerst: Gibt es, bei allen Unterschieden, auch „rote Fäden" in den Geistvorstellungen? (14.1). Weiter: Wie ist das Verhältnis der neutestamentlichen zu den alttestamentlichen und frühjüdischen Geistvorstellungen zu umschreiben? (14.2). Außerdem: Sind Entwicklungslinien innerhalb des Neuen Testaments erkennbar? (14.3). Und schließlich: Welchen Stellenwert hat die Rede vom Heiligen Geist im Kontext der neutestamentlichen Theologie? (14.4).

14.1 „Rote Fäden" in den Geistvorstellungen

Was wir im Neuen Testament entdecken können, sind verschiedenartige Konzeptionen vom Heiligen Geist, die sich gegenseitig ergänzen, aber doch zu unterschiedlich sind, als dass man daraus eine „Pneumatologie"* im dogmatischen Sinne entwickeln könnte. Gleichwohl gibt es verbindende Elemente, die im Folgenden dargestellt werden.

14.1.1 Gottes Lebensgeist

Die gemeinsame Grundlage der biblischen Geistvorstellungen ist das Verständnis von *rúach* / *pneúma* als göttliche Lebens- und Schöpfungskraft, die sich nicht binden lässt, sondern „weht, wo sie will" (Joh 3,8). Sie wirkt in jedem Lebewesen und sorgt für seine Vitalität bis zum physischen Tod. Sie ist Ausfluss des einen göttlichen Geistes, dessen konzentrierte Kraft bestimmten Menschen als besonderes Geschenk Gottes zuteil wird und deren individuellen Lebensgeist durchdringt. Wer Gottes Geist in sich trägt und in sich wirken lässt, trägt damit die Anwartschaft auf ein neues, qualifiziertes Leben in Fülle, auf das „ewige" Leben in sich. Das kann auf unterschiedliche Art und Weise, wie in besonderen Charismen*, in Durchhaltekraft, Glaubensgewissheit oder Gelassenheit erfahren werden. Gottes Schöpferkraft wirkt paradigmatisch in Jesus von Nazareth und sorgt bei ihm für charismatische Ausstrahlung, Immunität gegen Zugriffe des Bösen, Wunderkraft und für Vollmacht, das Gesetz auszulegen. In seiner Auferstehung bestätigt sich, was oben über Geistträger gesagt wurde.

14.1.2 Bleibende Verbindung mit Jesus und seiner Lehre

Jesus von Nazareth gilt allgemein als der vorösterliche Geistträger schlechthin. Die Gabe des Heiligen Geistes an die Jünger erfolgt nach Ostern und verhilft dazu, mit dem erhöhten Christus in bleibender Verbindung zu bleiben und im „Geiste Jesu" sein Werk fortzuführen. Er tut dies, indem er fortwährend Zeugnis von Christus und dem Leben schaffenden Gott gibt. Er füllt das Vakuum, das durch Jesu Weggang entstanden ist. Was die Jünger vor Ostern von Jesus erfahren und erhalten haben, bekommen sie nun vom Heiligen Geist vermittelt. Diese Funktion ist eng mit der folgenden (der Anwaltschaft der Wahrheit) verknüpft.

14.1.3 Anwalt der Wahrheit

Der Heilige Geist hat durchweg eine Schlüsselrolle bei der Klärung der Wahrheitsfrage. Kontroversen, die das Credo* und die christliche Hoffnung betreffen, werden unter Hinweis auf das vielfältige Zeugnis des Geistes geführt. So gilt er als Autor der Verheißungen Israels, die, wie derselbe Geist bestätigt, auf Jesus Christus zu beziehen sind. Jesus dokumentiert in seinem irdischen Wirken eindrucksvoll die Kraft des Geistes, so dass von einer wechselseitigen Bezeugung zu reden ist. Weiterhin ist der Geist die Quelle der Gottes- und Christuserkenntnis und gewährt den Blick hinter die Kulissen der göttlichen Geheimnisse. Mit seiner Hilfe entdecken die Glaubenden hinter dem äußerlichen Gang der Geschichte die unsichtbare Dimension des göttlichen Heilsplans. Darüber hinaus sorgt er in Aposteln und anderen Verkündigern für Überzeugungskraft und Erfolg. Schließlich verhilft er dazu, verschiedene „Geister" voneinander zu unterscheiden und die göttliche Wahrheit aus vielen, oft fragwürdigen „Wahrheiten" herauszufiltern. Auch wenn die einzelnen Schriften ihre je eigenen Facetten dieser Funktion herausarbeiten, steht unterm Strich der Heilige Geist als der, der die Wahrheit über Gott und seinen Sohn in der Welt publik macht, sie verbreitet und gegen innere und äußere Gefährdungen verteidigt.

14.1.4 Überwindung des Bösen

Weiterhin herrscht Einigkeit darüber, dass Gottes Geist entscheidenden Anteil an der Überwindung des Bösen hat. Vom Versuchungsbericht Jesu über zahlreiche Exorzismen* bis hin zur Stärkung der Glaubenden wird er als diejenige Kraft genannt, die den bösen Geistern Paroli bieten und sie überwinden kann. Er verleiht Jesus und den anderen Geistträgern die Fähigkeit und Vollmacht, offensiv gegen Unreinheit, Krankheit und Tod vorzugehen, um so Menschen aus der Gewalt des Bösen zu befreien. Das Christusgeschehen und die Zeit seither sind die Epoche des endzeitlichen, kosmischen Dramas, in der Gott seine Herrschaft immer weiter ausbreitet. Jesus setzt zeichenhaft und real erfahrbar den Anfang des Prozesses in

Gang, an dessen Ende das Böse vernichtet und die Herrschaft Gottes vollkommen sein wird. Die sukzessive Entmachtung des Bösen erfolgt nicht dadurch, dass Sünder, Kranke und Besessene verurteilt werden, sondern dadurch, dass sie durch Heilung und Vergebung dem Einfluss des Bösen entzogen werden.

14.1.5 Signal der Liebe und Langmut Gottes

Die Methoden des Geistes, Leben zu vermitteln, Gottes Herrschaft vorwärts zu treiben, Wahrheit in die Welt zu tragen und Böses zu überwinden, sind allesamt „gewaltfrei". Wo sich Menschen ihm verweigern, übt er keinen Zwang aus. Er wirkt mit vielen subtilen Mitteln, aber auch mit spektakulären Aktionen, die jedoch keine allgemeine Anerkennung erzwingen. Mit anderen Worten: Gott verzichtet, wie schon bei der Sendung Jesu, auf zwingende Allmachtserweise, mit denen er „alles klar machen" könnte. Der Geist ist ein eindeutiges Signal für den Heilswillen Gottes, aber nur für die, die für ihn einen Sensus haben. Und er ist ein Signal für Gottes Langmut, sprich: für seinen Willen, möglichst vielen Menschen Gelegenheit zum Umdenken zu geben. Mit seinem Heiligen Geist betreibt Gott Werbung für seine Sache und appelliert an die Herzen der Menschen, sich auf seinen Weg der Liebe und der Barmherzigkeit einzulassen. Dem entspricht die Ausrichtung einer vom Geist geleiteten Ethik. Sanftmut, Barmherzigkeit, Liebe im umfassenden Sinn, dazu Verzicht auf Selbstprofilierung auf Kosten Anderer und Vergebungsbereitschaft sind der christliche Weg, zu einem heilvollen Miteinander zu kommen. Das Böse wird nicht durch Böses, durch Verurteilen und Ausmerzen besiegt, sondern er wird durch liebevolle und stetige Bemühung umeinander überwunden.

14.1.6 Geist und Freiheit

Wo der Geist wirkt, werden Menschen frei – von Krankheit, Unreinheit und Schuld. Die Heiligkeit des Geistes überträgt sich auf die Menschen, wodurch ein freier Zugang zu Gott möglich wird, und zwar prinzipiell für Menschen jeglicher Herkunft und sozialer Stellung. Metaphorisch* wird das durch das Bild von der Kindschaft ausgedrückt; der Geist lässt Gott als Vater erfahrbar werden, den man im Gebet mit „Abba" anrufen kann. Die Freiheit bezieht sich darüber hinaus auf Gottes Verehrung: Sie orientiert sich nicht mehr am Jerusalemer Tempel, sondern vollzieht sich im Gebet und in heiligem Wandel. Schließlich zeigt sie sich in „Freimut", mit dem Christinnen und Christen ihren Glauben vor der Welt bezeugen.

14.1.7 Die Mitte: Symbol für den neuen Weg Gottes

Gott will das Leben für die Menschen, und zwar unabhängig von ihrer Herkunft oder Religion. Zugleich ist er der Anwalt der Gerechtigkeit und gibt die Forderung nach gerechtem Handeln nicht auf. Beide Grundanliegen stehen in Spannung zueinander. Mit der Gabe seines Geistes verbindet Gott beides miteinander: Er erneuert die Menschen von innen heraus, so dass sie die Forderung nach Gerechtigkeit als Ausdruck für seine Liebe, und umgekehrt die Liebe als das Ziel der göttlichen Gerechtigkeit erkennen. Mit dem Geist gibt Gott Einblick in sein innerstes Wesen, macht sich für Menschen transparent und legt sich auf seine Verheißungen verbindlich fest. Die Erkenntnis des liebenden Gottes macht frei vom Buchstaben des Gesetzes und die Erfüllung des Liebesgebotes zur Herzensangelegenheit. Gemeinsam mit der Wertung des Todes Jesu als Heilstod steht der Geist für den neuen Weg Gottes, Gerechtigkeit zu schaffen und sich mit den Menschen zu versöhnen. Die Gerechtigkeit Gottes ist auf Liebe, Versöhnung und letztlich auf *schalom** aus. Da die Gerechtigkeit nur universal gedacht werden kann, bezieht sie sich auf alle Menschen gleichermaßen. Der Geist überwindet die ethnischen und religiösen Grenzen und schafft einen freien Zugang zu Gott als Vater für alle Glaubenden.

14.2 Alt- und neutestamentliche Rede vom Geist

Wie ist das Verhältnis zwischen alt- und neutestamentlicher Geistvorstellung zu beschreiben? Gibt es Verbindungslinien oder liegt ein grundsätzlicher, qualitativer Gegensatz vor? Anhand der Betrachtung des Menschenbilds (14.2.1), der Frage des neuen Bundes (14.2.2), der Schöpfungsmittlerschaft des Geistes (14.2.3) und der Erfahrbarkeit Gottes (14.2.4) wird das Verhältnis möglichst differenziert dargestellt.

14.2.1 Das Menschenbild

Das christliche Menschenbild fußt auf dem des frühen Judentums, welches seinerseits stark am Menschenbild der Hebräischen Bibel orientiert ist. Es begreift den Menschen als Einheit von Geist, Seele und Körper und kennt kein qualitatives Gefälle zwischen den einzelnen Komponenten. Die Leiblichkeit des Menschen gehört nach der Hebräischen Bibel zu seiner Geschöpflichkeit dazu und wird positiv bewertet. Allerdings steht das frühe Judentum auch unter dem Einfluss des griechisch-hellenistischen* Denkens mit seiner Aufwertung des Geistes und der Seele auf Kosten der Körperlichkeit. Geist und Seele verbinden den Menschen mit der göttlichen Sphäre und sind unsterblich, während der menschliche Körper eher als Hemmschuh des Geistes und der Seele aufgefasst wird.

Im Neuen Testament stehen beide Tendenzen nebeneinander: Zum einen wird die leibliche Totenauferstehung betont und der Körperlichkeit überhaupt große Bedeutung zugemessen. Zum anderen gelten Geist und Seele als das eigentlich Wichtige am Menschen. Das Nebeneinander ist durch die jeweilige Aussageabsicht zu erklären: Wo es um Ermutigung im (körperlichen) Leiden geht, wird der hohe Stellenwert des Geistes und der Seele betont; wo die Körperlichkeit hingegen vernachlässigt wird, wird ihre „strategische" Bedeutung als Angriffsfläche des Bösen, als Wohnung des Geistes und als Bewährungsfeld christlicher Hoffnung betont.

14.2.2 Der Geist des neuen Bundes

Ein neuer Bund zwischen Gott und Menschen sowie die Ausgießung des Geistes auf die Menschen wurden für die Zukunft verheißen (Ez 36,26f.; vgl. Jer 31,31-34; vgl. auch Joel 3,1; Ps 51,12-14). Beides zielt auf eine Erneuerung des Menschen und insbesondere seines Geistes als Sitz seiner Gesinnung und seiner Emotionen. Wer Gottes Geist in sich trägt, hat eine neue Gotteserkenntnis und stimmt von innen heraus dem Willen Gottes zu. Ohne eine solche Erneuerung des Menschen ist ein neues Gottesverhältnis nicht denkbar. Der Geist des neuen Bundes ist zugleich der Geist der Sündenvergebung; denn die Vergebung der Sünden, verstanden als kultische Reinigung, ist die Voraussetzung für den Geistempfang (Ps 51,11; Jer 31,34; Ez 36,25). Für den so gereinigten und mit Gottes Geist ausgestatteten Menschen ist die Erfüllung des göttlichen Willens eine Herzensangelegenheit.
Das Neue Testament sieht den neuen Bund mit der Lebenshingabe Jesu und dem Pfingstereignis als geschlossen an. Jesus selbst wird als der verheißene messianische Geistträger gedeutet.[1] Beide Teile der Bibel stehen somit im Verhältnis von Verheißung und eindrucksvoller Erfüllung zueinander (Röm 15,8; 2 Petr 1,19).[2] Was noch aussteht, ist die physische Erlösung bzw. die „Existenz im Schauen" (2 Kor 5,7). Die Gabe des Geistes ist ein Brückenschlag dorthin (vgl. Röm 8).

14.2.3 Der Geist als Schöpfungsmittler

Die Vorstellung von Schöpfungsmittlern wie Wort, Weisheit und Geist Gottes ist ein Ergebnis theologischer Vermittlungsbemühungen zwischen dem Schöpfungsglauben Israels und dem hellenistischen* Gottesbegriff (vgl. Abschnitt 3.4). Im Neuen Testament tritt der Geist zugunsten des in Jesus Christus inkarnierten Schöpfungswortes zurück – Schöpfungsmittler ist hier der *lógos* Gottes (Joh 1,1-3.10; Kol 1,15-17; Hebr 1,1-3). Von der

[1] Jes 9,1-6; 11,1f.; 61,1f. mit Mk 1,9-11parr. und Lk 4,18-21.
[2] Mit Kraus, Heiliger Geist 51f. – Hübner, Heiliger Geist 192, sieht eine Antithetik zwischen Ez 36 (Befähigung zum Toragehorsam*) und Röm 8 (Freiheit vom Gesetz).

Schöpfungsmittlerschaft des Geistes ist eher zwischen den Zeilen zu lesen: Er steht hinter dem irdischen Wirken Jesu, er sorgt für seine Auferweckung (Röm 1,3f.), er vermittelt den Glaubenden einen neuen Status vor Gott (Röm 8,14-17), er erneuert die Menschen von innen heraus (2 Kor 4f.), er sorgt dafür, dass die neue Heilswirklichkeit in den Gemeinden anschaulich wird, er bringt die Anliegen der unerlösten Schöpfung vor Gott (Röm 8,18-27) und steht als „Inspirator"* hinter der Vision einer neuen Welt (Offb 21). Das neuschöpferische Wirken des Geistes vollzieht sich nicht kosmisch-plakativ, sondern subtil, als Prozess der inneren Verwandlung der Schöpfung und der Menschen.

14.2.4 Erfahrbarkeit Gottes

Eine weitere Vergleichsebene ist die der Erfahrbarkeit Gottes. Nach dem Denken der Hebräischen Bibel ist Gott vor allem in der Geschichte Israels und in der Schöpfung erfahrbar. Träger der Gotteserkenntnis ist sein Volk. Die kultische Verehrung Gottes orientiert sich weitgehend am Jerusalemer Tempel.[1] Das gilt, auch wenn es – neben anderen Vorstellungen – die Hoffnung gibt, dass am Ende der Zeit alle Völker Gott auf dem Zion verehren werden (Völkerwallfahrt zum Zion[2]). Im Neuen Testament wird Gott zuerst in seinem Sohn und in seinem Geist erfahren. Dieser sprengt als Größe, die unabhängig von Ort, Zeit und Kulturkreis weht und Menschen bewegt, die ethnischen und religiösen Grenzen der Gotteserkenntnis auf. Gott macht sich universal erfahrbar und stellt mit seinem Geist alle Menschen auf eine Stufe; alle können Gott erkennen und erleben, Geistträger werden und einen freien Zugang zu Gott bekommen.

14.2.5 Tendenz: Universalisierung und Intensivierung der Gegenwart Gottes

Das Neue Testament zeigt eine Tendenz zur orts-, kultur- und zeitunabhängigen Erfahrbarkeit Gottes durch den Geist. Mit ihm stellt Gott das Verhältnis zu den Menschen auf eine neue Grundlage. Mit der Einlösung des neuen Bundes werden die Menschen von innen heraus erneuert. Mit dem allgemeinen Geistempfang erhalten sie, jenseits aller Religionen und Kulturen, einen freien Zugang zu Gott. Der Geist ist das Mittel der Wahl, mit dem Gott seinen universalen Anspruch durchsetzt: ohne Zwang und

---

[1] Auch Gebete waren in Richtung des Tempels zu verrichten, sollten sie der Verehrung Gottes dienen (1 Kön 8; mündlicher Hinweis von Thomas Wagner).

[2] Ps 68,32; Jes 2,2-4; 60; 66,20; Mi 4,1-5; Hag 2; Sach 8,22; 14,16f; u.a. – Daneben gibt es die (priesterliche) Auffassung, nach der mit der dauerhaften Gegenwart Gottes im Tempel das Ziel der Geschichte bereits erreicht ist (Hinweis von Thomas Wagner).

ohne Demonstration von Allmacht. Stattdessen wirbt Gott um die Herzen der Menschen und zielt auf ihren Glauben. Seinem Volk zuerst, aber auch den so genannten „Verlorenen" wendet er sich zu und bietet sich ihnen als Vater an. Hiermit werden die Verheißungen der Propheten Israels in einer Art und Weise erneuert und bestätigt, die in jüdischen Ohren provozierend und brüskierend klingen musste.
Zuletzt ist mit der Geistesgabe ein Brückenschlag zwischen Gott und Mensch sowie zwischen der gegenwärtigen Situation und der zukünftigen Erlösung vollzogen, der Gott und seine Verheißungen auf eine neue, intensive Art präsent werden lässt. Die traditionellen Mittler zwischen Gott und Menschen – Engel, Propheten, Hohepriester – werden durch den Geist, der in „Personalunion" unterschiedlichste Mittleraufgaben wahrnimmt, ersetzt. In ihm ist Gott selbst mit seiner Schöpferkraft da, und den Menschen ist ein Mittel an die Hand gegeben, sich mit ihren Anliegen direkt an ihn zu wenden.

14.3 Entwicklungslinien im Neuen Testament

Es gibt nicht „die" neutestamentliche Auffassung vom Heiligen Geist. Es gibt verbindende „rote Fäden" in einer Vielfalt unterschiedlicher Geistprofile. Diese Vielfalt der Geist-Theologien ist das Ergebnis einer längeren Entwicklung. Einzelne Entwicklungslinien sind im Neuen Testament erkennbar und werden im Folgenden dargestellt. Es sind aber auch überkommene Klischees auszuräumen. Dazu gehört die (Schein-)Alternative „charismatische* Anfänge – geistlose Fortsetzung" (14.3.1) ebenso wie „allgemeiner Geistbesitz aller Glaubenden – Geist als Privileg von Amtsträgern" (14.3.2). Eine Entwicklung lässt sich nur in der Behandlung der Wahrheitsfrage festmachen (14.3.3).

14.3.1 Charismatische Anfänge – geistlose Fortsetzung?

Diese Alternative bestimmt weithin den Blick der Forschung. Die paulinischen Gemeinden gelten als Paradebeispiel für charismatisch* geprägte, lebendige Gemeinden des Anfangs, wohingegen in den späteren Schriften erheblich weniger charismatische Erfahrungen auszumachen seien. Diese Sichtweise ist, zumindest für die Zeit des ersten Jahrhunderts, fragwürdig und historisch nicht haltbar.
Richtig ist, dass Paulus eine ausgeprägte Charismenlehre bietet und von vielfältigen Geistwirkungen in seinen Gemeinden berichtet. Solche kennt freilich auch Lukas, der in seiner Apostelgeschichte (entstanden ungefähr eine Generation nach den Paulusbriefen) die Zeit der Gemeinde und der

Mission als ausgesprochen charismatische Epoche beschreibt. Das Johannesevangelium, weithin als spätes Evangelium angesehen[1], stellt die Ankündigung des Geistes der Wahrheit in den Mittelpunkt der Abschiedsreden Jesu und umreißt seine Funktionen sehr ausführlich. Das weitgehende Schweigen des Matthäus- und Markusevangeliums zum Heiligen Geist ist der inhaltlichen Konzentration auf die Zeit des irdischen Wirkens Jesu geschuldet. Allerdings schildern beide ausführlich dessen charismatische Vollmacht und weisen am Ende ausdrücklich auf die nachösterliche Bedeutung des Geistes hin (Mt 28,18-20; Mk 16,17.20). Zwischen den Zeilen liest sich Matthäus als Anweisung zu einer geistgemäßen Ethik, die auf die Re-Integration der Kranken und Sünder zielt (vgl. Abschnitt 13.2).
Der Hebräerbrief, ein Beispiel für einen späteren Brief (geschrieben frühestens in den sechziger Jahren des ersten Jahrhunderts), setzt an die Stelle des Geistes den Glauben als „Vorschuss" auf das Heil (11,1). Gleichwohl geht es auch hier nicht „geistlos" zu, wie die Betonung der inspirierten* Schriftauslegung zeigt. Die Gabe des Geistes bei der Taufe kann nach Hebr 6,4-6 garnicht hoch genug geschätzt werden. Der Unterschied zu Paulus mag in einem Mangel an Charismen zu sehen sein, er liegt jedoch in erster Linie darin, wie sich beide Autoren der neuen Heilswirklichkeit vergewissern: Paulus verweist auf sichtbare Geistphänomene, der Autor des Hebräerbriefs auf das eindeutige Wort der Schrift. Während bei Paulus Geistphänomene die Abkehr von äußerlichen Riten legitimieren, stärkt der Hebräerbrief die Abkehr vom Jerusalemer Tempelkult durch seine Art inspirierter Schriftauslegung. Bei Paulus wirkt der Geist durch Charismen, im Hebräerbrief durch die Schrift.
Ähnlich ist es auch im Ersten und Zweiten Petrusbrief. Im Ersten Petrusbrief dient der Geistbesitz als Hauptmotivation, die Verleumdungen und Verfolgungen freudig zu ertragen (1 Petr 4,12-19). Es ist nicht vorstellbar, dass dieses Argument ohne lebendige Geisterfahrung der Adressaten aussagekräftig gewesen wäre. Als letztes Beispiel sei die Johannesoffenbarung genannt. Der Geist ist hier das Sprachrohr Gottes bei den kleinasiatischen Gemeinden; das setzt eine lebendige prophetische Tradition voraus.
Die Betrachtung zeigt, dass von einer Entwicklung zu immer weniger Charisma in den Gemeinden nicht die Rede sein kann, zumindest nicht in der Zeit des ersten Jahrhunderts. Dieser Eindruck entsteht nur, wenn man das paulinische Gemeindemodell als das charismatische schlechthin ansieht und alle anderen Geisterfahrungen, die nicht so spektakulär erscheinen, dagegen abwertet. Das ist eine einseitige Sicht, die der Vielfalt der Geisterfahrungen nicht gerecht wird.

---

[1] Anders Klaus Berger, Im Anfang war Johannes. Datierung und Theologie des vierten Evangeliums, Stuttgart 1997.

14.3.2 Pfingsten versus Handauflegung?

Eine andere Entwicklungslinie, die immer wieder diskutiert wird, ist die einer zunehmenden Bindung des Geistes an bestimmte Funktionen und Amtsträger. Auch in dieser Diskussion werden Paulus und andere Autoren einander gegenübergestellt. Während Paulus überhaupt nicht von Ämtern spricht, sondern allenfalls von Funktionen, und jedem Gemeindeglied Charisma* zugesteht, sei dies in späterer Zeit nicht mehr der Fall, so die gängige Sichtweise. Insbesondere in der lukanischen Apostelgeschichte und in den Pastoralbriefen sei die Tendenz, den Geist als Privileg einzelner Amtsträger anzusehen, unverkennbar.
Tatsächlich wird in den genannten Schriften mittels Handauflegung den Aposteln und Nachfolgern des Paulus bei „Amtsübergabe" bzw. bei der Sendung zu einer bestimmten Aufgabe der Geist zugesprochen (Apg 6,6; 13,3; 1 Tim 4,14; 2 Tim 1,6). Das ist jedoch nicht als exklusive Privilegierung und pneumatische* Entmündigung der anderen Gemeindeglieder zu verstehen, sondern als symbolische Bekräftigung der Geistesgabe, die der Betreffende bereits bei der Taufe erhalten hat. Die Handauflegung unterstreicht die besondere Bedeutung des Auftrags und wird durch die intensive Bitte um Unterstützung des Geistes begleitet. Es ist nicht zu erkennen, dass den anderen Gemeindegliedern im selben Zusammenhang der Geistbesitz abgesprochen würde. Problematisch wird die Entwicklung dort, wo aufgrund von Streitigkeiten um die pneumatische Vollmacht eine letzte Instanz benötigt wird, die die konkurrierenden Ansprüche klärt.[1] Hier bekommt der Amtsträger eine Vollmacht zugesprochen, die die der anderen Geistträger im Zweifelsfall überstimmt.

14.3.3 Publikation, Verbreitung und Sicherung der Wahrheit

Der Heilige Geist klärt als letzte und nicht hinterfragbare göttliche Instanz, was Wahrheit ist und was nicht. Das gilt durch das ganze Neue Testament hindurch. Es lassen sich drei historische Phasen des „Wahrheitsmanagements" unterscheiden: Die erste ist die der Veröffentlichung der Wahrheit. Sie ist verbunden mit dem Auftreten Jesu von Nazareth und seiner Botschaft. Er offenbart Gottes Wahrheit, sein Anspruch wird durch den Heiligen Geist bestätigt und unterstrichen. Das erfolgt durch unterschiedliche Zeichen und Wunder, durch die authentische und autoritative Verkündigung sowie letztlich durch die Auferstehung Jesu. Die zweite Phase ist die der weltweiten Verbreitung und Konsolidierung der Wahrheit durch die Missionsarbeit der Apostel. Auch hier ist der Heilige

[1] Zuerst erkennbar in 1 Joh 4,1-3, später in den Diskussionen um Charisma* und Amt bei den Apostolischen Vätern (Did 13,3; 15,1; 1 Clem; Ignatiusbriefe).

Geist federführend, er arrangiert den Verlauf der Missionsreisen und sorgt für die Überzeugungskraft der Apostel. In den Gemeinden sorgt er für Einheit und für Charismen*, die dem Aufbau der Gemeinden dienen. Die dritte Phase ist die der Sicherung der Wahrheit in Zeiten äußerlicher und innerer Gefährdung durch Spott, Polemik, Skepsis, Falschprophetien und Irrlehren. Der Geist begleitet diesen Prozess durch Bestärkung der Christinnen und Christen im Glauben, durch die Fähigkeit, Geister zu unterscheiden, durch Inspiration* des richtigen Bekenntnisses, Beistand der Glaubenden vor Gericht, Legitimierung christologischer Schriftauslegung sowie durch bekräftigende Zeichen und Wunder.
Die einzelnen Phasen lassen sich voneinander unterscheiden, gehen aber zeitlich ineinander über. Innerhalb des Neuen Testaments wird regelmäßig auf den Heiligen Geist als letzte Wahrheits-Instanz verwiesen; der Hinweis auf die Vollmacht und das Zeugnis Jesu untermauert das.

14.3.4 Tendenz: Variierung der Charismen zur Bezeugung der Wahrheit

Die Schriften des Neuen Testaments sind in einem Zeitraum von ungefähr achtzig Jahren entstanden. Das ist für eine junge Religionsgemeinschaft eine lange Zeit voller wichtiger Weichenstellungen. In dieser Phase haben sich viele Fragestellungen verschoben. Dementsprechend ist auch eine Entwicklung innerhalb der Geistvorstellungen erkennbar. Sie betrifft im Kern die Argumentation mit dem Geist beim Thema Wahrheit. Neben auffälligen charismatischen* Begabungen der paulinischen Zeit treten andere Charismen wie überzeugende und freie Rede, Schriftauslegung, unbedingtes Gottvertrauen und Prophetie. In allen Fällen dient der Geist der Stabilisierung der Glaubenden, der Vergewisserung der Glaubensgrundlagen und der Bestärkung der christlichen Hoffnung.
In allen Phasen neutestamentlicher Theologiebildung wird mit dem Geist argumentiert, da die Unsichtbarkeit der neuen Heilswirklichkeit zu theologischen Antworten zwang, die dieses „Manko“ als Folge einer inneren, letztlich von Gott selbst begründeten Logik zu verstehen halfen: Weil Gott aus Liebe und Langmut mit den Menschen auf die Demonstration seiner Allmacht verzichtet, „wandeln wir im Glauben, nicht im Schauen“ (2 Kor 5,7 ; vgl. Joh 16,25; 1 Kor 13,9).

14.4 Der Geist im Kontext der Christologie / Theo-logie

Zuletzt ist dem Eindruck entgegenzuwirken, als sei der Heilige Geist der einzige Schöpfungsmittler, der einzige Zeuge der Wahrheit, die einzige Glaubensgrundlage oder das einzige Mittel Gottes, um die Glaubenden vor dem Bösen zu schützen. Die Rede vom Geist steht oftmals in Analogie zur

Rede von Gott-Vater und von Jesus Christus. Das wird zum Schluss des Kapitels kurz umrissen.[1]

14.4.1 Schöpfungsmittlerschaft: Der Geist als Zwischenlösung

Das Wesentliche zu diesem Punkt wurde bereits in den Abschnitten 3.2 und 14.2 ausgeführt. Im Neuen Testament wird die Weltschöpfung als Werk des präexistenten Christus verstanden (Joh 1,1-18; Kol 1,15f.; Hebr 1,1-3). Er setzt, Mensch geworden, die Neuschöpfung zeichenhaft in Szene, während der Heilige Geist für die Fortsetzung der Neuschöpfung bis zum Ende der Tage sorgt; dann werden wiederum Gott bzw. Christus sie zur Vollendung bringen. Der Geist hat demnach eine Interimsfunktion für die Zeit bis zur Wiederkunft Christi. Mit ihm erfüllt sich die Zusage der bleibenden Gegenwart Gottes bis ans Ende der Zeit (Mt 28,20).

14.4.2 Wahrheit: Fortleben des Geistes Christi

Hier ist noch einmal auf das Verhältnis zwischen Jesus Christus und dem Geist als den beiden Hauptzeugen der Wahrheit einzugehen. Das Nacheinander von irdischem Jesus und dem nachösterlichen Geist ist auch hier charakteristisch. Jesus Christus hat durch sein Wirken, Sterben und Auferstehen historisch einmalig sowie menschlich erlebbar und nachvollziehbar den Willen Gottes, seine universale Liebe, Barmherzigkeit und Geduld bezeugt und gepredigt. Dieser „Geist Christi" lebt im Heiligen Geist in den Gemeinden und in den einzelnen Glaubenden seither fort und bleibt so für die Welt erlebbar und nachvollziehbar. Es ist die bleibende Aufgabe der Christinnen und Christen, dem Heiligen Geist bzw. dem „Geist Christi" gemäß als Licht der Welt und als Salz der Erde die Wahrheit des Evangeliums zu bezeugen und dem Bösen durch Rückgewinnung der Kranken, Sünder und Gescheiterten die Macht zu nehmen.

14.4.3 Glaube: Durchdringung des Kosmos

Am Anfang des Glaubens steht der Geist, der durch die Predigt wirkt. Wer glaubt, erhält persönlich den Geist als besondere Gabe und erfährt durch ihn Bestärkung in seinem Glauben. Im Hintergrund der vielfältigen Charismen* steht der Geist, der der Gemeinde Einheit schenkt und sie zu ihrem Ziel hinführt. Das Urbild des Geistträgers ist Jesus, der durch sein charismatisches Wirken die Jünger „mit Geist tauft", das heißt mit Er-

---

[1] Die enge Verbindung von Pneumatologie* und den anderen Themenfeldern der neutestamentlichen Theologie ist Thema von Hübner, Heiliger Geist.

kenntnis, Glauben und Vollmacht ausstattet. Der Glaube an die Messianität und Auferstehung Jesu ist die Grundlage der christlichen Hoffnung (1 Kor 15,12-19). Nach Jesu Weggang ist der Geist an seiner Stelle aktiv, um Menschen zum Glauben zu führen und sie zu begleiten. Der Wechsel von Jesus zum Geist bedeutet, dass das, was Jesus zeichenhaft getan hat, durch den Geist sukzessive fortgeführt und auf die Menschen aller Generationen und Kulturen ausgedehnt wird, bis der ganze *kósmos* durch die Wahrheit erfüllt ist (Joh 16,5-11; vgl. Eph 3,19).

14.4.4 Gemeinde: Zusammenwirken mit Gott und Christus

Die Konstitution und Organisation christlicher Gemeinschaft ist ein „joint venture" von Vater, Sohn und Geist. Exemplarisch zeigen das 1 Kor 12,4-6 und Eph 4,3-6: Gott ist über allen, durch alle und in allen bzw. wirkt alles. Christus ist der gemeinsame Ausgangspunkt (Taufe), die Bekenntnismitte (Glaube) und der Organisator der Gemeinde. Der Heilige Geist sorgt für Einigkeit und Frieden sowie für die „Feinabstimmung" unter den Charismen* in der Gemeinde. Das Verhältnis der drei Größen lässt sich durch konzentrische Kreise veranschaulichen: Der Vater steht für kosmisches, universales Wirken in der Geschichte, der Sohn für den Grund und das Ziel der Gemeinde und der Geist für den richtigen Weg dorthin.[1]

14.4.5 Versöhnung: Aneignung des Heilstods Christi

Auch in soteriologischer* Hinsicht ergänzen Sohn und Geist einander. Der Tod Jesu hat eine einmalige Heilsbedeutung, da mit ihm Gott das Verhältnis zu den Menschen auf eine neue Grundlage gestellt hat (Röm 3,25f.; Kol 1,19-22 u.a.). Die juristisch-kultische „Versühnung" des Menschen eröffnet einen neuen Zugang zu Gott. Dieser einmalige Vorgang wirkt nicht „automatisch", sondern ist von jedem Einzelnen anzueignen. Das geschieht zuerst durch die Taufe als symbolischen Akt der Umkehr, sodann durch tägliche Neubesinnung auf das Liebesgebot als Summe des Willens Gottes und weiter durch den Glauben daran, dass Gott in seiner Barmherzigkeit und Liebe den Menschen auf ihrem Weg entgegenkommt und sie gerecht spricht. Dieser Prozess wird von Anfang bis Ende vom Geist begleitet: Er führt zur Taufe, immunisiert gegen die Zugriffe des Bösen, macht die Erfüllung der Gerechtigkeit zur Herzensangelegenheit und bestärkt fortwährend den Glauben an den paradox erscheinenden Heilstod Christi am Kreuz sowie an Gottes andauernde Versöhnungsbereitschaft. Anders gesagt: „Jesus leistet die Stellvertretung (etwas, das wenig persönlich ergreift), der große Gott ist freundlich und huldreich zu

[1] Ähnlich Berger, Person 133.158ff.

jedem. Der Heilige Geist macht uns Gott ähnlich, ohne ihn hinge das ganze Erlösungswerk in der Luft."[1] Es ist demnach sein Werk, dass Christus, der „Erstgeborene", nicht alleine bleibt, sondern viele Geschwister bekommt.[2]

14.4.6 Fürsprache: Doppelte Zeugenschaft

Zuletzt besteht eine Analogie zwischen Christus und dem Geist in ihrer Funktion als „Lobbyisten" der Glaubenden. Gemäß dem jüdischen Zeugenrecht, nach welchem das übereinstimmende Zeugnis zweier Zeugen die Wahrheit des Gesagten verbürgt, werden sowohl der erhöhte Christus als auch der Heilige Geist als „Rechtsanwälte" der Glaubenden angesehen (Röm 8,26f.34; 1 Joh 2,1; Hebr 7,25). Sie schalten damit Satan als „Chefankläger" der Menschen sowie andere „Mächte und Gewalten" vor Gott aus (Röm 8,31-39). Auch in dieser Funktion erscheint der Geist als Interimslösung, um die Zeit zwischen Erhöhung und Wiederkunft Christi, in der die Glaubenden gleichsam zwischen den Zeiten leben, heilvoll zu überbrücken. Das Endgericht wird dann Christus bzw. dem Menschensohn überlassen sein (Mt 13,24-30; 25,31-46; vgl. Offb 20).[3]

14.4.7 Ergebnis: Brücke zwischen Heilsanfang und -vollendung

Der Heilige Geist hat in der neutestamentlichen Theologie seine fest umrissene und begrenzte Funktion. Er ist Gottes Mittel der Wahl, um sein Versöhnungs- und Erlösungswerk in der noch bestehenden Welt auf sanfte Art und Weise vorwärts zu treiben. Solange der Geist wirkt, wirkt Gott in Sanftmut, Barmherzigkeit, Langmut und Geduld. Die Zeit des Geistes ist eine Zeit besonderer Qualität, die Zeit des aktiven Wartens, der Entscheidung für Jesus Christus und der Mitarbeit an Gottes Versöhnungswerk. Das Ende der Zeit ist zugleich das Ende der Wirksamkeit des Geistes und die Zeit des Endgerichts. Gott verfolgt nach dem Zeugnis der Bibel sein Heilswerk in mehreren Etappen: zuerst durch die Verheißung an die Erzväter, danach durch die Erwählung Israels, danach mittels seiner Propheten, danach durch die Sendung seines Sohnes, danach durch die Gabe des Geistes. Diese Geschichte ist aus christlicher Sicht eine Entwicklung hin zu immer höherer Eindeutigkeit dessen, was Gott im Innersten antreibt, eine Entwicklung der immer grundsätzlicheren Hinwendung Gottes

---

[1] Berger, Person 137, ausweislich Tit 2f., Gal 4,6. Vgl. auch 2 Thess 2,13f. und 1 Petr 1,2: Gott steht am Anfang (Liebe, Mission, Erwählung), Christus für die Reinigung und der Geist für Glauben und Heiligung; das Ziel ist die Teilhabe an der Herrlichkeit Christi bzw. die Vergottung des Menschen (a.a.O., 165f.).

[2] Berger, Person 145.176f.

[3] Ausführlich dazu Berger, Person 146-151.

zu den Seinen und eine Entwicklung hin zur universalen Werbung für sein Heilsangebot.
Mit Blick auf die Diskussion um die Trinität lässt sich sagen, dass das Neue Testament zwar keine Trinitätslehre im frühkirchlichen Sinne entfaltet, aber doch Texte enthält, die die drei Größen Vater, Sohn und Geist ins Verhältnis setzen. Gemeinsamer Nenner dieser Texte ist eine Unterscheidung in funktionaler, zeitlicher und räumlicher Hinsicht: Der Sohn macht als göttliche Kraft und Weisheit den Vater anschaulich (1 Kor 1,24) und arbeitet seiner Verherrlichung zu. Der Geist setzt das Werk des Sohnes bis zum Ende der Tage fort. Der Vater ist das A und O, Anfang und Ende der Weltgeschichte und wird am Ende „alles in allem" sein (1 Kor 15,28; Offb 1,8; 21,6). Mit der Sendung seines Sohnes und seines Geistes vollzieht Gott gleich zweimal einen Rollentausch, um sich mit den Menschen zu versöhnen.[1]

14.5 Schluss: Gottes sanfter Weg zur Versöhnung

Die Betrachtung der neutestamentlichen Geistaussagen hat eine große Vielfalt an einzelnen Vorstellungen zutage gefördert, die, unterm Strich betrachtet, Gottes sanften Weg zur Versöhnung mit den Menschen markieren. Mit seinem Geist gibt Gott seinen Wesenskern, der auf liebende Versöhnung mit der Welt ausgerichtet ist, zu erkennen. Mithilfe seines Geistes wirbt Gott um die Herzen der Menschen bzw. um die Anerkennung seines Weges der Gewaltlosigkeit und Liebe. Er schenkt mit dem Geist bedeutsame Gaben, die den Weg zur Einheit der Menschen und zur Überwindung des Bösen vorzeichnen. Mit seinem Geist erfüllt Gott die Zusage, beständig und bis ans Ende der Welt bei den Menschen zu bleiben, um möglichst viele Menschen zu seiner Wahrheit und Herrlichkeit hinzuführen. Mit Pfingsten hat die Zuwendung Gottes zur Welt und zu den Seinen eine neue, unübertreffliche Qualität und Transparenz erreicht.

[1] Berger, Person 161, spricht von der zweifachen Kenosis (Entäußerung) Gottes aus Liebe zu den Menschen.

Abkürzungen

1 Clem	Erster Clemensbrief
1 QH	Hymnenbuch (Qumran)
1 QS	Sektenregel (Qumran)
11Q Melch	Melchisedek-Rolle (Qumran)
4 Esr	4. Esrabuch (zwischen 70 und 135 n.Chr.)
äthHen	äthiopisches Henochbuch (2. Jh. v.Chr. – 2. Jh. n.Chr.)
Ant	Flavius Josephus, Biblische Altertümer
aram.	aramäisch
AssMos	Assumptio Moses (Himmelfahrt des Mose; nach 6 n.Chr.)
Bell	Flavius Josephus, Jüdischer Krieg
bYom	Talmudtraktat Yoma (= [Feier-]tag)
CD	Damaskusschrift (Qumran)
Did	Didache (Apostellehre)
EvPetr	Petrusevangelium
f. / ff.	plus ein / mehrere weiter(e) Vers(e)
Gig	Philo, Über die Riesen
gr.	griechisch
hebr.	hebräisch
Her	Philo, Erbe der göttlichen Dinge
Immut	Philo, Dass Gott unveränderlich sei
lat.	lateinisch
LegAll	Philo, Allegorische Deutung d. Gesetzes
Migr	Philo, Über die Wanderung Abrahams
Opif	Philo, Über die Erschaffung der Welt
par(r).	plus eine / mehrere Parallelüberlieferung
Sobr	Philo, Über die Nüchternheit
Somn	Philo, Über die Träume
syrBar	syrische Baruchapokalypse (zw. 70 und 135 n.Chr.)
Test	Testamente der 12 Patriarchen (2. Jh. v.Chr.)
tSot	Toseftatraktat Sota (= streitsüchtige Ehefrau)

Erklärung theologischer Fachbegriffe

allegorisch	nicht wörtlich, sondern übertragen zu verstehen
Angelologie	Engellehre
Anthropologie	Lehre vom Menschen
anthropomorph	wörtl. menschengestaltig; menschlich
Antithesen	Gegenüberstellungen von alter und neuer Deutung der Dekalog-Gebote
Apokalyptik	Antike Weltanschauung, die von der konstanten Verschlimmerung des Weltzustands u. einem baldigen Eingreifen Gottes zugunsten der Frommen ausgeht. A. Schriften enthalten oft Visionen, in denen verklausuliert die Endzeit und Jenseits geschildert werden.
Apologetik	„Verteidigung" des christlichen Glaubens gegenüber dem römischen Kaiser im 2. Jh. nach Christus. Ziel der A. war es, christenfeindliche Klischees auszuräumen und die Staatsloyalität der Christen zu bekunden. Z.B.: Justin der Märtyrer.
Apostolat	Apostelamt
Charisma	wörtl. Gnadengabe; Geistesgabe; im wieteren Sinne: Ausstrahlungskraft
Credo	lat. für Glaubensbekenntnis
Denomination	kirchliche Gemeinschaft
Dualismus	Gegen- oder Nebeneinander zweier Prinzipien wie Gut und Böse, Licht und Finsternis oder Gott und Satan
ekklesiologisch	Die christliche Gemeinschaft betreffend
eschatologisch	Die Endzeit betreffend

Exegese	Textauslegung
Exorzismus	Dämonenaustreibung
forensisch	eine Gerichtsverhandlung betreffend
Gematrie	Deutung von Wörtern mithilfe des Zahlenwertes ihrer Buchstaben
Glossolalie	Zungenrede
hellenistisch	vom griechischen Denken beeinflusste Kulturepoche, ca. 3. Jh. v. – 3. Jh. n.Chr.
Hermeneutik	Lehre von der Übersetzung, Anwendung oder Aktualisierung von Texten
Hodajot	Hymnen
Homiletik	Predigtlehre
Immanenz	Diesseitigkeit, Nähe (Gottes); Gegenbegriff zu → Transzendenz
Initialgabe	Anfangs- bzw. Taufgabe.
Inspiration	„Einhauchung", Eingebung durch den Heiligen Geist
Makarismus	Seligpreisung
Metapher	bildhafter Begriff, der auf einen anderen Begriff hinweist (z.B. „Ernte" für „Gericht" oder „Weinberg" für „Israel")
Paränese	Ermahnung, Ermunterung. Festes Element neutestamentlicher Briefliteratur.
Parusie	Wiederkunft; lat. „adventus"
pneumatisch	zum Geist gehörig, geistlich; Gegenbegriff zu → sarkisch
Pneumatologie	Lehre vom Heiligen Geist

postmortal	die Existenz nach dem physischen Tod betreffend
profan	weltlich; Gegenbegriff zu heilig / sakral
sarkisch	zum Fleisch gehörig; Gegenbegriff zu → pneumatisch
schalom	hebr. für Frieden. Im vorliegenden Kontext als bezeichnung für den umfassenden Heilszustand gebraucht.
soteriologisch	die Erlösung betreffend
status confessionis	(lat.) Bekenntnisstand, Kern des Bekenntnisses
Stoa	von Zenon von Kition ca. 300 v.Chr. begründete Philosophenschule. Vertreter u.a.: Seneca, Epiktet.
synoptische Evangelien	Markus-, Matthäus- und Lukasevangelium können wegen des ähnlichen Aufbaus nebeneinander gelegt und „synoptisch" (zusammenschauend) betrachtet werden.
teleologisch	auf ein Ziel ausgerichtet
Theodizeefrage	wörtl. Frage nach Gottes Gerechtigkeit; auch Frage nach dem allmächtigen und gerechten Gott angesichts von Leid.
Tora	Jüdisches Gesetz, wie es in den fünf Büchern Mose (Pentateuch) festgehalten ist.
Toraobservanz	Befolgung der Toragebote
Traditionsgeschichte	schriftliche Vorgeschichte eines Textes
Transzendenz:	Jenseitigkeit; Gegenbegriff zu → Immanenz
Tun-Ergehen-Zusammenhang	Kausalzusammenhang zwischen menschlichem Verhalten und Ergehen. Grundvorstellung der jüdischen Weisheit.

Schlagwortverzeichnis

Verzeichnis der Textstellen (in Auswahl)

Außerbiblische Texte (in Auswahl)

1. Zum Geist als Schöpfungsmittler:

Quelle: Georg Sauer, Jesus Sirach, in: Jüdische Schriften aus hellenistisch-römischer Zeit (JShrZ III.5), Gütersloh 1981.
Sir 24,1-4: Die Weisheit lobt sich selbst, und mitten in ihrem Volke rühmt sie sich. (2) In der Gemeinde des Höchsten tut sie auf ihren Mund, und vor seiner Heerschar rühmt sie sich: (3) „Ich bin hervorgegangen aus dem Munde des Höchsten und wie ein Nebel hüllte ich die Erde ein. (4) Ich wohnte in den Höchsten Höhen, und mein Thron stand auf einer Wolkensäule.

Quelle: Albertus F.J.Klijn, Die syrische Baruch-Apokalypse, in: Jüdische Schriften aus hellenistisch-römischer Zeit (JShrZ V.2), Gütersloh 1976, 136.
21,4: O du, der du die Erde geschaffen hast, höre mich! Der du das Firmament durch dein Wort befestigt hast und die Himmelshöhe durch den Geist; der du zu Anbeginn der Welt gerufen hast, was noch nicht war, und sie gehorchten dir [....]

2. Zum Geist als Lebensodem:

Quelle: Dieter Georgi, Die Weisheit Salomos in: Jüdische Schriften aus hellenistisch-römischer Zeit (JShrZ III.4), Gütersloh 1980.
Weish 2,2f: Denn durch Zufall sind wir entstanden, und danach werden wir sein wie solche, die nicht existierten; denn der Atem ist ein Rauch in unseren Nasen, und die Vernunft ein Funke in der Bewegung unseres Herzens. (3) Wenn sie verlöscht, wird der Leib zu Asche vergehen, und der Geist wird sich wie dünne Luft auflösen.

Quelle: Dieter Georgi, Die Weisheit Salomos in: Jüdische Schriften aus hellenistisch-römischer Zeit (JShrZ III.4), Gütersloh 1980.
Weish 15,10f.: Sein Herz ist Asche und seine Hoffnung billiger als Erde und wertloser als Ton ist sein Leben. (11) Denn er wußte nicht um den, der ihn geformt, ihm eine tätige Seele eingehaucht und einen Geist voller Leben eingepflanzt hatte.

3. Zum Kampf der Geister:

Quelle: Johann Maier, Die Qumran-Essener: Die Texte vom Toten Meer Bd. I, München u.a. 1995, 173f.
1QS 3,13-4,26: [...] Vom Gott der Erkenntnis (stammt) alles Seiende und Gewordene, und bevor sie ins Dasein getreten, setzte er ihren ganzen Plan

fest. Und wenn sie entsprechend dem Gedanken Seiner Herrlichkeit zu ihren (eigenen) Zeugnissen geworden, erfüllen sie ihre Werke und nichts (gibt es) zu ändern: in Seiner Hand sind die Gesetze von allen und er versorgt sie in allen ihren Belangen. Er hat den Menschen geschaffen zur Beherrschung der Welt und bestellte für ihn zwei Geister, um in ihnen zu wandeln bis zum Termin Seiner Heimsuchung. Es sind die Geister der Wahrheit und des Unrechts.
In einem Licht-Quellort (ist) der Ursprung der Wahrheit und aus einer Finsternis-Quelle (kommt) der Ursprung des Unrechts. In der Hand eines Lichterfürsten (liegt) die Herrschaft aller Gerechtigkeitssöhne, auf Lichtwegen wandeln sie, und in der Hand eines Finsternis-Engels (liegt) alle Herrschaft der Unrechtssöhne und auf Finsterniswegen wandeln sie. Durch einen Finsternisengel (geschieht) der Irrtum aller Gerechtigkeitssöhne, und alle ihre Sünden, ihre Verschuldungen, ihre Schuld, und ihre treulosen Taten (geschehen) durch seine Herrschaft entsprechend Gottes Geheimnissen bis zu seinem Ende. Und all ihre Plagen und die Termine ihrer Bedrängnisse (liegen) in der Herrschaft seiner Anfeindung, und alle Geister seines Loses (sind da), um Lichtsöhne zu Fall zu bringen, doch Israels Gott und der Engel Seiner Wahrheit (sind) eine Hilfe für alle Lichtsöhne. [...] Er hat Geister von Licht und Finsternis erschaffen, auf ihnen gründete Er jegliches Werk und gemäß ihren Vorschriften jegliche Arbeit und auf ihre Wege jegliches Maß.

Quelle: Johann Maier, Die Qumran-Essener: Die Texte vom Toten Meer Bd. I, München u.a. 1995, 15.
CD 5: Denn einstens trat auf Mose und Aaron durch den Fürsten der Lichter und Belial stellte auf den Jannes und dessen Bruder in seinen Ränken, als er Israel erstmals [...]. Und zur Zeit der Verwüstung des Landes traten die Grenzverrücker auf und führten Israel irre. Da blieb das Land verödet, denn sie hatten Befremdliches gesprochen gegen Gottes Gebote durch Mose.

Quelle: Jürgen Becker, Die Testamente der zwölf Patriarchen, JShrZ III.1, Gütersloh [2]1980, 74.
TJud 20,1: Erkennt nun, meine Kinder, daß sich zwei Geister mit den Menschen abgeben, der der Wahrheit und der der Verirrung.

4. Zur Bitte um Geist und Weisheit:

Quelle: Dieter Georgi, Die Weisheit Salomos in: Jüdische Schriften aus hellenistisch-römischer Zeit (JShrZ III.4), Gütersloh 1980.
Weish 7,6f.: Ein Eingang in's Leben ist allen gemein, und der Ausgang ist der gleiche. (7) Deswegen betete ich und Überlegung wurde mir gegeben. Ich rief an, und es kam mir der Geist der Weisheit.

Quelle: Dieter Georgi, Die Weisheit Salomos in: Jüdische Schriften aus hellenistisch-römischer Zeit (JShrZ III.4), Gütersloh 1980.

Weish 9,4f.: Gib mir Weisheit, deines Thrones Genossin; und verstoße mich nicht von deinen Knechten; (5) denn ich bin dein Sklave und der Sohn deiner Magd, ein schwacher Mensch und von kurzer Lebensdauer und zu gering im Verständnis von Gericht und Gesetzen.

Quelle: Christoph Burchard, Joseph und Aseneth in: Jüdische Schriften aus hellenistisch-römischer Zeit (JShrZ II.4), Gütersloh 1983, 650f.

JosAs 8,9-11: Und er erhob seine Hand die rechte und legte (sie) oben auf ihr Haupt und sprach: „Herr, der Gott meines Vaters Israel, der Höchste, der Starke des Jakob, der (da) lebendig machte die (Dinge) alle und rief von der Finsternis in das Licht und von dem Irrtum in die Wahrheit und von dem Tode in das Leben, du, Herr, segne diese Jungfrau, und wiedererneuere sie (mit) deinem Geiste, und wiederforme sie (mit) deiner Hand der verborgenen, und wieder lebendig mache sie (mit) deinem Leben, und sie esse Brot deines Lebens und trinke Kelch deines Segens, und zähle dazu sie deiner Nation, die du auserwähltest, bevor wurden die (Dinge) alle, und sie gehe hinein in deine Ruhe, die du bereitetest deinen Auserwählten, und sie lebe in deinem ewigen Leben in die Ewigkeit-Zeit."

5. Der Geist als Offenbarungsmittler

Quelle: Dieter Georgi, Die Weisheit Salomos in: Jüdische Schriften aus hellenistisch-römischer Zeit (JShrZ III.4), Gütersloh 1980.

Weish 1,4-7: Denn in eine arglistige Seele wird Weisheit nicht einkehren, und sie wird nicht in einem Leibe wohnen, der in Sünde verstrickt ist. (5) Denn der heilige Geist der Bildung wird den Betrug fliehen und wird Abstand nehmen von unverständigen Gedanken, und er wird geschändet werden, wenn Ungerechtigkeit herzutritt. (6) Denn ein menschenfreundlicher Geist ist die Weisheit, und deshalb entläßt sie den Lästerer nicht schuldfrei von seinen Lippen. Denn Gott ist ein Zeuge seiner Nieren und ein wahrhaftiger Aufseher seines Herzens und ein Hörer der Zunge (Rede). (7) Denn der Geist des Herrn erfüllt den Erdkreis, und das allumfassende Wesen besitzt Verständnis (Kenntnis) der Stimme (Rede).

Quelle: Dieter Georgi, Die Weisheit Salomos in: Jüdische Schriften aus hellenistisch-römischer Zeit (JShrZ III.4), Gütersloh 1980.

Weish 7,21-27: Ich wußte, was verborgen und was offenbar ist; denn die Architektin aller Dinge, die Weisheit, hat mich unterrichtet. (22) Ein Geist ist nämlich in ihr, der denkt und heilig ist, einzig und vielfältig, fein und behend, klar und ungetrübt, deutlich, unversehrt und das Gute liebend, (23) scharf und ungehindert, wohltätig und human, fest, sicher und sorgenlos, alles vermögend und alles überwachend und durch alle Geister ziehend, die denkenden, reinen und feinsten; (24) denn die Weisheit ist beweglicher als alle Bewegung. Sie schreitet und zieht durch alles um der Reinheit willen. (25) Denn sie ist ein Nebelschleier der Macht Gottes und ein Sprudel der lauteren Herrlichkeit des Herrn des Alls. Deshalb vermag sich nichts, was befleckt ist, in sie einzuschleichen; (26) denn sie ist der Widerschein des ewigen Lichts und der fleckenlose Spiegel der göttlichen Wirklichkeit wie auch das Ebenbild seiner Güte. (27) Sie ist eins und vermag doch alles. Sie beharrt in sich selbst und erneuert doch alles, und in jeder Generation siedelt sie in fromme Seelen über und rüstet Gottesfreunde und Propheten aus.

Quelle: Dieter Georgi, Die Weisheit Salomos in: Jüdische Schriften aus hellenistisch-römischer Zeit (JShrZ III.4), Gütersloh 1980.

Weish 9,16-18: Nur mit Mühe enträtseln wir, was auf der Erde ist, und was wir (hier) in Händen (haben), finden wir (nur) unter Mühe. Wer sollte das, was im Himmel ist, aufspüten? (17) Wer aber hat deinen Plan erkannt außer dem, dem du Weisheit gegeben und deinen heiligen Geist aus der Höhe geschickt hast? (18) Und so wurden die Pfade derer, die auf Erden (wohnen), begradigt, und die Menschen wurden in dem unterrichtet, was dein Bestes ist, und sie wurden durch die Weisheit gerettet.

6. Zur Gabe der Erkenntnis:

Quelle: Johann Maier, Die Qumran-Essener: Die Texte vom Toten Meer Bd. I, München u.a. 1995, 73.82.89.

1QH 12: Und sie, Deuter von Lüge und Seher von Trug, sannen gegen mich Ränke Belials aus zu vertauschen Deine Torah, die Du mir ins Herz eingeschärft, gegen „Glattheiten" für Dein Volk. Sie verschließen Erkenntnistrank Durstenden und tränken sie mit Essig gegen ihren Durst, da man hinblicke auf ihren Irrtum, sich töricht aufzuführen an ihren Netzen. Denn Du, Gott, verwirfst alles Denken Belials, doch Dein Ratschluß, der bleibt bestehen, und der Plan Deines Herzens auf ewig fest.

1QH 14,13: Zu Deiner Ehre und um Deinetwillen hast Du es getan um groß werden zu lassen Torah und um die Männer Deines Rates unter Menschensöhnen, zu erzählen für ewige Geschlechter Deine Wunder und Deine Machterweise unaufhörlich, dann erkennen alle Völker Deine Herrlichkeit, denn Du brachtest Dein allen Männern Deines Rates und ein gemeinsames Los mit Angesichtsengeln, und keinen Mittlerdolmetsch gibt es für seine Frucht, denn [...] und sie antworten direkt Deiner Herrlichkeit und werden Deine Fürsten im Los [...] eine Blüte wie Blume auf ewig, um einen Sproß zu treiben fürs Gezweig der ewigen Pflanzung, und der wirft Schatten auf die ganze Welt bis zu Wolken und seine Wurzeln bis zur Urflut hinab. Und alle Ströme Edens tränken sein Gezweig und er bleibt auf immer und unbegrenzt auf dem Weltkreis ohne Ende und bis zur Unterwelt.

7. Zur Messiaserwartung

Quelle: Siegbert Uhlig, Das äthiopische Henochbuch, in: Jüdische Schriften aus hellenistisch-römischer Zeit (JShrZ V.6), Gütersloh 1984, 592.613.620.
äthHen 49,3: Und in ihm wohnt der Geist der Weisheit und der Geist, der Einsicht vermittelt, und der Geist der Lehre und der Kraft und der Geist derer, die in Gerechtigkeit entschlafen sind.
äthHen 62,2: Und der Herr der Geister setzte (ihn) auf den Thron seiner Herrlichkeit, und der Geist der Gerechtigkeit ist über ihm ausgegossen, und die Rede seines Mundes tötet alle Sünder, und alle Frevler werden von seinem Angesicht vertilgt.

Quelle: Jürgen Becker, Die Testamente der zwölf Patriarchen, in: Jüdische Schriften aus hellenistisch-römischer Zeit (JShrZ III.1), Gütersloh 1980, 60.76.
TLev 18,7: Und die Herrlichkeit des Höchsten wird über ihm gesprochen werden, und der Geist der Einsicht und der Heiligung wird auf ihm im Wasser ruhen.
TJud 24,2: Und der Himmel wird über ihn geöffnet werden, um den Geist als Segen des heiligen Vaters auszugießen. Und er wird den Geist der Gnade über euch ausgießen.

Quelle: Svend Holm-Nielsen, Die Psalmen Salomos, in: Jüdische Schriften aus hellenistisch-römischer Zeit (JShrZ IV.2), Gütersloh 1977, 105.108
PsSal 17,37: Und er wird nicht ermatten in seinen Tagen bei seinem Gott, denn Gott hat ihn stark gemacht mit heiligem Geist und weise in einsichtigem Rat samt Stärke und Gerechtigkeit. 18,7: [...] unter dem züchtigenden Stab des Gesalbten des Herrn in seiner Gottesfurcht, in der Weisheit des Geistes und der Gerechtigkeit und der Stärke.

Quelle: Johann Maier, Die Qumran-Essener: Die Texte vom Toten Meer Bd. I, München u.a. 1995, 363.
11Q Melch 18: Und der Bote, er ist der Gesalbte des Geistes, über den Daniel gesagt hat (Dan 9,25): bis zum gesalbten Fürsten sind es sieben Wochen. Und Bote von Gutem, verkündigend Hilfe.

Zum Weiterlesen

allgemein verständliche Literatur:
Berger, Klaus, Ist Gott Person? Ein Weg zum Verstehen des christlichen Gottesbildes, Gütersloh 2004.

ders., Wozu ist der Teufel da? Stuttgart 1998.

Erlemann, Kurt, Wer ist Gott? Antworten des Neuen Testaments, Neukirchen-Vluyn 2008.

Kraus, Hans-Joachim, Heiliger Geist. Gottes befreiende Gegenwart, München 1986.

Schweizer, Eduard, Heiliger Geist, Stuttgart / Berlin 1978.

fachwissenschaftliche Literatur:
Berger, Klaus, Art. Geist / Heiliger Geist / Geistesgaben III – Neues Testament (TRE XII, 1984), 178-196.

Brandenburger, Egon, Fleisch und Geist. Paulus und die dualistische Weisheit (WMANT 29), Neukirchen-Vluyn 1968.

Erlemann, Kurt, Der Geist als "*arrabon*"(2Kor 5,5) im Kontext der paulinischen Eschatologie", ZNW 83 (1992), 202-223.

ders., Die Rezeption des griechisch-hellenistischen pneuma-Begriffs im Neuen Testament", in: Jens-Frederik Eckholdt / Marcus Sigismund (Hgg.), Geschehen und Gedächtnis. Die hellenistische Welt und ihre Wirkung, 2009, 281-297.

ders., Lizenz zum Reden, Die lukanischen Apostel zwischen Geist und Rhetorik", in: Axel von Dobbeler / Kurt Erlemann / Roman Heiligenthal (Hgg.), Religionsgeschichte des Neuen Testaments (FS Klaus Berger), Tübingen/Basel 2000, 79-91.

Gerber, Christine, „Das Pneuma weht, wo es will." Neutestamentliche Hilfen zum Wiederfinden der Freiheit des Pneuma, in: Moltmann-Wendel, Elisabeth (Hg.), Die Weiblichkeit des Heiligen Geistes. Studien zur Feministischen Theologie, Gütersloh 1995, 38-53.

Gunkel, Hermann, Die Wirkungen des Heiligen Geistes nach der populären Anschauung der apostolischen Zeit und der Lehre des Apostels Paulus. Eine biblisch-theologische Studie, Göttingen 3. Auflage 1909.

Horn, Friedrich Wilhelm, Das Angeld des Geistes (FRLANT 154), Göttingen 1992.

Hübner, Hans, Der Heilige Geist in der Heiligen Schrift (KuD 36, 1990), 181-208.

Koch, Robert, Der Geist Gottes im Alten Testament, Frankfurt am Main / Bern 1991.

Moltmann-Wendel, Elisabeth (Hg.), Die Weiblichkeit des Heiligen Geistes. Studien zur Feministischen Theologie, Gütersloh 1995.

Porsch, Felix, Anwalt der Glaubenden. Das Wirken des Geistes nach dem Zeugnis des Johannesevangeliums, Stuttgart 1978.

Preß, Michael, Jesus und der Geist. Grundlagen einer Geist-Christologie, Neukirchen-Vluyn 2001.

Rothermund, Jörg, Der Heilige Geist und die Rhetorik. Theologische Grundlinien einer empirischen Homiletik, Gütersloh 1984.

Schäfer, Peter, Art. Geist / Heiliger Geist / Geistesgaben II - Judentum (TRE XII, 1984), 173-178.

Schmidt, Werner H., Art. Geist / Heiliger Geist / Geistesgaben I – Altes Testament (TRE XII, 1984), 170-173.

Schneider, Dieter, Der Geist, der Geschichte macht. Geisterfahrung bei Lukas, Neukirchen-Vluyn 1992.

Schoonenberg, Piet, Der Geist, das Wort und der Sohn. Eine Geist-Christologie, Regensburg 1992.

Schüngel-Straumann, Helen, Zur Dynamik der biblischen ruah-Vorstellung, in: Moltmann-Wendel, Elisabeth (Hg.), Die Weiblichkeit des Heiligen Geistes. Studien zur Feministischen Theologie, Gütersloh 1995, S.17-37.

Sekki, Arthur Everett, The Meaning of RUAH at Qumran, Atlanta 1989.

Welker, Michael, Gottes Geist. Theologie des Heiligen Geistes, Neukirchen-Vluyn 1992.

X, 185 Seiten

ISBN 978-3-7887-2320-0

NEUKIRCHENER